21世纪普通高等院校系列规划教材

管理学基础与案例

Guanlixue Jichu yu Anli

主　编　罗剑　刘波

副主编　杨洋　余璇

西南财经大学出版社

中国·成都

图书在版编目(CIP)数据

管理学基础与案例/罗剑,刘波主编. —成都:西南财经大学出版社,2017.8

ISBN 978 - 7 - 5504 - 3187 - 4

Ⅰ.①管…　Ⅱ.①罗…②刘…　Ⅲ.①管理学　Ⅳ.①C93

中国版本图书馆 CIP 数据核字(2017)第 202499 号

管理学基础与案例

主　编:罗剑　刘波

副主编:杨洋　余璇

责任编辑:李特军

责任校对:张特丽

封面设计:杨红鹰　张姗姗

责任印制:封俊川

出版发行	西南财经大学出版社(四川省成都市光华村街 55 号)
网　　址	http://www.bookcj.com
电子邮件	bookcj@foxmail.com
邮政编码	610074
电　　话	028 - 87353785　87352368
照　　排	四川胜翔数码印务设计有限公司
印　　刷	四川五洲彩印有限责任公司
成品尺寸	185mm × 260mm
印　　张	14.75
字　　数	335 千字
版　　次	2017 年 8 月第 1 版
印　　次	2017 年 8 月第 1 次印刷
书　　号	ISBN 978 - 7 - 5504 - 3187 - 4
定　　价	35.00 元

前　言

　　管理作为有效配置资源的手段，已经日益渗透到每个人的工作和生活中，无论是国家的兴衰、企业的成败，还是家庭的贫富，都与管理有着密不可分的关系。目前，我国绝大多数高等院校的经济管理类专业与部分非经济管理专业都开设了企业管理方面的课程，编写一本适合经济管理类专业和部分非经济管理专业学生使用的教材就尤其重要。

　　本教材注重实用性，强调理论联系实际，在对管理学基础理论进行介绍的基础上，引入企业案例分析，有利于提高课程教学效果。本书具有较强的适用性和可读性，适用于高等院校工商管理类各专业本科学生，也可以作为 MBA 教材以及企业管理人员培训与自学者使用教材。

　　本教材由西华大学罗剑和刘波担任主编，全书共分为 15 章。其中，第 1 章由罗剑和余璇编写；第 2 章由罗剑和郑杲奇编写；第 3 章由刘波和张秋凤编写，第 4 章由杨洋和简相伍编写，第 5 章由罗剑和辜鹏编写，第 6 章由罗剑和周杉杉编写，第 7 章由罗剑和曾雪编写，第 8 章由刘波、唐选坤和杨洋编写，第 9 章由罗剑和杜静编写，第 10 章由罗剑和杨洋编写，第 11 章由杨洋和张秋凤编写，第 12 章由余璇和刘波编写，第 13 章由罗剑和简相伍编写，第 14 章由刘波和余璇编写，第 15 章由罗剑和杜静编写。全书由西华大学罗剑统稿和定稿，牟绍波主审。

　　在本书的编写过程中，编者参阅了大量中外文献资料，在此对文献作者和译者表示衷心感谢！由于编者水平有限，疏漏和不足之处难免，恳请广大读者批评指正。

编者

2017 年 5 月

目 录

第一部分 基础理论篇

3

第二部分　案例篇

第一部分
基础理论篇

第一部分

基础理论篇

1 管理概述

1.1 管理的概念、特征和性质

1.1.1 管理的概念和特征

管理，就其词的本义来说，是"管辖""治理"的意思，即主其事叫"管"，治其事称"理"，二者合称"管理"。英语中的"Management"一词就包含了"管辖""处理""办理""经营"等意思。尽管管理活动古已有之，但管理至今尚无统一定义。因为不同的人，立场不同，研究的出发点和目的可能都不同，因此对管理做出的解释和研究也各不相同。我们在此举出一些有代表性的观点。

古典管理理论的主要代表人之一，法国管理学家亨利·法约尔（Henri Fayol）在1916年第一次提出：管理是一个由计划、组织、指挥、协调及控制等职能为要素组成的活动过程。

美国管理学家泰勒提出了科学管理理论，主要包括科学管理的目的和原则；作业管理，即挑选"第一流的工人"，制定科学的工作方法，实行激励性的工资制度；组织管理，即把计划职能与执行职能分开，用科学的工作方法取代传统的凭经验工作的方法；职能工长制，使每一位工长只承担一种管理职能；进行心理革命，把劳资双方的注意力从分配剩余的问题上移开，转向增加剩余上，以友好合作和互相帮助来代替对抗和斗争，共同使剩余额增加，让工人的工资和制造商的利润都大大增加。

美国著名管理学者孔茨（Harold Koontz，1908—1984）同其他学者共同推荐了一个管理的综合定义：管理是引导人力和物质资源进入动态的组织，以达到这些组织的目标，亦即使服务对象获得满意，并且使服务的提供者亦获得一种高昂的士气和成就感。他们明确地把管理同组织联系起来，说明管理的任务。

美国管理学家彼得·德鲁克（Peter F. Drucker，1909—2005）指出：管理是一种以绩效责任为基础的专业职能。

决策理论学派的代表人物赫伯特·A. 西蒙（Herbert A Simon，1926年至今）认为：管理就是决策。斯蒂芬·P. 罗宾斯和玛丽·库尔塔（Robbins and Coultar）把管理定义为：管理是和其他人一起并且通过其他人来切实有效完成活动的过程。

沃伦·R. 普伦基特和雷蒙德·F. 阿特纳（Plunkett and Attner）首先把管理者定义为"对资源的使用、分配和监督的人员"，然后再将管理定义为"一个或多个管理者单独和集体行使相关职能（计划、组织、人员配备、领导和控制）和利用各种资源（信息、原材料、货币和人员）来制订并达到目标的活动"。

中国管理学家周三多教授认为："管理是社会组织中，为了实现预期目标，以人为中心进行的协调活动。"杨文士教授等则认为："管理是指一定组织中的管理者，通过实施计划、组织、人员配备、指导与领导、控制等职能来协调他人的活动，使别人同自己一起实现既定目标的活动过程。"两者的共性都是把管理同社会组织及其目标的实现直接联系起来。

各派管理学家都曾从不同的侧面对管理下过定义。如果我们对这些定义加以概括，大致可以归结为以下两种基本观点：第一种注重对"物"的管理，强调管理以工作为中心，因此，着眼点是任务量。另一种观点强调管理以人为中心，注重对"人"的管理，主张充分发挥人（包括被管理者）在管理过程中的作用。综合以上的观点，管理应该包括对人的管理和对物的管理两方面，对人的管理和对物的管理二者是统一的，不应该把它们分割开来。

1.1.2 管理的性质

任何社会生产过程都是在一定的生产方式和一定的生产关系下进行的，生产过程具有二重性，因此，对生产过程进行的管理也就存在着二重性：一种是与生产力、社会化大生产相联系的自然属性；另一种是同生产关系、社会制度相联系的社会属性。

马克思曾经指出："凡是直接生产过程中具有社会结合过程的形态，而不是直接表现为独立生产者的孤立劳动的地方，都必然会产生监督劳动和指挥劳动。不过它具有二重性。"一方面，凡是有许多个人进行协作的劳动，过程的联系和统一都必然要表现在一个指挥意志上，表现在各种与局部劳动无关而与工厂全部活动有关的职能上，就像一个乐队需要一个指挥一样。这是一种生产劳动，是每一种结合的生产方式中都必须进行的劳动。另一方面，完全避开商业部门不说，凡是建立在作为直接生产者的劳动者和生产资料的所有者之间的对立上的生产方式中，都必然会产生这种监督劳动。这种对立越严重，这种监督劳动所起的作用就越大。马克思还指出：资本家的管理不仅是一种由社会劳动过程的性质产生并属于社会劳动过程的特殊职能，它同时也是剥削社会劳动过程的职能，因而也是由剥削者和他所剥削的原料之间不可避免的对抗所决定的。因此，如果说资本主义的管理就其内容来说是二重的，——因为它所管理的生产过程本身具有二重性；一方面是制造产品的社会劳动过程，另一方面是资本的价值增值过程，——那么，资本主义的管理就其形式来说是专制的。从马克思的分析我们可以看出，管理具有二重的性质：它既有同生产力、社会化大生产相联系的自然属性，又有同生产关系、社会制度相联系的社会属性。

管理是一个活动过程，要通过与别人的协作去达成组织的目标，就必须尊重客观事实，遵循管理活动的各种客观规律。在长期的大量的社会实践活动中，人们通过收集、归纳、提出并验证假设，总结出一系列反映管理活动过程中客观规律的管理理论和一般方法。进而应用这些理论和方法指导管理实践，规范管理行为，并以管理活动的结果检验管理理论和方法的正确性和有效性，同时，不断吸收、融会其他学科的先进成果，发展和丰富管理的科学理论和方法。

管理是一门科学，是指它以反映管理客观规律的管理理论和方法为指导，有一套系统的分析问题、解决问题的科学的方法论。管理的艺术性就是强调其实践性和技巧性，管理虽然可以遵循一定的原理或规范来办事，但管理绝对不是条条框框，还需要在实践中灵活应用。管理者在实际工作中，面对千变万化的管理环境和千差万别的管理对象，必须因人、因事、因时、因地创造性地运用管理的技术和方法解决实际问题。所以，管理的艺术性就是强调管理活动除了要掌握一定的科学理论和方法外，还要有熟练地灵活运用这些知识和技能的技巧。

管理是科学与艺术的有机结合体，靠记忆原理不讲艺术的管理活动，必将是脱离实际的无效活动；而没有掌握管理理念和基本知识的管理人员，单纯凭技巧也是很难找到解决复杂管理问题、令人满意的可行方案的。懂得这一点，对于学习管理学和从事管理工作的人员来说是十分重要的。人们既应注重管理基本理论的学习，又不能忽视在实践中根据不同的情况灵活运用管理技巧，这是管理成功的重要保证。

1.2　管理的职能

根据马克思主义关于管理二重性的学说，管理具有两种基本职能，即合理组织生产力和维护与完善一定的生产关系。前者是管理自然属性的表现，是由劳动社会化产生的管理的一般职能；后者则是管理社会属性的表现，是由劳动过程的社会性质产生的管理的特殊职能。正是管理的这两种基本职能，使生产力得以发展，生产关系得以维护，生产过程得以进行，组织的目的得以实现。管理的这两种基本职能结合在一起共同作用于生产经营过程时，又要表现为一系列具体的职能。对于管理的具体职能，经过近百年的研究和探索，迄今还是众说纷纭。

自法约尔第一次提出五种管理职能（即计划、组织、领导、协调和控制）以来，相继有提出六种、七种的，也有提出三种、四种的。在本书中，我们采取了当今流行的教科书最通常的处理手法，把管理职能概括为五种：计划、组织、领导、控制和创新。

1.2.1　计划

计划职能是管理的首要职能。"凡事预则立，不预则废"，它与其他职能有着密切的联系，在整个过程中具有"龙头"的作用。计划工具具体包括预测未来、确定目标、决定方针、制定和选择行动方案。计划包括预先决定干什么（What），为什么去干（Why），如何去干（How），什么时候去干（When），以及由谁去干（Who）等问题。

1.2.2　组织

组织是管理的基本职能之一。组织职能是管理者为实现组织目标而建立与协调组织结构的工作过程，它一方面是指设计和维持一种组织结构，另一方面又指运行的规划和协作关系。具体地说，就是要把为达到组织目标而必须从事的各项工作或活动进行分类组合,划分出若干部门和管理层次,并把监控每一类工作或活动所必需的职权授予各层次、各部门的主管人员,以及规定上下左右的协作关系。组织职能是保证组织目标实现和计划有效执行的一种功能。对于任何一项计划,只有建立一个高效的组织并有力地组织实施,组织才能取得预期效果。

1.2.3 领导

所谓领导,是指"激励和引导组织成员以使他们为实现组织的目标做贡献"的人员。计划和组织工作的完成并不能保证组织目标就一定能顺利实现。因为配备在组织中各个岗位的人员各自的性格、偏好、需求等并不一样,在相互的合作中不可避免地会产生各种矛盾和冲突,因此,就需要有一个权威的领导来协调组织成员的行为。就是说,管理者必须具备领导其组织成员朝着组织目标努力的能力。

1.2.4 控制

在组织达到自己目标的过程中,由于受到内外部环境的影响和干预,组织活动的结果常常会和预期的目标产生偏离。为了保证预期目标的实现,这就需要有效的控制。即管理者必须对组织的运行状况和计划的实施情况进行监督,识别当初计划的结果和实际取得的结果之间的偏差,并及时地采取纠偏行动。这种纠偏行动既可以是采取强有力的措施以确保原先计划的实现,也可以是对原先计划的修改和调整以适应当前形势的变化。可以说,控制是管理过程中不可或缺的一项职能,因为离开了控制,就无法保证组织正常朝着目标迈进。

1.2.5 创新

现代组织所处的环境越来越善变。现代社会关系的日益复杂,科学技术的迅猛发展,社会经济活动的空前活跃使得管理者每天都会遇到新情况、新问题。如果墨守成规,因循守旧,管理者肯定无法使组织顺利达到目标,因此,创新是必不可少的。管理者要善于面对变化,要有能力改变现状。在管理学理论中,对于是否把"创新"当作管理职能,学者们的看法并不一致。孙明经等人认为,"创新"不是管理职能而是管理功能。周三多等人则认为,创新是一项重要的管理职能,在所有的管理职能中处于核心地位。

本书认为,在瞬息万变的现代社会,管理者要想使组织立于不败之地,必须具有创新精神,敢于应对各种挑战。创新应该贯穿于组织的各个层次和各项管理活动中。因此,把创新也列为一项管理职能。

1.3 管理者

1.3.1 管理者的概念

管理者是指从事管理活动的人,即在组织中对他人的工作进行计划、组织、领导、控制、创新，以期实现组织目标的人。管理者是管理的主体，对管理活动的顺利进行，组织活动及其目标的实现起着十分重要的作用。

社会组织为了实现其目标，需要开展业务活动，如企业的生产经营、学校的教学和科学研究、医院的诊断治疗等。业务活动需要人力资源，直接从事这些业务活动的人员可称作为作业人员。此外，为了保证业务活动的有效运行和组织目标的实现，组织还需要开展管理活动，管理活动同样需要人力资源，那些承担管理工作、履行管理职能的人员就称为管理者。管理者就是管理行为的主体。管理者与作业人员的划分不是绝对的。

1.3.2 管理者的类型

（1）按管理者所从事的工作领域划分

管理工作各不相同，可按所从事工作领域来区分不同的管理者，如计划管理者、财务管理者、人力资源管理者、销售管理者和技术管理者等。这一划分的特点是侧重于从事相同的工作领域。由于不同组织的目标、任务相差甚远，很难按管理者的工作领域统一分类，因此这种划分方法具有一定的局限性。

（2）按管理者在组织中的地位划分

按管理者在组织中所处的地位，管理者可以分为高层管理者、中层管理者和基层管理者。这种划分方法研究的是不同的管理者在组织中、管理过程中的地位和作用，而不涉及专业内容，具有普遍适用性。

①高层管理者

高层管理者也称战略管理者，是一个组织的高级执行者。高层管理者一般站在组织整体的宏观立场，其所考虑的管理问题和所从事的管理活动是组织的长远问题并侧重于组织的生存、成长和发展，以及组织全面的管理。具体来说，高层管理者的主要职责是制定组织长远发展的战略目标和发展的总体战略，制定政策、分配资源、评价组织活动的成效等。高层管理者在组织中处于决策的地位，起着关键的和主导型的作用，这种作用主要表现在两个方面：①组织的神经中枢。高层管理者在组织中担负着指挥的责任，处于统筹全局的地位，是组织的神经中枢。现代社会的组织，分工越来越细密，协作越来越复杂，任何一个环节出现差错都可能影响到全局，因此，高层管理者对全局的集中统一指挥显得尤为重要。②组织工作的核心。在现代社会复杂多变的环境中，高层管理者还要起着凝聚整个组织成员的重要作用，没有这个坚强的核心，组织就可能成为一盘散沙。

②中层管理者

中层管理者处于高层管理者与基层管理者之间，其主要职责就是负责将战略管理者制定的总决策和大政方针转化为更为具体的目标和活动。他们或者对组织的某个实体部门负责，或者领导某个职能部门。中层管理者要为他们负责的部门制定旨在达到组织总目标的次一级的管理目标，要筹划和选择达到目标的实施方案，按部门分配资源，协调组织内各单位的活动，制定对偏离目标的行动的纠正方案。他们向高层管理者直接负责和报告工作，同时负责监督和协调基层管理者的工作。中层管理者的作用主要有三个方面：第一，执行作用。高层管理者的任何决策都必须要经过中层管理者的贯彻执行最后才能真正落实，中层管理者的执行决策质量的高低直接决定组织管理的成效。第二，纽带作用。中层管理者在组织中处于上下联系的纽带地位，有着明显的承上启下作用。一方面，他们要把高层管理者的路线、方针、政策向基层管理者传达；另一方面，基层管理者中出现的问题又要经过他们反映给高层管理者。第三，参谋作用。相对于高层管理者而言，中层管理者又多了些管理实践知识和更宏观看问题的视野，这一特殊的地位使得中层管理者可以成为高层管理者的参谋，帮助高层管理者提出解决问题的办法和方案。

③基层管理者

基层管理者的主要职责是按照中层管理者的指示，组织、指挥和从事组织的具体管理活动。比如，给下属人员分配工作、监督下属人员的工作情况等。就其地位而言，基层管理者处在组织中低层次的位置，但是不可忽视他们对于组织的作用。事实上，他们是组织管理的基础力量。整个组织管理水平的高低，实际上很大程度上取决于基层管理者的管理质量和管理水平。

1.3.3　管理者的角色

客观地说，管理者在组织中的角色应该是多方面的，而且不同的管理者在组织中扮演的角色和所起的作用也不完全相同。但是在这种不尽相同的背后应该还是有一定规律的。

哈佛大学教授亨利·明兹伯格（Henry Mintzberg）通过观察研究后发现，管理者在组织中扮演三个方面的角色：

（1）人际关系方面的角色

由于在组织中拥有正式的权力和较高的地位，管理者从事着大量与人际关系有关的工作，包括与下级人员、同级人员的交流以及对外的交往。在人际关系方面管理者具体担任以下三种角色：

①挂名首脑的角色

管理者作为组织的代表与象征，从事着一定的礼节性的工作，代表组织开展对外的人际关系活动。比如，签署合同、文件，接见访客等。他们是组织的象征和官方的代表。

②联络者的角色

对外负责组织与其他组织的联系，对内起着沟通上级与下级、纵向联系与横向联系的作用。

③领导者的角色

负责招聘与选拔人才，培训和激励下属，促使他们把工作做得更好。

（2）信息沟通方面的角色

在信息沟通方面，管理者所起的作用非常重要，每一个管理者都是一个有关组织工作方面信息的交换所中心。在这个方面，管理者也充当着三个方面的角色：

①监听者的角色

这个时候，管理者是作为组织内部和外部信息的神经中枢，组织内部和外部的各种情况和信息都要集中到管理者处。同时，管理者也要积极寻求和获取各种特定的信息与情报，以便透彻地了解组织与环境。

②传播者的角色

在收集和了解各方面的信息以后，管理者经过处理，要及时把有关信息和情报传播给有关下属人员。

③发言人的角色

作为组织的发言人向外部发布组织的计划、政策、行动、结果等方面的信息或情报。比如，管理者向外发布报告，进行演讲等。这些可能是组织运作的需要，也可能是外界压力的结果。

（3）决策方面的角色

在决策方面，管理者要平衡各方面相互对立的利益并做出选择。通过决策，组织的战略最终形成并付诸实践。在这方面，管理者充当了四个方面的角色：

①企业家的角色

这里讲的企业家不是高级的职业管理者，比如总经理、董事长、总裁等。这里的企业家指的是能捕捉发展机会，进行战略决策并对之承担责任的管理者。一个管理者如果在其管理领域或具体工作时这么做，他就表现为企业家的角色，否则就不是。管理者在扮演这一角色时会积极寻求组织和环境中的机会，制定"改进方案"以发起变革，监督某些方案的策划以适应外部环境的不断变化。比如，制定战略，检查会议决议的执行情况，开发新项目等。

②故障排除者的角色

当组织面临重大的、意外的动乱时，管理者要负责采取补救行动，处理一些非常局面下的问题和矛盾等。处理故障和混乱时需要决断，这正是管理者所需要的能力之一。

③资源分配者的角色

管理者要根据计划和组织的需要，负责分配组织的人力、物力、财力等各种资源，事实上是批准所有重要的组织决策。

④谈判者的角色

在组织对外的谈判中作为组织的代表。比如，与工会、客户等进行谈判，以增加组织的利益或保护组织的利益不受侵犯。

这四种角色是一个相互联系、密不可分的整体。人际关系方面的角色产生于管理者在组织中的正式权威和地位；这又产生出信息方面的三个角色，使管理者成为某种特别的组织内外部信息的重要神经中枢；而获得信息的独特地位又使得管理者在做出重大决策（战略性决策）中处于中心地位，使其得以担任决策方面的四个角色。

1.3.4　管理者的素质

人的素质通常有狭义和广义的理解。狭义的理解是指人先天具有的生理特点，如体质、心理特征等。先天素质是人的生理条件，是形成后天能力的基础。广义的素质，是先天条件和后天品格、能力的综合反映，包括人的品德、气质、知识、经验、能力、风度和体魄等。管理者的素质，主要包括品德、知识、实际能力和身体心理四个方面。

（1）品德

管理者应有的品德，主要指思想品质、道德修养。管理者的品德不仅是管理者威信的重要决定因素，也是其知识、能力能否得到充分发挥的重要条件。管理者应当具备的基本品德有以下几个方面。

①强烈的事业心。管理者应当有为人民造福、为祖国富强、为组织发展做贡献的强烈责任感及成就需要，刻苦钻研，不断攀登，兢兢业业，为事业鞠躬尽瘁。

②不断开拓和创新的精神。勇于开拓、立志改革、不断创新是当今时代的要求，是管理者不可或缺的品质。面对复杂多变的管理环境，管理者要努力开发新产品、开拓新市场、引进新技术、采用新的管理方式，以适应时代发展的要求。管理者应当永不满足，敢于冲破传统观念和旧势力的束缚，不计较个人得失，为开创新局面敢于冒风险。

③有全局观念，不谋私利。管理者应当胸襟宽大，能兼顾国家、组织、职工三者利益，自觉遵守国家的方针政策、法规制度，不搞歪门邪道，能够正确处理局部利益与整体利益、眼前利益与长远利益的关系，不谋私利、不搞特权。

④有良好的民主作风。管理者应当有群众观念，遇事找群众商量，能接纳不同意见，团结群众，能与人合作共事，善于授权。

（2）知识

知识是提高管理水平的基础和源泉。管理工作涉及的知识面广。一般来说，管理者应当掌握以下几个方面的指示。

①政治、法律方面的知识。管理者要掌握当下的路线、方针和政策，掌握国家的有关法令、条例和规定，以便正确把握组织的发展方向。

②经济学和管理学的知识。懂得按经济规律办事，了解当今管理理论的发展情况，掌握基本的管理理论与方法。

③人文、社会科学方面的知识。如心理学、社会学方面的知识。管理的主要对象是人，而人是生理的、心理的人，又是社会的、历史的人。学习一些人文、社会科学方面的知识，有助于管理者了解管理对象，从而有效地协调人与人之间的关系和调动员工的积极性。

④科学技术方面的知识。如计算机及其应用、本行业科研及技术发展的情况等。无论管理什么行业，都要有一定的本专业的科技基础知识，否则就难以根据行业的技术特性进行有效的管理。

（3）实际能力

实际能力指管理者把管理理论与业务知识应用于实践，进行具体管理，解决实际问题的本领。能力与知识是相互联系、相互依赖的。理论与专业知识的不断累积和丰富，有助于潜能的开发与实际才能的提高，而实际能力的增长与发展，又能促进管理者对理论知识的学习消化和具体运用。

关于管理者应具备的基本能力，美国管理学家卡茨（Robert L. Katz）认为，一个管理者至少应具备三种基本技能：技术技能、人际技能和概念技能。

技术技能是指使用某一专业领域内有关的工作程序、技术和知识完成组织任务的能力。对于管理者来说，虽然可以依靠专业技术人员来解决专业的技术问题，但需要掌握一定的技术技能，否则就很难与他所主管的组织内技术人员进行有效的沟通，也无法对他所管辖的业务范围内的各项管理工作进行具体的指导。

人际技能是指管理者处理人与人之间关系的技能。管理者必须学会同下属沟通、影响下属，使下属追随，激励下属积极主动地完成任务。管理者还必须与上级、组织外部的有关人员打交道，还得学会说服上级，学会与其他部门的同事沟通、合作，与有关的外部人员沟通，传播组织的相关消息，与外部环境协调。人际技能要求管理者了解别人的思想、思考方式、感情和个性以及需要和动机，掌握高超人际技能的管理者，更容易取得人们的信任和支持，也容易有效地实施管理。

概念技能指的是纵观全局，对影响组织生存与发展的重大因素做出正确的判断，并在此基础上做出正确的决策，引导组织发展方向的能力。概念技能包括：对复杂环境和管理问题的观察、分析能力；对战略性的重大问题处理与决断的能力；对突发性紧急情况的应变能力等。概念技能就是通常所说的抽象思维能力，而这种抽象思维能力主要指对组织的战略性问题进行分析、判断和决策的能力。

技术技能、人际技能、概念技能是各级管理者都需要具备的，但是不同层次的管理者因为职责不同，对这三种技能的要求程度是有区别的。人际技能对高、中、基层管理者通常都具有同等重要的意义；对于技术技能来说，管理者的层次越高，要求越低；对于概念技能来说，管理者的层次越高，要求越高。

（4）身体心理素质

管理活动既是一种脑力劳动，又是一种体力劳动。特别是处于纷繁复杂的环境之中时，管理劳动通常要耗费大量的脑力与体力，是一种很艰苦的实践活动。管理者应当身体健康，精力充沛，就是说要有好的体力和脑力，这是保证做好管理工作的重要条件。健康是生活和工作持续之本。管理者要注意劳逸结合，锻炼身体，注意预防和及时检查、医治各种疾病，这样才能很好地应对繁重的管理工作。

同时，管理者应该有良好的心理素质。心理素质是指一个人的心理过程和个性方面表现出来的持久而稳定的基本特点。管理者除了要有强烈的事业心和责任感之外，还应该乐观、自信，有坚强的意志和宽广的胸怀；能够通过自我调节保持乐观的心态，对工作充满自信；遇到困难不气馁，取得成绩不自满；紧要关头沉着冷静，果敢坚决；尊重下属，敢于承担责任；要有宽广的胸怀，不妒忌才能高于自己的人，敢于任用有才能的人。

1.4　管理理论的发展

1.4.1　早期管理思想

1.4.1.1　西方早期的管理思想

西方文化起源于古希腊、古罗马、古埃及和古巴比伦等文明古国，它们在公元前 6 世纪左右就已经建立了高度发达的奴隶制国家。埃及金字塔、罗马水道、巴比伦"空中花园"等伟大的古代建筑工程与中国的长城并列为世界奇观。这些古国在国家管理、生产管理、军事和法律等方面也都曾有过许多光辉的实践。

（1）亚当·斯密的劳动分工理论

最早对经济管理思想进行系统论述的学者，首推英国经济学家亚当·斯密（Adam Smith，1723-1790）。他在1776年出版的《国民财富的性质和原因的研究》（简称《国富论》）一书中，系统地阐述了其政治经济学观点，为资本主义经济的发展奠定了理论基础；同时，他也提出了影响深远的管理思想。

亚当·斯密特别强调分工带来的经济效益，他认为劳动分工是提高劳动生产率的因素之一。分工有三个方面的好处：

第一，分工可以使劳动者专门从事一种单纯的操作从而提高熟练程度、增进技能。

第二，分工可以减少劳动者的工作转换，节约由一种工作转到另一种工作所需要的时间。

第三，分工使劳动简化，可以使人们把注意力集中在一种特定的对象上，有利于发现比较方便的工作方法，有利于促进工具的改进和机器的发明。

亚当·斯密的上述主张，不仅符合当时生产发展的需要，而且也成了以后企业管理理论中的一条重要原理。

亚当·斯密在研究经济现象时的基本论点是所谓的"经纪人"的观点，即经济现象是具有利己主义的热门的活动所产生的。他认为：人们在经济活动中，追求的完全是私人利益。但每个人的私人利益又受到他人利益的限制。这就迫使每个人必须顾及他人的利益，由此产生了共同利益，进而产生了社会利益。社会利益正是以个人利益为立足点的。这种"经纪人"的观点，正是资本主义生产关系的反映，同样对以后资本主义管理思想的发展产生了深远的影响。

（2）欧文的人事管理革命

罗伯特·欧文（Robert Owen，1771—1858）出生于英国北威尔士的一个手工业者家庭。由于生活拮据，他只在乡村小学受过初等教育，童年时代便开始外出谋生。最初在一家小商店里当学徒，18岁时与人合伙，在曼彻斯特经营一个小工厂，两年后便成为苏格兰一家纺织厂的经理。1800年，欧文在苏格兰的新拉纳克办了一家工厂，开始了他的人事管理的改革。他在工厂改革的具体措施包括：改善工厂的工作条件，合理布局生产设备，缩短劳动时间，提高雇佣童工的最低年龄限制，提高工资，在厂内免费为工人提供膳食，开设按成本出售工人生活必需品的工厂商店，设立幼儿园和模范学校，创办互助储金会和医院，发放抚恤金，通过建设工人医院、修建街道来谋求改进工厂厂区的整个状况。他善于与工人接触，他的改革得到了工人们的支持，从而大大增加了工厂的盈利。欧文的改革设想尽管未获成功，但他最早注意到管理中人的因素，所以，人们认为欧文是人事管理的创始人，称他为"人事管理之父"。

（3）巴贝奇的作业研究与报酬制度

查尔斯·巴贝奇（Charles Babbage，1792—1871）是英国著名的数学家、机械学家。1832年，他出版了《论机器和制造业的经济》一书，书中论述了他从管理实践中总结出的关于专业分工、工作方法、机器与工具使用以及成本记录等方面的管理思想。

巴贝奇的管理思想可以概括为以下几个方面：

第一，提出了在科学分析研究的基础上有可能制定出企业管理的一般原则。而对于科学分析，他建议经过严密调查而获得数据。

第二，巴贝奇发展了亚当·斯密的关于分工的思想，分析了分工能提高效率的原因。

第三，在解决劳资矛盾方面他提出了一种可以使工人感觉满意的分配方法，即固定工资加利润分成的制度。工人的收入由三个部分组成：按照工作性质所确定的固定工资；按照对生产效率所做出的贡献分得的利润；为提高生产效率提出建议而应得的奖金。提出按照生产效率不同来确定报酬的具有刺激作用的制度，是巴贝奇做出的重要贡献。

1.4.1.2 中国早期管理思想

中国是一个历史悠久的文明古国，在社会实践中形成的管理思想源远流长，丰富多彩。翻阅管理史料，我们发现，中国古代的管理思想主要包括两个方面，即宏观治国的管理思想和微观治生的管理思想。治国的管理思想主要论述财政赋税管理、人口田制管理、货币管理、价格管理、国家行政管理等方面。治生的管理思想主要论述农副业、手工业、商业等生产和流通方面的管理思想。尽管我国古代的管理思想浩如烟海，但由于受生产力和科学技术发展的限制，这些管理思想还比较分散。归纳起来，中国古代的管理思想大致分为以下几个方面：

（1）组织方面的管理思想

周公（公元前 12 世纪-11 世纪），姓姬名旦，他编的《周礼》一书，是为周朝制定的一套官僚组织制度。该书将周代官员分为天、地、春、夏、秋、冬六官，以天官（又称冢宰）职位最高；六官分 360 职，各有职责和权力。自周朝以后，历代封建王朝为提高国家管理效率，都非常重视组织管理，封官定职，编制详细的官职表，层次分明，职责清楚，权责明确。

春秋时代孙武所著的《孙子兵法》，是世界上最古老的兵书。他在该书中曾提到军、旅、卒、伍的军队编制。军为 12 500 人，旅为 500 人，卒为 100 人，伍为 5 人，层次关系明晰，编制比较完备。《孙子·势篇》中有云："凡治众如治寡，分数是也；斗众如斗寡，形名是也。"意思是不管管理人数的多少，道理都一样，只要抓住编制名额有异这个特点就行了。它类似现代管理中所谈到的"要按一定的管理层次和幅度建立组织机构"的管理思想。

（2）经营方面的管理思想

中国古代有许多善于经营的工商名人，他们有着卓越的经营理财思想和一套颇有成效的经营管理艺术。西汉的司马迁在《史记·货殖列传》中记述了从先秦到汉初的一些经营家的经营之道，其中最著名的有范蠡的"待乏原则""积著之理""和白圭的""乐观时变"。范蠡是春秋末期楚国宛人，辅佐越王勾践灭吴后，弃官从商，成为中国历史上有名的大商人。他有以下两条著名的经营之道：

①待乏原则

"待乏原则"的意思是指市场上的货物，要根据年度、季度预测需求行情，预先收储以待时机，方有利可图，所谓"水则资车、旱则资舟、夏则资裘、冬则资絺"。

②积著之理

这是指获取利润的方式。他认为："务完物，无息币。以物相贸易，腐败而食之货勿留，无敢居贵。论其有余不足，则知贵贱。贵上极则贱，贱下极则反贵。贵出如粪土，贱取如珠玉。财币欲其行如流水。"意思是说经营的物品，切勿长期存储贪图高价。要通过商品数量的多少，预测其价格的贵贱。某商品太贵必转而下跌，太贱则又回涨。要使货币像流水一样经常流动和运行，才能得到好的经济效益。

白圭是战国时期周国人，他根据农业生产周期的说法进行经营，成为当时有名的富商。白圭的经营思想可概括为"乐观时变"四个字，具体地说就是以下几个方面：

①强调观察农业生产丰收对市场动向的影响，把商情预测作为经营决策的基础。

②采取"人弃我取，人取我与"的经营策略。

③减少耗费，降低经营成本。

④主张"欲长钱，取下谷"的经营之道，即薄利多销，在数量上取胜。

⑤主张"薄饮食，忍嗜欲，节衣服，与用事童仆同苦乐"，即与手下人同甘苦。

（3）以人为本的管理思想

老子在《道德经》中讲过"城中有四大，而人居其一焉"，"四大"指道、天、地、人。可见老子十分重视人的因素。"重人"是中国传统管理的一大要素，要夺取天下，治好国家，办成大事，人是第一位的。

得民是治国之本，欲得民必先为民谋利。《管子》中就明确指出："凡治国之道，必先富民。"孔子则主张"礼义治国"，希望推行以"义"为核心的管理目标、以"义"为特征的管理方法。孟子则认为"以佚道使民，虽劳不怨；以生道杀民，虽死不怨杀者"。这些都体现了以人为本的管理思想。

在用人方面，中国素有"选贤任能""任人唯贤"的主张，更有"求贤若渴"之说。能否得到贤能之才，关系到国家的兴衰和事业的成败。《吕氏春秋·求人》中指出："得贤人，国无不安……失贤人，国无不危。"诸葛亮在总结汉的历史经验时说："亲贤臣，远小人，此先汉所以兴隆也；亲小人，远贤臣，此后汉所以倾颓也。"《晏子春秋》则把对人才"贤而不知""知而不用""用而不任"视为国家的"三不祥"，其害无穷。

荀子说："人力不若牛，走不若马，而牛马为用，何也？曰：人能群。"意指人们进行分工与协作，协作是一种新的力量。孟子说"劳心者治人，劳力者治于人，治于人者食人，治人者食于人"，提出了脑力劳动与体力劳动分工、管与干分开的思想。

（4）生产劳动管理思想

中国古代生产劳动管理方面的思想，突出地体现在农业生产、劳动分工及大规模工程建设的组织管理方面。

农业是古代的重要生产活动。民以食为天，国以食为政，农业生产是关系国计民生的大事，中国历代王朝都非常重视农业生产管理。中国古代农业生产管理思想的主要内容有以下几个方面：

①注重农业生产结构管理，以粮为主，多业发展。《管子·八观》中提到："务五谷，养桑麻，育五畜，则民富。"

②根据气候和地理条件进行农业生产。《齐民要术》中讲到："顺天时，量地利。"

③注重兴修水利。中国古代就非常重视水利工程对农业生产的作用，如中国历史上修建的最大水利工程——都江堰，在修建之前，岷江洪水无法控制，人民深受其害；修建成功后，使成都平原"沃野千里，号为陆海"。

④重视农业生产技术和耕作工具的作用。中国历来有"利器"的传统，孔子说："工欲善其事，必先利其器。"在劳动管理方面，战国时期，墨翟就提出了劳动分工的思想。

⑤重视工程建设的组织管理。如万里长城是于秦始皇时完成的古代建筑工程之一，它全长 6 700 千米，蜿蜒于崇山峻岭之中，气势宏伟。据历史资料记载，当时的计划十分周到细致，不仅计算了城墙的土石方量，连所需的人力、材料，以及从何处征集劳力，他们往返的路程、所需口粮，各地应负担的任务也都一一明确分配。可以说在长城的整个建造过程、管理构思中充分体现了系统工程和系统管理的思想。

总之，中国古代的管理思想是极为丰富的，是中国人民管理经验和智慧的结晶，对于我们现代管理理论研究、管理实践工作具有重要的借鉴价值。

1.4.2 古典管理理论

资本主义经济的发展、科学技术的巨大变化，促进生产进一步社会化，分工和协作日趋复杂。这时，只凭个人经验管理企业，已不适应组织大规模社会生产的要求，组织迫切希望用科学的、适应社会化生产的管理来代替传统的经验管理。与此同时，前一时期管理经验的积累，早期管理理论的发展，也为古典管理理论的产生提供了条件。管理理论比较系统的建立是在 19 世纪末 20 世纪初。古典管理理论阶段是从 20 世纪初到 20 世纪 30 年代行为科学管理出现之前。这个阶段所形成的管理理论称为"古典管理理论"或"科学管理理论"。所谓科学管理，是指符合客观规律的管理，也就是按照社会化大生产的特点和规律进行管理。具体特点有：

（1）为了满足社会需要而生产优质产品；

（2）在生产活动中不断采用新的科学技术，依靠科学技术发展生产；

（3）保持生产过程的连续性和比例性；

（4）在生产经营活动中，要求职工必须具有高度的组织性和纪律性；

（5）实行集中统一的领导和指挥，按照计划进行生产经营活动。

古典管理理论的代表人物是美国的泰勒、法国的法约尔和德国的韦伯。

1.4.2.1 泰勒的科学管理理论

弗雷德里克·温斯洛·泰勒（Frederick Winslow Taylor，1856—1915），出生于美国宾夕法尼亚州一个较富裕的律师家庭，家里希望他继承父业，成为一名律师，泰勒不负众望，考入了哈佛大学法学院，但由于眼疾不得不中途辍学。1875 年，他进入一家小机械厂当学徒工，1878—1879 年间转入费城米德瓦尔钢铁厂，从机械工人做起，先后被提升为车间管理员、小组长、工长、技师、制图主任和总工程师。他利用业余时间学习，获得了机械工程学士学位。他的经历使他对生产现场很熟悉，他认为凭经验管理的方法是不科学的，需要加以改变。为此，他先后进行了著名的"搬运生铁块试验""铁锹试验"等试验，系统地研究和分析工人的操作方法和劳动时间，逐步形成了科学管理理论。在管理方面他的著作有《计件工资制》（1895 年）、《车间管理》（1895年）、《科学管理原理》（1911 年）。在西方管理思想史上，泰勒被称为"科学管理之父"。

泰勒所创立的科学管理理论要点包括以下八个方面。

（1）科学管理的中心问题是提高劳动生产率

泰勒认为，组织提高劳动生产率的潜力很大。方法是选择合适而熟练的工人，把他们的每一项动作，每一道工序的时间记录下来，并把这些时间加起来，再加上必要的休息时间和其他延误的时间，就得出完成该项工作所需的总时间。据此制定出"合理的日工作量"，这就是所谓的工作定额原理。

（2）为了提高劳动生产率，必须为工作配备"第一流的工人"

泰勒认为，只要工作合适，每个人都能成为第一流的工人。而培训工人成为"第一流的工人"是企业管理当局的责任。

（3）要使工人掌握标准化的操作方法，使用标准化的工具、机器和材料，并使作业环境标准化。

泰勒认为，必须使用科学的方法对操作方法、工具、劳动和休息时间的搭配，以至机器的安排和作业环境的布置等进行分析，消除各种不合理因素，把各种最好的因素结合起来形成一种最好的标准化的方法。而这种方法的制定是企业管理者的首要职责。

（4）实行有差别的计件工资制

按照作业标准和劳动定额，规定不同的工资率，对完成和超额完成定额的人，以较高的工资率支付工资；对完不成定额的人，则按较低的工资率支付工资。

（5）工人和雇主双方都必须来一次"精神革命"

泰勒认为，工人追求的是高工资，资本家追求的是高利润，如果劳动生产率得到了提高，工人不仅可以增加工资，资本家也可以获得高额利润。因此，劳资双方必须变相互对抗为相互信任，共同为提高劳动生产率而努力。

（6）把计划职能同执行职能分开，变原来的经验工作方法为科学工作方法

泰勒有意识地把以前由工人承担的工作分成计划职能和执行职能。计划职能归企业管理当局，并设立专门的计划部门来承担。至于现场的工人，则从事执行职能，即按照计划部门制定的操作方法和指令，使用规定的标准化工具，来代替经验的工作方法。

（7）实行职能工长制

泰勒认为，为了使工长能够有效地履行职责，必须把管理工作细分，使每一工长只承担一种职能。这种做法使一个工人同时接受几个职能工长的指挥，容易造成混乱，

所以没有得到推广，但这种思想为后来职能部门的建立和管理专业化奠定了基础。

（8）在管理控制上实行例外原则

泰勒认为，规模较大的企业，不能只依据职能原则来组织或管理，还必须运用例外原则，即企业高层管理人员把一般的日常事务授权给下层管理人员去处理，自己只保留对例外事项（超出常规标准的例外情况；特别好或特别坏的重要事项等）的决策和监督权。

1.4.2.2 法约尔的一般管理理论

亨利·法约尔（Henri Fayol，1841—1925），法国人，1860 年以优异的成绩毕业于法国圣埃蒂安国立矿业学院后，进入康门塔力—福尔香堡采矿冶金公司，成为一名采矿工程师。由于其出色的组织管理才能，很快被提升为该公司经理、总经理、矿业集团总经理。法约尔不仅有长期管理大企业的经验，还担任法国陆军大学海军学校的管理学教授，晚年又创立研究机构，为推广自己和泰勒的思想而不懈努力。1916 年出版了《工业管理与一般管理》一书，这一著作是他一生管理经验和管理思想的总结。法约尔的一般管理理论主要包括以下内容：

（1）经营与管理活动

法约尔认为经营和管理是两个不同的概念。"经营"是指导或引导一个组织趋向一个目标。经营可以分为六项职能。法约尔指出，任何企业都存在着六种基本活动，而管理只是其中之一。这六种基本活动所包含的内容如下：

①技术活动——生产、制造、加工。

②商业活动——购买、销售、交换。

③财务活动——资金的筹集和运用。

④安全活动——财产和人员的保护。

⑤会计活动——财产盘点、资产负债表制作、成本核算、统计。

⑥管理活动——计划、组织、指挥、协调和控制。

法约尔认为，企业中的工人和各级管理人员都不同程度地从事着这六项活动，只不过随着职务的高低和企业的大小而各有侧重。一般工人只侧重于技术活动，越到高层领导，管理活动的比重越大；大企业的高层领导比小企业的高层领导有更多的管理活动和较少的技术活动。

（2）管理的要素

法约尔首次把管理活动划分为计划、组织、指挥、协调和控制五大职能，揭示了管理的本质，并对这五大管理职能进行了详细的论述。法约尔认为，管理就是实行计划、组织、指挥、协调和控制。计划就是探索未来、制订行动计划；组织就是建立企业的物质和社会的双重结构；指挥就是使其人员发挥作用；协调就是连接、联合、调动所有的活动及力量；控制就是注意是否一切都按已制定的规章和下达的命令进行。后来许多管理学者按照法约尔的研究思路对管理理论继续进行研究，逐渐形成了管理过程学派，法约尔被视为这个学派的创始人。

（3）管理教育的必要性与可能性

法约尔认为，企业对管理知识的需要是普遍的，而单一的技术教育适应不了企业的一般需要。管理能力可以通过教育来获得，没有理论就不可能有教育。因此应尽快建立管理理论，并在学校中进行管理教育，使管理教育起到像技术教育那样的作用。为此，他提出了一套比较全面的管理理论，首次指出管理理论具有普遍性，可以用于各个组织之中，并提出在学校普及管理教育，传授管理知识。

（4）管理的十四条原则

法约尔根据自己的经验提出了一般管理的十四条原则，同时指出这些原则并不是一成不变的。

①劳动分工。法约尔认为劳动分工不只限于技术工作，也适用于管理工作，适用于职能的专业化和权限的划分。

②权力与责任。法约尔将管理人员的权利分为正式权力和个人权力。正式权力是由管理人员的职务或地位产生的；个人权力则是因管理人员的智慧、经验、道德品质、劳动能力和以往的功绩等所产成的。好的管理人员能够以他的个人权力来补充他的正式权力，权力和责任互为因果，有权力就必然有责任。

③纪律。纪律是以企业同员工之间的协定为依据的服从、勤勉、积极、举止和尊重的表示。没有纪律，任何企业都不能顺利发展。纪律应以尊重而不是以恐惧为基础，纪律状况取决于其领导人的道德状况。

④统一指挥。无论什么时候，在任何活动中，一个人只能接受一个上级的命令。多重命令对于权威、纪律和稳定性都是一种威胁。

⑤统一领导。凡是具有同一目标的全部活动，只能在一个领导和一个计划下进行。这对于正常组织中的行动的统一、力量的协调和集中有着至关重要的作用。

⑥个人利益服从整体利益。集体的目标必须包含员工个人的目标。单个人不免有私心和缺点。这往往使员工将个人利益放在集体利益之上。如何协调个人与集体之间的关系在管理上至今仍然是个难题。

⑦合理的报酬。薪酬制度应当公平，对工作成绩与工作效率优良者应奖励。奖励应以能激起职工的热情为限，否则将出现副作用。

⑧集中。法约尔认为，集中就像劳动分工一样，是一种必然规律。集中是职权的集中。集中的程度应该根据管理人员的性格、下级的可靠性和公司的情况而定。

⑨等级链。企业管理中的等级制度是从最高管理人员直到最基层人员的领导系列，它显示出执行权力的路线和信息传递的渠道。从理论上来说，为了保证命令的统一，各种沟通都应按层次逐级进行，但这样可能会产生信息延误现象。为了解决这一问题，法约尔提出了"跳板"原则。如图1.1所示。

在一个企业里，并行的相邻部门之间发生必须二者协商才能解决的问题时，可先由这两个部门直接协商解决；只有在二者不能达成一致时，才各自向双方上一级报告，由双方上级再协商解决。这样，一般的问题在较低的一层解决；只有在各级都不能达成一致以及下级难以处理时，才需由高级层次做出决定。跳板原则既能维护命令统一原则，又能迅速及时地处理一般事务，是组织理论上的一个重要原则。

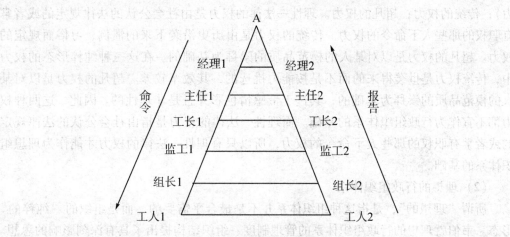

图 1.1 法约尔的跳板原则

⑩秩序。秩序是指按照事物的内在联系事先很好地选择其恰当的位置。社会秩序的建立需要有良好的组织和合适的选拔工作，确定企业顺利发展所必需的职位并为这些职位选拔称职的人，使每个人都在能发挥出自己最大能力的岗位上任职。

⑪公平。公平是由公道和善意产生的。企业领导应特别注意员工希望公道、平等的愿望，并发挥自己最大的能力，使公平感深入各级人员内心。

⑫人员的稳定。如果人员不断变动，工作将得不到良好的效果。要鼓励管理人员长期为企业服务。

⑬首创精神。发明创造是首创精神，建议与发挥主动性同样是首创精神。企业的成功来源于企业领导和全体成员的首创精神。领导者要有勇气激发和支持大家的首创精神。

⑭人员的团结。法约尔指出，团结就是力量。一个企业中，全体人员的和谐与团结是这个企业的巨大力量，所以应该尽力做好团结工作。

以上十四条管理原则包含了许多成功的经验和失败的教训，是法约尔一生管理实践经验的结晶，为后人的管理研究和实践指明了方向。

1.4.2.3 韦伯的行政组织理论

马克斯·韦伯（Max Weber，1864—1920）出生于德国一个有着广泛的社会和政治关系的富裕家庭，1882 年进入海德堡大学学习法律，以后先后就读于柏林大学和哥丁根大学。先后担任过柏林大学教授、主编和政府顾问。韦伯是德国著名的社会学家，对法学、经济学、政治学、历史学和宗教学都有广泛的研究。他在管理理论上的研究主要集中在组织理论方面，他在代表作《社会组织与经济组织》中提出了所谓"理想的行政组织体系理论"，是德国古典管理理论代表人物，被称为"组织理论之父"。理想行政组织理论要点包括以下两个方面：

（1）权力论

任何组织都必须有某种形式的权力作为基础，才能实现目标，只有权力，才能变混乱为秩序。韦伯认为，组织存在三种纯形态的权力：理性—法律的权力（合法的权力）；传统的权力；超凡的权力。理性—法律的权力是由社会公认的法律规定的或者掌有职权的那些人下命令的权力。传统的权力是由历史沿袭下来的惯例、习俗而规定的权力。超凡的权力是以对某人的模范品质的崇拜为基础的。在这三种纯粹形态的权力中，传统权力是世袭得来的而不是按能力挑选的，其效率较差。超凡的权力是以对某人的模范品质的崇拜为基础的，其过于带感情色彩并且是非理性的。因此，这两种权力都不宜作为行政组织体系的基础。而理性—法律的权力是指由社会公认的法律规定的或者掌有职权的那些人下命令的权力，所以只有理性—法律的权力才能作为理想组织体系的基础。

（2）理想的行政组织体系

所谓"理想的"，是指这种组织体系并不是最合乎需要的，而是组织的"纯粹的"形态。韦伯就理想的行政组织体系的管理制度、组织结构提出了具有深刻影响的思想。其观点主要有：明确的分工；自上而下的等级系统；人员的考评和教育；职业管理人员；遵守规则和纪律；组织中人员之间的关系。韦伯认为，理想的行政组织体系和其他组织形式相比具有能够取得高效率的特点。

1.4.3 行为管理理论

行为科学理论始于 20 世纪二三十年代初的霍桑试验。当时，古典管理理论在实践中暴露出来的一个最大缺陷，即忽视人的因素，忽视社会、心理因素对管理组织中的人的影响，在霍桑试验后这方面的理论取研究得了突破性进展，继而形成科学理论。

1.4.3.1 霍桑试验

霍桑试验是 1924 年到 1932 年间，在美国芝加哥郊外的西方电器公司下属的霍桑工厂进行的。霍桑工厂当时有 2.5 万名工人，主要从事电话机和电器设备的生产。工厂具有较完善的娱乐设施、医疗制度和养老金制度。但是工人们仍然有很强的不满情绪，生产效率很低。为了探究原因，1924 年 11 月，美国国家研究委员会组织了一个由多方面专家组成的研究小组进驻霍桑工厂进行试验。试验分成四个阶段：照明试验、福利试验（继电器装配工人小组试验）、谈话试验（大规模访问交谈）、群体试验（对接线板接线工作室的研究）。

（1）工厂照明试验（1924—1927 年）

试验将一批工人分为两组：一组为"试验组"，让工人在不同照明强度下工作；另一组为"控制组"，工人在照明度始终维持不变的条件下工作。但是照明度的变化对生产率几乎没有什么影响。这个试验似乎以失败告终。但这个试验得出结论：工厂的照明只是影响工人生产效率的一项微不足道的因素；生产效率仍与某种未知因素有关。

（2）福利试验（1927 年 8 月—1928 年）

这个试验旨在试验各种工作条件（材料供应、休息时间、作业时间、工资等）的变动对小组生产效率的影响，以便能够更有效地控制工作效果。试验的结论是，这些因素对生产效率有很小或者没有多大的影响，但似乎由于督导方法的改变，使工人工作态度也有所变化，产量有所增加。

（3）谈话试验（1928—1931年）

两年内他们在上述试验的基础上进一步开展了全公司范围的普查与访问，调查了2万多人次，发现所得结论与上述试验所得相同，即"任何一位员工的工作绩效，都受到其他人的影响"。于是研究进入第四阶段。

（4）群体试验

以集体计件工资制刺激，企图形成"快手"对"慢手"的压力以提高效率。试验发现，工人既不会为超定额而充当"快手"，也不会因完不成定额而成"慢手"，当他们达到他们自认为是"过得去"的产量时就会自动松懈下来。试验的结论是，车间里除了存在按照公司编制建立的正式组织外，还存在因某些因素形成的非正式组织，这些非正式组织有时会严重影响工作效率。

研究小组在霍桑工厂进行了历时8年的研究，获得了大量的第一手资料，为人际关系理论的形成以及后来的行为科学的发展打下了基础。

1.4.3.2 人际关系学说

根据霍桑试验的结果，梅奥于1933年出版了《工业文明中人的问题》一书，提出了与古典管理理论不同的新观点，形成了人际关系学说。其主要观点如下：

（1）工人是"社会人"而不是"经济人"

作为复杂社会系统成员，金钱并非是刺激工人积极性的唯一动力，他们还有社会和心理方面的需求，因此社会和心理因素等方面所形成的动力，对效率有更大的影响。

（2）企业中存在着非正式组织和正式组织

霍桑试验发现，企业中除了存在正式组织之外，还存在着非正式组织。非正式组织是工人在共同工作的过程中，由于具有共同的社会感情而形成的非正式团体。这种无形组织有它特殊的感情、规范和倾向，左右着成员的行为。

在正式组织中，以效率逻辑为其行动标准，为提高效率，企业各成员之间保持着形式上的协作。在非正式组织中，以感情逻辑为其行动的标准，这是出于某种感情而采取行动的一种逻辑。一般来说，管理人员的逻辑多为效率逻辑，而感情逻辑可以认为是工人的逻辑。

梅奥认为，非正式组织对企业来说有利有弊。它的缺点是有可能集体抵制上级的政策或目标，强迫非正式组织内部的一致性，从而限制了部分人的自由和产量等。它的优点是，使个人有表达思想的机会，能提高士气，可以促进人员的稳定，有利于沟通，有利于提高工人们的自信心，能减少紧张感觉，在工作中能够使人感到温暖，扩大协作程度，减少厌烦等。

作为管理者，要充分认识到非正式组织的作用，注意在正式组织的效率逻辑与非正式组织的感情逻辑之间搞好平衡，以便在管理人员之间、工人与工人之间、管理人员与工人之间搞好协作，充分发挥每个人的作用，提高劳动生产率。

（3）新型的领导在于通过对职工"满足度"的增加，来提高工人的士气，从而达到提高效率的目的。

霍桑试验认为效率的升降，主要取决于工人的士气，而士气的高低，则取决于社会因素特别是人群关系对工人的满足程度，即他的工作是否被上级、同伴和社会所承认。满足程度越高，士气也就越高，生产效率就越高。所以，领导的职责在于提高士气，善于倾听下属的意见，在正式组织的经济需求和工人的非正式组织的社会需求之间保持平衡。这样就可以解决劳资之间乃至整个"工业文明社会"的矛盾和冲突，提高效率。

1.4.3.3 对人际关系理论的分析

（1）人际关系理论的贡献

梅奥的人际关系理论克服了古典管理理论的不足，引起了管理上的一系列改革，其中许多措施到现在仍是管理者所遵循的准则。其贡献主要有以下几点：

①激起了管理层对人的因素的研究兴趣；

②改变了人与机器没有差别的观点，恢复了人是"社会人"的本来面目；

③为管理思想的发展开辟了新领域；

④为管理方法的变革指明了方向。

（2）人际关系理论的局限

①过分强调非正式组织的作用。人际关系理论认为，组织内人群行为强烈地受到非正式组织的影响。可实践证明，非正式组织并非经常地对每个人的行为有决定性的影响，经常起作用的仍是正式组织。

②过多地强调感情的作用，似乎职工的行动主要受感情和关系的支配。事实上，关系好不一定士气高，更不一定生产效率高。

③过分否定经济报酬、工作条件、外部监督、作业标准的影响。事实上，这些因素在人们的行为中仍然起着重要的作用。

1.4.4 现代管理理论

第二次世界大战后，随着科学技术的发展，生产社会化程度日益提高，管理理论的研究出现了百花齐放的新局面。众多的学者和管理专家都从各自不同的背景、不同的角度，用不同的方法对现代管理问题进行研究，形成了众多的管理理论学派，这些理论内容上相互影响和联系，被形象地称作"管理理论的丛林"。

1961年12月，美国著名管理学家哈罗德·孔茨在美国《管理学杂志》上发表了《管理理论的丛林》一文，把当时的各种管理理论划分为6个主要学派。1980年孔茨又发表了《再论管理理论的丛林》一文，指出管理理论已经发展到11个学派：管理过程学派、社会系统学派、决策理论学派、系统管理学派、经验主义学派、管理科学学派、经理角色学派、权变理论学派、人际关系行为学派、群体行为学派、社会技术系统学派。下面对主要管理学派进行介绍。

1.4.4.1 管理过程学派

管理过程学派又称管理职能学派、经营管理学派。其代表人物有早期的法约尔和后来的孔茨。管理过程学派的研究对象是管理的过程和职能。他们认为，管理就是在组织中通过别人或同别人一起完成工作的过程，管理过程同管理职能是分不开的。所以他们试图对管理过程和管理职能进行分析，从理论上加以概括，把用于管理实践的概念、原则、理论和方法结合起来形成一门管理学科。管理过程学派的基本研究方法是：第一步，把管理人员的工作划分为一些职能。如法约尔划分为计划、组织、指挥、协调和控制五项职能。第二步，是对这些职能进行研究，并在丰富多彩的管理实践中，探求管理的一般规律，以便详细地分析这些管理职能。管理过程学派认为，应用这种研究方法就可以把管理工作的一切主要方法进行理论地概括从而建立起管理理论，并用以指导管理实践。管理过程学派的主要贡献是提供了一种由管理职能构成的理论框架，这个框架包括的范围广泛并且容易理解，管理学方面的任何一种新概念、新知识、新思想、新理论几乎都可以纳入到这个框架之中。

1.4.4.2 社会系统学派

社会系统学派以组织理论为研究重点，从社会学的角度来研究组织。这一学派的创始人是美国的管理学家切斯特·巴纳德，他的代表作是1937年出版的《经理的职能》一书。

巴纳德把组织看作是一个社会协作系统，即一种人的相互协作体系。这个系统的存在取决于三个条件：①协作效果，即组织目标能否顺利达成；②协作效率，即在实现目标的过程中，协作的成员损失最小而心理满足较高；③组织目标应和环境相适应。巴纳德还指出，在一个正式组织中要建立这种协作关系，必须满足以下三个条件：一是共同的目标；二是组织中每一个成员都有协作意愿；三是组织内部有一个能够彼此沟通的信息系统。这一学派虽然主要以组织理论为其研究的重点，但它对管理所做的贡献是巨大的。

1.4.4.3 决策理论学派

该学派的代表人物是著名的诺贝尔经济学奖获得者，美国卡耐基—梅隆大学的教授西蒙。这一学派是在社会系统学派的基础上发展起来的，是对当代西方影响较大的管理学派之一。西蒙认为，决策程序就是全部的管理过程。决策贯穿于管理的全过程。决策过程是从确定组织目标开始，然后寻找为达到该目标可供选择的各种方案，经过比较做出优选并认真执行控制，以保证既定目标的实现。西蒙采用"令人满意的准则"代替传统决策理论的"最优化原则"。他认为，不论是从个人的生活经验中，还是从各类组织的决策实践中，寻找可供选择的方案都是有条件的，不是毫无限制的。他还研究了决策过程中冲突的关系以及创新的程序、时机、来源和群体处理方式等一系列有关决策程序的问题。

西蒙的决策理论是以社会系统理论为基础的，以后又吸收了行为科学、系统理论、运筹学和计算机科学等学科的内容，即重视了先进的理论方法和手段的应用，又重视了人的积极作用。

1.4.4.4 系统管理学派

系统管理学派是运用系统可持续的理论、范畴及一般原理，分析组织管理活动的理论。其代表人物有美国的卡斯特、罗森茨韦克等。

系统管理学派的主要理论要点是：①组织是一个由相互联系的若干要素所组成的人造系统；②组织是一个为环境所影响，又反过来影响环境的开放系统。组织不仅本身是一个系统，同时又是一个社会系统的分系统，在与环境的相互影响中取得动态平衡。组织要从外界接收能源、信息、物质等各种投入，经过转换再向外界输出产品。系统管理和系统分析在管理中被应用，提高了管理人员对影响管理理论和实践的各种相关因素的洞察力。该理论在20世纪60年代最为盛行，但由于它在解决管理的具体问题时略显不足而稍有减弱，但仍然不失为一种重要的管理理论。

1.4.4.5 经验主义学派

经验主义学派又称案例学派，其代表人物是美国的彼得·德鲁克和欧内斯特·戴尔。他们强调通过分析经验（通常为案例）来研究管理。其依据是，学生和管理者通过研究各式各样成功和失败的案例，就能理解管理中的问题，自然便学会有效地进行管理。经验主义学派的主要观点是：第一，关于管理的性质。他们认为管理是管理人员的技巧，是一个特殊的、独立的活动和知识领域。第二，关于管理的任务。该学派认为，作为主要管理人员的经理，必须能够造就一个"生产的统一体"，经理好比一个乐队的指挥，他要使企业的各种资源，特别是人力资源得到充分发挥。另外，经理在做出每一个决策和采取每一项行动时，要把当前利益和长远利益协调起来。第三，提倡实行目标管理。

1.4.4.6 管理科学学派

管理科学学派又叫数量学派，是泰勒"科学管理"理论的继续和发展。管理科学学派正式作为一个管理学派，是在第二次世界大战以后，这一学派的特点是利用有关的数学工具，为企业寻找一个有效的数量解，着重于定量研究。

管理科学学派认为，管理就是制定和运用数学模型与程序的系统，运用数学符号和公式来表示计划、组织、控制、决策等合乎逻辑的程序，求出最优的解答，以达到企业的目标。这个学派还提倡依靠电子计算机进行管理，提高管理的经济效率。管理科学学派似乎是有关管理的科学，其实它主要不是探索有关管理的问题，而是设法将科学的管理原理、方法和工具应用于管理。

管理科学学派强调数量分析，主张用先进的技术成果和科学研究成果对管理学进行研究。其意义是十分明显的。但管理活动纷繁复杂，并非所有的管理问题都能定量化，都能用模型来分析。因此，过分依赖于模型，也会降低决策的可信度。所以在管理活动中，应用一分为二的态度来对待数学模型。

1.4.4.7 经理角色学派

经理角色学派是20世纪70年代在西方出现的一个管理学派。它之所以被人们称作经理角色学派，是由于它以经理所担任的角色的分析为中心来考虑经理的职务和工作，以求提高管理效率。该学派的代表人物是加拿大麦吉尔大学管理学院教授明茨伯格。

在经理角色方面，这一学派认为经理一般都担任着十种角色，来源于经理的正式权利和地位。可归纳为三类，它们组成一个相互联系的整体。第一类是人际关系方面的角色，共有三种：挂名首脑的角色、领导者的角色、联络者的角色。第二类是经理作为组织信息方面的角色。第三类是决策方面的角色，共分四种：企业家角色、故障排除者角色、资源分配者角色、谈判者角色。经理角色理论受到了管理学派和经理们的重视，但是经理的工作并不等于全部的管理工作。管理中的某些重要问题，经理角色理论也没有详细论述。

1.4.4.8　权变理论学派

权变理论是 20 世纪 70 年代开始形成、发展起来的，其代表人物是美国管理学家卢桑斯以及英国学者伍德沃德等人。所谓权变就是随机应变的意思。权变理论的核心思想是认为不存在一成不变的、无条件适用于一切组织的最好的管理方法，强调在管理中要根据组织所处的内外环境的变化而随机应变，针对不同情况寻找不同的方案和方法。其主要观点有以下几个方面的内容：

（1）环境变量与管理变量之间存在着函数关系，即权变关系。这里所说的环境变量，既包括组织的外部环境，也包括组织的内部环境。而管理变量则指管理者在管理中所选择和采用的管理观念和技术。

（2）在一般情况下环境是自变量，管理观念和技术是因变量。因此，如果环境条件一定，为了更快地达到目标，必须采用与之相适应的管理原理、方法和技术。

（3）管理模式不是一成不变的，要适应不断变化的环境而有所变革，要根据组织的实际情况来选择最适宜的管理模式。

1.4.4.9　人际关系行为学派

从 20 世纪 20 年代开始，是"人际关系"——"行为科学"学派的兴起时期。这个学派的依据是，既然管理就是让别人或同别人一起去把事情办好，因此，就必须以人与人之间的关系为中心来研究管理问题。这个学派把社会科学方面已有的和新近提出的有关理论、方法和技术用来研究人与人之间以及个人的各种现象，从个人的个性特点到文化关系，范围广泛，无所不包。

这个学派的学者大多数都受过心理学方面的训练，他们注重个人，注重人的行为的动因，把行为的动因看成为一种社会心理学现象。其中有些人强调处理人的关系是管理者应该而且能够理解和掌握的一种技巧；有些人把"管理者"笼统地看成是"领导者"，甚至认为管理就是领导，结果把所有的领导工作都当成为管理工作；还有不少人则着重研究人的行为与动机之间的关系，以及有关激励和领导问题。所有这些，都提出了对管理人员大有助益的一些见解。

1.4.4.10　群体行为学派

这个学派同人际关系行为学派密切相关，以致常常被混同。但它关心的主要是一定群体中的人的行为，而不是一般的人际关系和个人行为；它以社会学、人类文化学、社会心理学为基础，而不是以个人心理学习基础。这个学派着重研究各种群体的行为方式，从小群体的文化和行为方式到大群体的行为特点，均在研究之列。有人把这个学派的研究内容称为"组织行为"（Organizational behavior）研究，其中"组织"一词被用来表示公司、企业、政府机关、医院以及任何一种事业中一组群体关系的体系和类型。这个学派的最早代表人物和研究活动就是梅奥和霍桑试验。50 年代，美国管理学家克里斯·阿吉里斯（Chris Argyris）提出所谓"不成熟—成熟交替循环的模式"，指出"如果一个组织不为人们提供使他们成熟起来的机会，或不提供把他们作为已经成熟的个人来对待的机会，那么人们就会变得忧虑、沮丧，甚至还会按违背组织目标的方式行事。"

1.4.4.11 社会技术系统学派

社会技术系统学派是在二战后兴起的一个较新的管理学派，是在社会系统学派的基础上进一步发展而形成的。社会技术系统学派的创始人是特里司特（E. L. Trist）及其在英国塔维斯托克研究所中的同事。他们通过对英国煤矿中长壁采煤法生产问题的研究，发现许多矛盾的产生是由于只把组织看成一个社会系统，而没有看到它同时又是一个技术系统，而技术系统对社会系统有很大的影响；个人态度和群体行为都受到人们在其中工作的技术系统的重大影响。因此，他们认为，必须把企业中的社会系统同技术系统结合起来考虑，而管理者的一项主要任务就是要确保这两个系统相互协调。

社会技术系统学派的大部分著作都集中于研究科学技术对个人、对群体行为方式，以及对组织方式和管理方式等的影响，因此，特别注重于工业工程、人机工程等方面问题的研究。

社会技术系统学派认为，组织既是一个社会系统，又是一个技术系统，并非常强调技术系统的重要性，认为技术系统是组织同环境进行联系的中介。

社会技术系统学派主张，为了更好地提高生产效率与管理效果，企业需要对社会系统和技术系统进行有效的协调。当二者之间发生冲突时，通常应在技术系统中做出某些变革以适应社会系统。该学派的研究主要集中在工业生产如运输、产品装配和化学加工等技术系统与员工关系更为密切的工业工程学。

1.5　管理基本原理

所谓原理，是指客观事物运动的基本规律，是最具一般性和普遍性的真理。管理原理就是对管理工作的实质内容进行科学分析总结而形成的、能够对管理活动进行高度概括并反映管理活动的客观规律的基本理论。它是对现实的管理活动的高度抽象，是对各项管理制度的高度综合，是对管理方法的高度概括。因此，管理原理具有高度的科学性、普适性和指导性等特征，是管理学理论的重要组成部分，对一切管理活动都具有指导性。管理学的鼻祖、有着"科学管理之父"称谓的管理学家泰勒在他的《科学管理原理》一书中这样写道："最好的管理是一门精确的学科，它是以明确的规律、法则和原理为基础的。科学管理的基本原理适用于人类的一切活动——从最简单的个人行动到需要最繁杂合作的巨型企业的工作。无论何时何地，只要正确地应用这些原理，都会产生十分惊人的效果。"研究管理原理无疑有助于掌握管理的客观规律，进而有助于提高管理工作的科学性和有效性。

1.5.1 系统原理

管理的系统原理是现代管理学的重要理论成果之一。在管理学的学科体系中有着很重要的地位。用管理的系统原理指导管理实践，解决管理中的复杂问题，有很特殊的优越性。目前管理的系统原理不管在理论研究上还是在实践应用上都取得了很大的成就，它越来越受到管理学理论研究者和实际管理工作者的重视。

1.5.1.1 系统的概念及分类

管理的系统原理来自于一般系统理论。要用管理的系统原理去指导具体的管理过程，就要了解和掌握系统理论的基本知识。系统理论是关于系统构成和发展演化规律的科学。它的最早、最完整的表现形式是一般系统理论。系统理论的形成和建立对现代科学技术的发展和管理科学的发展有着非常巨大的推动作用。包括管理学在内的许多学科都借鉴了系统理论的思想。在系统理论看来，所谓系统，指由若干个相互作用、相互依赖的要素结合而成的具有特定功能的有机整体。这个整体具有各个组成部分所没有的新的性质和功能，并和一定的环境发生交互作用。对于任何一个系统来说，要素、结构、功能、活动、信息和环境以及它们之间的相互依赖、相互作用都是系统构成的基本条件。

所谓要素，是指构成系统的各个基本组成部分。任何一个系统都可以分成两个或两个以上的要素。系统的要素是由物质、能量和信息所构成的基本单位，系统的要素与要素的不同组合构成了各种级别的系统。要素和系统的关系是部分与整体的关系，它们相互联系、相互作用。一方面，要素的性质与功能制约着系统的性质与功能；另一方面，系统的变化也会影响到要素的变化。所谓结构，是指系统内部的诸要素或子系统相互联系、相互作用而形成的秩序、结合方式和比例关系。每一个具体的系统都有自己特定的结构，它规定了各个要素在系统中的不同地位和作用。在系统的要素确定的情况下，往往由系统的结构决定各个要素之间的关系，进而影响到系统整体的性质和功能。所谓功能，指系统在一定内部条件和外部环境下具有的达到预期目标的作用和能力。系统功能的具体外部表现就是系统具有把投入转化为产出的作用和效率。它体现了系统与外部环境之间的物质、能量和信息的输入、输出关系。系统的功能取决于过程的秩序。考察系统的功能，必须要联系系统各要素之间及其与外部环境之间的物质、能量和信息的交换过程来进行。所谓活动，是指系统的形成、发展、变化的动态过程，这个过程是通过系统内部诸要素之间、要素与系统之间以及系统与环境之间的相互影响、相互作用完成的。系统无时无刻不在运动，因此，系统的这种"活动"是绝对的。所谓信息，是指系统中被认识和了解的内容，表现为对系统要素、结构、功能、活动、环境等存在的方式或运动状态的表述和这种表述的传播。信息是任何系统有序运动的前提条件之一，人们借助于信息，可以消除认识上的不确定性。所谓环境，是指处在系统边界之外，和系统进行物质和能量交换的所有影响系统功能的各种因素之和。每一个具体的系统都有时空上的限制，因此，每一个具体的系统都有自己的环境。它是系统存在和发展的条件。系统的整体性质只有在与环境的相互联系中才能体现出来。根据环境的特点，大致可以把环境分为物理和技术的环境、经济和管理的环境、社会以及人际关系的环境等几大类。系统的环境是处于经常的变化之中的。

对任何事物的分类，只要根据不同的标准就会有不同的结果。这里我们对系统根据以下几个标准进行分类。

（1）根据系统与环境的关系，可以把系统分为封闭系统和开放系统。与环境之间没有任何物质与能量的交换的系统我们称之为封闭系统，与外界的环境之间有物质和能量的交换的系统我们称之为开放系统。

（2）根据系统的状态进行分类，可以把系统分为四种：①平衡态系统，指在一定时期内它的状态不随时间的变化而变化的系统；②近平衡态系统，是指接近平衡状态的系统；③远离平衡态系统，指随着时间的变化远离原来的平衡状态而进入新的平衡状态的系统；④混沌系统，指其内部的参量的变化完全处于随机状态的系统。

（3）根据人类对系统影响的情况，可以把系统分为两种：①自然系统，指完全由自然物质构成，与人类及其意志无关的系统；②人工系统，指按人类的目的和愿望建立起来的系统。

（4）根据系统的存在形式，可以分为两种：①实体系统，指由客观物质组成的系统，比如自然系统，社会系统等；②概念系统，指由主观概念、原理、规律等非物质的实体所构成的系统。

1.5.1.2 管理系统的特征

在自然界和人类社会中存在着各种不同性质和种类的系统，管理学研究的是组织管理系统。它具有以下特征：

（1）系统的整体性

所谓系统的整体性，指系统作为相互联系、相互作用的各要素和子系统构成的有机整体，在其存在方式、目标、功能等方面表现出来的整体统一性。第一，从系统功能的角度看，系统的功能具有整体性，就是说，系统作为整体存在时其功能不等于系统内部各要素功能的简单叠加，而是表现为"整体大于部分之和"，体现出其组成部分没有的功能和特征；第二，从系统存在的方式角度看，系统的任何一个组成部分都不能脱离整体而存在，而整体一旦失去某一部分，也势必影响自己作为一个整体的形态和作用的发挥；第三，从系统的目的来看，系统的整体目标是各个组成部分共同努力的目标，但是这种整体目标并不等于各个组成部分目标的简单叠加。

（2）系统的相关性

所谓系统的相关性，指系统不是其构成要素的简单堆积和混合，而是由这些相互关联、相互作用的子系统构成的有机整体，这些要素和子系统不仅在内部相互依赖、相互制约，而且同外部环境也具有一定的联系作用。这种系统的要素和子系统之间的相互依赖和相互制约，以及其与外部环境的联系和制约，是形成系统结构、决定系统功能的基本力量，是使得系统各要素和子系统成为有机整体的必不可少的构成部分，是系统的整体性得以实现和维持的条件。

（3）系统的层次性

系统在结构上是有层次的，每一个系统都可以被逐层地分解为不同的子系统，包含在系统内的各个系统，相对于系统而言是要素，而相对于它的下一个层次而言它又是系统。即系统和要素是相对的，一切构成一个系统的子系统都是由更下一级的子系统构成的。这样，每一个层次都是系统和要素的关系，即系统具有层次性。

（4）系统的动态性

如前所述，系统无时无刻不在运动，作为一个运动着的有机整体，其稳定状态是相对的，而运动状态是绝对的。系统不仅作为一个功能性的实体存在，而且作为一种运动而存在。运动是系统的生命。比如，管理学中研究的组织是社会经济系统中的子系统，它为了适应外部社会经济系统的需要，必须不断完善和改变自己的功能，而组织内部各子系统的功能及其相互关系也必须随之相应地发展变化。

（5）系统的开放性

前文在分析系统的类别时根据系统与环境的关系，把系统分为封闭系统和开放系统，但是严格地说，封闭系统是不可能存在的，没有一个不与外界环境进行物质、能量和信息交换的系统可以维持下去。管理学中的封闭系统更是少见。因此，组织管理系统具有的另外一个特征是开放性，甚至可以说，开放是系统的生命。对于管理者来说，应该要能准确判断组织的外部环境对组织的影响，在进行组织管理时要能够考虑到环境的因素。

（6）系统的环境适应性

任何系统都要与环境进行物质、能量和信息的交换，这种交换是双向的。一方面系统受到环境的影响和作用；另一方面，系统要影响环境，系统在自身与环境的相互作用中实现动态的平衡。对于组织管理系统来说，系统可以根据环境条件的变化和系统发展目标的转变，自动地改变自身的内部结构以适应外界环境的变化从而达到系统与环境的平衡。在现实的管理活动中，管理系统所面临的环境因素具有越来越大的变动性，环境的变动给管理系统带来越来越多的问题。这就要求管理系统对环境应该有更强的应变能力，要善于预测环境并在变化的环境中争取主动。

1.5.1.3 管理的系统原理及其应用

所谓管理的系统原理，指管理活动要协调好组织系统中各要素之间、各要素与系统整体之间、组织系统与组织环境之间的关系，从而保证组织系统活动的正常进行和组织目标的实现。即管理者在管理一个组织系统的时候必须运用系统理论、系统思路、系统方法来进行。

在管理中应用系统原理要注意以下几点：

（1）确立系统管理思想

要按管理的系统原理来进行组织管理，首先要求管理者必须具备系统思维，把管理对象当成一个组织系统来进行管理。在管理的过程中，要注重对组织系统进行系统的分析，要了解组织系统的组成要素，分析组织系统的组成结构，认真分析组织系统的历史和现状，把握组织的功能，研究组织系统与环境的相互关系即可能发生的变化。

在进行具体管理时，要按组织系统的特征来选择管理的手段和方法。

（2）进行系统分析

在进行系统分析的时候要注意对组织系统的分析和对管理活动的分析是有区别的。对一个组织系统进行系统分析，应该包括以下几个方面的内容：

①了解系统的要素。分析系统是由哪些基本要素构成的，可以分成哪些子系统。

②分析系统的结构。分析系统内部呈现的是一个什么样的组织结构，系统与子系统、子系统与子系统之间是如何联系的，相互作用的方式是什么。

③研究系统的联系。研究该系统同其他系统在纵向、横向方面的联系，该系统在更大系统的地位、作用如何。

④弄清系统的历史。弄清系统是如何产生的，经历了哪些发展阶段，呈现什么样的发展前景。

⑤把握系统的功能。弄清系统及其要素具有什么功能，系统与子系统在功能上有什么样的相互影响、制约的关系。

⑥研究系统的发展。弄清维持、完善与发展系统的主要因素是什么，研究改良、发展系统的战略方针与具体方案。

而对一个管理活动进行系统分析的工作步骤是：

①明确问题。通过收集有关信息，明确要解决的问题。

②确立目标。确定目标时，要有长远观点，选择对将来活动成效有重大影响的事项作为主要目标；将总目标分解成具体的分目标，又要将分目标放到总目标的联系中来确定。

③拟定出若干可行方案作为对比的对象。这一工作的前提是获得全面、适用的信息。管理活动的要素很多，要素间的结构方式可以有多种。所以对于较复杂的管理活动，也可以采取通过建立数学模型的方式，对各种方案进行模拟、估测、计算，取得必要的数据和资料。系统分析的模型可以分为实物模型、图像模型和数学模型。

④综合抉择方案。分析对比各种方案的质量指标与数量指标，然后进行综合分析，以便确定方案。如果所得的分析结果或最终确定的决策不能令人满意的话，则重新进行系统分析。

由于系统分析的着眼点是解决问题，所以，上述工作步骤既适用于对管理的计划活动与控制活动所要做的分析，也适用于对管理实施活动进行的分析。许多时候，对一个管理现象或管理工作进行分析时，可以把对一个组织进行的系统分析与对一个管理活动进行的系统分析在内容上和要求上合并起来进行。

（3）对组织活动实行系统化的管理

在管理中系统原理可以应用在很多方面。系统观点和系统分析可以用于对各种资源的管理，而把组织作为一个系统来安排和经营时就叫作系统管理。系统管理主要有四个特点：①它是以目标为中心，始终强调组织运行或活动开展的总体绩效；②它是以整个组织为中心，决策时强调整个组织系统的最优化，而不是强调个别部门或某一活动的最优化；③它是以责任为中心，每个管理者都被分配一定的任务，能衡量投入与产出；④它是以人为中心，每个工作人员都被安排有挑战性的工作，并根据其工作成绩来付给报酬。

在对组织进行的系统管理中，有四个不同但紧密联系的阶段：一是决策，就是管理者在分析管理体系统内外有关信息的基础上确定目标，制定实施目标的多种方案，并从中选择方案的过程；二是对即将投入实际运作的决策方案进行具体的设计安排；三是实际运作的开展与控制；四是检查和评价实际运作的绩效。这是从过程的角度来考察管理活动的。

1.5.2 人本原理

在管理活动中，人是诸要素中的第一要素。管理对象的全部要素以及整个管理过程都需要人去掌握和推动。没有人在整体上对其他管理对象施加影响，就不可能实现管理目标。比如对资金的管理、对人事的管理、对信息的分析和处理都离不开人。在管理中，人既是管理的主体，也是管理的客体。因此，人的积极性、主观能动性和创造性的充分发挥，人的素质的全面发展，既是有效管理要达到的效果，也是有效管理的基础和前提。可以说，人的问题就是管理的根本问题，社会越向前发展，人的因素就越会受到重视。人本原理是现代管理原理中非常重要的基础和原理。

1.5.2.1 人本管理的内涵

所谓人本管理，不同于"见物不见人"或把人作为工具、手段的传统管理模式，而是在深刻认识人在社会经济活动中的作用的基础上，如人在管理中的地位，实现以人为中心的管理。具体来说，主要包含以下几层含义。

（1）依靠人——全新的管理理念

在过去相当长的时间内，人们曾经热衷于片面地追求产值和利润，却忽视了创造产值、创造财富的人和使用产品的人。在生产经营实践中，人们越来越认识到，决定一个企业、一个社会发展能力的，并不在于机械设备，而在于人们拥有的知识、智慧、才能和技巧。人是社会经济活动的主体，是一切资源中最重要的资源。归根到底，一切经济行为，都是由人来进行的；人没有活力，企业就没有活力和竞争力。因而必须树立依靠人来发展的经营理念，通过全体成员的共同努力，去创造组织的辉煌业绩。

（2）开发人的潜能——最主要的管理任务

生命有限，智慧无穷。人们通常都潜藏着很大的才智和能力。管理的任务在于如何最大限度地调动人们的积极性，释放其潜藏的能量，让人们以极大的热情和创造力投身于事业中。解放生产力，首先就是人的解放。我们目前所进行的改革，从根本上说，正是需要亿万人民充分发挥聪明才智去创造良好的环境和机制。

（3）尊重每一个人——企业最高的经营宗旨

每一个人作为大写的人，无论是领导人，还是普通员工，都是具有独立人格的人，都有做人的尊严和做人应有的权利。无论是东方还是西方，人们常把尊严看作比生命还要重要的精神象征。我国是社会主义国家，理所当然地应使人受到最大的尊重，使人的权利得到更好的保护；不允许任何侮辱人格、损害人权的现象存在。一个有尊严的人，他会对自己有严格的要求，当他的工作被充分肯定和尊重时，他会尽最大的努力去完成自己应尽的责任。

作为一个企业，不仅要尊重每一名员工，更要尊重每一位消费者、每一个用户。因为一个企业之所以能够存在，是由于它们被消费者所接受、所承认，所以应当尽一切努力，使消费者满意并感到自己是真正的上帝。

（4）塑造高素质的员工队伍——组织成功的基础

一支训练有素的员工队伍，对企业来说是至关重要的。每一个企业都应把培育人、不断提高员工的整体素质，作为经常性的任务。尤其是在急剧变化的时代，技术生命周期不断缩短，知识更新速度不断加快，每个人、每个组织都必须不断学习，以适应环境的变化并重新塑造自己。提高员工素质，也就是提高企业的生命力。

（5）人的全面发展——管理的终极目标

改革的时代，必将是亿万人民精神焕发、心情舒畅、励精图治的时代；必将为人的自由而全面发展创造出广阔的空间。进一步地说，人的自由而全面的发展，是人类社会进步的标志，是社会经济发展的最高目标，从而也是管理所要达到的终极目标。

（6）凝聚人的合力——组织有效运营的重要保证

组织本身是一个生命体，组织中的每一个人不过是这个有机生命体中的一分子，所以，管理不仅要研究每个成员的积极性、创造力和素质，还要研究整个组织的凝聚力与向心力，形成整体的强大合力。从这一本质要求出发，一个有竞争力的现代企业，就应当是齐心合力、配合默契、协同作战的团队。如何增强组织的合力，把企业建设成现代化的有强大竞争力的团队，也是人本管理所要研究的重要内容之一。

1.5.2.2 以人为本的管理工程

以人为本的管理，涉及人的培育与成长，人的选聘与任用，人的积极性、主动性、创造性的发挥，以及员工参与管理、人际关系、团队建设等诸多方面的问题；它们又受政治的、经济的、文化的、技术的、心理的等诸多因素的影响，这些因素又相互交织。可见，人本管理是一项多目标、多因素、多功能的复杂系统工程。人本管理工程作为总的系统，包括一系列分系统，每个分系统有不同的功能和目标；在各分系统有效运行的基础上，使之相互协调、互相配合，形成人本管理总系统的更大的整体功能，以达到人本管理的预期目标。这些系统主要是：

（1）行为规范工程

没有人喜欢生活在吵吵闹闹之中，也没有人愿意生活在一片混乱之中。出入戏院、影院等公共场所，如果依次进入，速度是很快的；如果一拥而上，则所有人都进不来也出不去。所以，制度、秩序是一种文明，也会产生效率，是人们行为合理化的保障。我国由于长期忽视管理，有部分企业纪律松弛、秩序混乱，所以，当务之急是严字当头，强化管理。

（2）领导者自律工程

企业领导人的德才学识，关系到企业的成败。那些全身心投入事业的企业领导人，其无私奉献的精神和对公司的热爱，会使员工受到强烈的感染，使整个企业充满朝气。即使是亏损企业，如果领导能与员工同甘共苦，也会激起员工的热情。

（3）利益驱动工程

人们对物质生活的需求，是基本需求，因而对一般员工来说，利益驱动仍是最重要的努力因素。我国目前在企业内部，仍存在着平均主义倾向；在企业外部，社会上的分配不公和畸形现象，也必然会影响企业员工的积极性。建立有效的利益分配机制包括：一是确定合理的工资差别，力求使每个人的收入与他们的实际贡献相称；二是实行弹性工资制，使员工收入与企业实际效益紧密相连；三是在利益分配上引入竞争机制，通过竞争使收入分配趋于合理化；四是以工资为杠杆，引导人们积极解决公司所面临的难题和关键问题，对解决这些问题做出显著贡献的人，加大奖励力度。

（4）精神风貌工程

这不仅是指通过各种精神激励手段，如给予表扬、荣誉称号或肯定、尊重、信任、赏识等，还包括更为广泛、丰富的内涵，如振奋人的精神，树立正确的价值观，增强事业心、责任感、职业道德以及树立良好的企业文化和社会风尚。

（5）员工培育工程

全面提高员工素质，不断培育员工使其成长和进步，这是企业发展的长远大计，必须予以足够重视。我国现有职工中，有相当一部分人文化程度不高，中级和高级技工严重短缺，这种情况，远远不能让企业适应现代化、知识化、智能化社会的要求。这一问题，既要引起国家、社会的高度重视，也应该引起每一个企业的高度重视。

（6）企业形象工程

企业形象是社会对企业的整体评价，可以从不同角度进行分析。一种分析方法是，产品形象+人员形象（领导与员工）+服务和信誉=企业形象。笔者认为，产品形象是企业形象最主要的因素，从一定程度上也体现了国家的形象。例如，人们首先通过松下、东芝、丰田等品牌来认识日本。当然，造产品需要先造人，没有优秀的员工，就造不出优质的产品。同时，现代市场竞争，也越来越重视信誉。另一种方法是CI理论分析。企业形象包括理念识别、行为识别和视觉识别三大系统，这三者是统一的整体。视觉识别，给企业以外在的包装，如商标、厂标、品牌、标语等，给人以鲜明的特色和个性，这是必要的。但笔者认为，企业理念是企业的灵魂，是内在的形象，理应受到更大的重视。有些企业过分重视外在包装而忽视内在形象，这是片面的。

（7）凝聚力工程

凡是成功的企业，都是凝聚力很强的企业。影响企业凝聚力的主要因素有：共同的目标；明确的责任；领导者的影响力和威望；严明的纪律；员工的参与度；对人的责任与尊重；工作本身的吸引力；员工实现自身价值的环境。

（8）企业创造力工程

创新是企业家的基本特征。西方著名经济学家熊彼得认为，一般的厂长、经理，不能称之为企业家，只有能持续创新的经营者，才能称之为企业家。也只有这样的企业家，才能推动企业不断向前迈进。例如，丰田汽车公司由于创新了准时制管理，大大降低了成本，提高了效率，才跻身世界市场，成为强大的汽车集团；通用汽车公司由于创造了分权管理，才能战胜强劲的竞争对手福特公司；而我国台湾地区著名企业家许文龙，则以他领先的经营观念而称霸世界ABS市场。

激发全体员工的创造力，是开发人力资源的最高层次的目标。作为企业，需要塑造激发员工创造力的环境和机制：一是创造一个鼓励员工开拓创新精神和冒险精神的宽松环境以及思想活跃和倡导自由探索的氛围；二是建立正确的评价和激励机制，重奖重用有突出业绩的开拓创新者，让那些墨守成规、无所作为的人难以立足；三是强化企业内的竞争机制，激励人们去研究新动向、新问题，并明确规定适应时代要求的技术创新和管理创新的具体目标；四是要求企业必须组织员工不断学习以更新知识，并引导他们面对现实去研究市场的新变化、技术的新动向，研究现实经济生活所提出的种种挑战。

上述八个子系统工程必须互相协调，互相配合，以推进和增强人本管理系统的总效能。

1.5.2.3 人本管理的机制

有效地进行人本管理，关键在于建立一套完善的管理机制和环境，使每一个员工不是处于被管理的被动状态，而是处于自动运转的主动状态，激励员工奋发向上、励精图治。人本管理主要包括以下机制：

（1）动力机制

旨在形成员工内在追求的强大动力，主要包括物质动力和精神动力，即利益激励机制和精神激励机制。二者相辅相成，不可过分强调一方而忽视另一方。

（2）压力机制

这里包括竞争压力和目标责任压力。竞争经常使人面临挑战，使人有一种危机感。正是这种危机感和挑战会使人产生一种拼搏向前的力量。因而在用人、选人、工资、奖励等管理工作中，应充分发挥优胜劣汰的竞争机制。目标责任制在于使人有明确的奋斗方向和目标，迫使人去努力履行自己的职责。

（3）约束机制

这里包括制度规范和伦理道德规范，它使人的行为有所遵循，使人知道应该做什么，如何去做并怎样做对。制度是一种有形的约束，伦理道德是一种无形的约束；前者是企业的法规，是一种强制约束，后者主要是自我约束和社会舆论约束。当人们精神境界进一步提高时，这两种约束都将转化为自觉的行为。

（4）保证机制

这里包括法律保证和社会保证体系的保证。法律保证主要是指通过法律保证人的基本权利、利益、名誉、人格等不受侵害。社会保障体系主要是保证员工在病、老、伤、残及失业等情况下的正常生活。在社会保障体系之外的企业福利制度，则是一种激励和增强企业凝聚力的手段。

（5）选择机制

选择机制主要指员工有自由选择职业的权利，有应聘和辞职、选择新职业的权利，以促进人才的合理流动；与此同时，企业也有选择和解聘的权利。实际上这也是一种竞争机制，有利于人才的脱颖而出和优化组合，有利于建立企业结构合理、素质优良的人才群体。

(6) 环境影响机制

人的积极性、创造性的发挥，必然受环境因素的影响。环境因素主要有两种：一是指人际关系。和谐、友善、融洽的人际关系，会使人心情舒畅，在关系友好、互相关怀中愉快地进行工作；反之，则会影响工作情绪和干劲。二是指工作本身的条件和环境。人的大半生是在工作中度过的，工作条件和环境的改善，必然会影响到人的心境和情绪。提高工作条件和环境质量，首先是指工作本身水平方向的扩大化和垂直方向的丰富化；其次是指完成工作任务所必备的工具、设备、器材等的先进水平和完备程度。创造良好的人际关系环境和工作条件环境，让所有员工在欢畅、欢乐的心境中工作和生活，不仅会促进工作效率的提高，也会促进人们文明程度的提高。

1.5.3 责任原理

责任原理是指管理工作必须在合理分工的基础上，明确规定组织各级部门和个人必须完成的工作任务并承担相应的责任。职责明确，才能对组织中的每一个员工的工作业绩做出正确的考核和评价，有利于挖掘人的潜能和保证组织任务的完成。管理的责任原理启迪我们：

(1) 在管理工作中，要强调职责、权限、利益和能力的协调和统一。

责任原理的核心是职责，组织必须在数量、质量、时间、效益上有明确的规定，并通过相应的条例、规程等形式表现出来。明确了每个人的职责，就要授予其相应的权利（包括人、财、物各个方面），并通过相应的利益来体现人们完成职责、创造业绩的补偿，即责、权、利的一致性。完成职责要以人的能力作为后盾，所谓能力是指人们顺利完成某种活动的心理特征，它以知识和技能作为基础。

职责、权限、利益为等边三角形的三个边，彼此是相等的，而能力是等边三角形的高，根据具体情况，可以小于职责（如图1.2所示）。这是因为，人的潜在能力是很强的，承担挑战性的工作，适当的工作压力有利于开发潜能，促使人们自觉地学习知识和提高技能，努力把自己的工作做得更好。

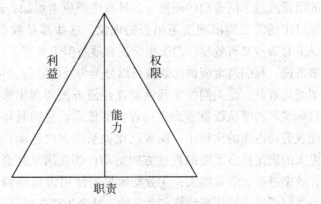

图 1.2 责、权、利和能力关系图

(2) 在管理工作中，对人的奖惩要分明，注意公正和及时。

对人的奖惩是对人的工作职责及其业绩进行的客观与公正的评价，其有助于提高人的积极性和激发人的工作动机。奖惩要以科学准确的考核为前提，使人产生公平感。奖惩工作及时，立竿见影，对强化人的行为（不管是正强化还是负强化）有着十分重要的作用。奖励和惩罚对管理工作都是不可缺少的，但惩罚可能招致人们的挫折感，处理不当会出现消极行为等负面效应，因此应更多地强调奖励等正强化的方法，辅之以惩罚等手段，形成科学和规范的奖惩制度与方法。

1.5.4 效益原理

1.5.4.1 效益的概念

效益是管理的永恒主题。任何组织的管理都是为了获得某种效益，效益的好坏直接影响到组织的生存和发展，也是衡量一切管理工作成败得失的一个基本标准。但是，尽管一切管理都在追求效益，人们对于效益的概念却不是非常明确，往往容易把效益与效果、效率的概念相混淆。我们先对这三个概念做出界定。

所谓效果，指单位时间经过转换而产生的有用成果。效率指单位时间内所取得的效果的数量，反映了劳动时间的利用状况。效益指有效产出与投入之间的一种比例关系，它反映的是投入经过转换而产生的符合社会和人们需要的有益的成果，即效益是在人们取得的效果进行例行评价中发现的人们与其活动之间的客观关系，它反映了投入与产出为人们带来的利益的状况。

效益与效果是相互联系又相互区别的概念。对于效果而言，有些有效益，有些无效益。只有被社会所接受的效果才是有效益的，只有市场需要，能卖出去的产品才是有效果并有效益的；卖不出去的合格产品，只有效果而没有效益。比如我国在社会主义建设时期曾经开展过"大炼钢铁"的运动，钢产量突飞猛进，但许多被称为钢的东西其实仅仅是无用的硫化铁，这就是有效果无效益的活动。

效率也与效益是有联系的，但实践中二者并非一致。如企业耗费大量资金进行技术改造，提高技术水平，从而提高了效率，但如果实际结果使单位产品生产的物质劳动消耗的增量超过了活劳动的减量，会导致生产成本增加；还有如产品生产规模过大，生产量超过市场需要而出现卖不出去的现象。这些都是效率提高而效益降低的情况。一般情况下有效益必有效率，但个别情况有效益但无效率。

一般来说，我们通常所讲的效益可以分类为经济效益、社会效益和生态效益。

所谓经济效益，是人们的实践活动在经济方面表现出来的有益效果。它是对管理的经济目标实现程度从数量方面进行评价的依据。它的具体含义是：①在劳动成果与劳动消耗或劳动占用的比较中，朝着反比关系的方向运动；②劳动成果符合社会需要并朝着更大的满足社会需要的程度方向运动；③在满足社会需要的方向上，效益与效率重合，效率越高，效益越大；④劳动成果的使用价值得到利用即价值得以实现。经济效益是可以用经济指标来计算和考核的。社会生产的经济效益可以用如下公式表示：

$$经济效益 = \frac{劳动成果(符合社会需要的产品或劳动总数)}{社会劳动消耗及占用的总量}$$

这个公式说明，经济效益是以生产的物质技术联系为基础，反映了社会生产力的发展水平以及生产关系的性质和生产关系与生产力结合的状况。如公式的分子是生产目的的物质体现，分母是达到生产目的的手段。因此可以说，经济效益的实质是以尽量少的活劳动和物质消耗生产更多的符合社会需要的产品。

所谓社会效益，指劳动所产生的成果对社会产生的有用的、积极的影响和做出的贡献。社会效益有广义和狭义之分。广义的社会效益是政治效益、经济效益、意识形态效益等的综合体现；狭义的社会效益是经济效益之外的对社会生活的有益效果。现代管理学中讲的社会效益一般都是从狭义的角度去理解的。一般来说，社会效益很难用价值量去衡量。如医务人员的劳动使人们的健康水平得到提高，文艺活动的开展丰富了人们的精神生活等，这些都很难计量，必须借助其他形式进行间接考核。社会效益可以用如下公式表示：

$$社会效益 = \frac{对社会的贡献（对社会产生有益作用的产品或劳务总量）}{社会劳动消耗及总用的总量}$$

这个公式也表明生产关系与生产力结合的状况，但更强调对社会的贡献。社会效益的核心就是必须对社会进步、经济发展带来积极的影响，做出有益的贡献。

经济效益和社会效益之间的关系。二者既有联系，又有区别。经济效益是社会效益的基础，社会效益是促进经济效益提高的重要条件。它们的主要区别是经济效益较社会效益更直接、明显、更容易计算，而要衡量、计算社会效益就较困难。

管理实践中，要坚持两种效益的统一观点，确立管理活动的效益观，将长远和眼前、局部和全局的效益统一于经济和社会效益的协调统一之中。影响这个问题的因素很复杂、很多，但主体管理思想正确是极其重要的。

所谓生态效益，指人们实践活动的结果在资源和环境保护方面所产生的效益。生态效益的正效益表明对资源保护和环境的改善有利，而负效益则表明对资源和环境构成破坏性的影响。生态效益要满足生态再生的要求，就是说，必须使自然资源再生速度大于或等于资源被利用的速度。这是因为生态的利用有一定的限度，如果在合理的限度内利用生态资源，生态系统就能够通过自身的调节功能保护自身的相对稳定性；如果超出这个范围的话，生态系统的自我调节功能就会失去作用，从而使生态发生改变甚至被破坏。

1.5.4.2 效益管理的内容

效益原理就是在管理中讲究实效，追求高效益，要尽量节约劳动消耗，在尽量少的劳动时间里创造出符合社会需要的经济效益和社会效益。在管理中重视效益，追求效益，以最小的消耗和代价获取最佳的经济和社会效益，这就是管理的效益原理的基本要求。

管理者在实际工作中运用效益原理，应做到以下四点：一是在任何管理活动中都必须坚持两种效益相统一的观点。社会效益是前提，经济效益是根本，两个效益一起抓。二是坚持整体性原则，既要从全局效益出发，又要从局部的效益着眼，以获得最佳的整体效益。三是作为管理者，在思想上必须明确，工作中不能只讲动机，更重要的是要讲求实效，不能当一名忙忙碌碌的事务主义者。四要善于把长远目标与当前任务相结合，增强工作的预见性、计划性，减少盲目性、随意性，达到事半功倍的效果。

效益原理在管理中有着非常重要的作用。管理的主要目的是创造出最大的效益。追求应有效益是组织生存和发展的前提条件。因此，学习和研究效益管理，可以使管理者全面理解效益的内涵；注重在管理的各个方面、各个环节中都能自觉地运用效益原理来指导管理，检验管理成果，推动管理发展；自觉做到经济效益和社会效益、长期效益和眼前效益的协调统一，以及组织效益和个人利益的协调统一。

1.5.4.3 影响管理效益的因素

一切管理活动都要朝着提高效益的方向努力。因此，对于管理者来说，必须认识到影响管理效益的因素。大体上说，影响管理效益的因素有以下几个方面：

（1）管理者

管理者在管理活动中处于主导和核心地位，是一切管理活动的发起者和组织者。因此，管理者的思想观念、行为方式等因素对管理效益的影响是不可低估的。因为，管理者的思想观念在管理活动中往往会外化为管理活动的指导思想。这种指导思想又会转化为特定的管理行为方式和具体的管理行动。通过管理活动的决策、计划、组织、指挥、控制等环节表现出来。这就要求管理者在管理活动中树立明确的效益意识，把对效益的追求作为管理活动的主导思想。

（2）管理对象

管理的效益指标必须通过管理对象才能实现，因此，管理对象也是影响管理效益的重要因素。现代管理的对象是由人、财、物、信息、时间等因素组成的一个有机体。这些因素及其组合都会影响到管理效益。其中，人是最重要的因素，即在管理对象的诸多因素里，被管理者因素对管理效益的影响是最大的。因为，对其他的管理对象进行管理必须通过人的活动才能实现。被管理者的素质水平、工作责任心、主观能动性发挥的程度等，往往在很大程度上决定了其他管理对象作用发挥的程度。

（3）管理环境

一切管理都是在一定的环境条件下进行的，因此，管理环境影响管理效益。管理环境包括政治环境、经济环境、科学技术环境和社会心理环境。虽然对于一个具体的管理系统来说，管理环境是外生变量，是管理系统以外的东西，管理系统不能从根本上改变管理环境，但是，管理系统可以并且必须在坚持效益观念的指导下回应环境，主动开发和利用环境中有利于增加管理效益的因素。当然，对于不利于提高管理效益的环境因素，组织也应积极应对，争取化不利为有利。

1.5.4.4 管理效益的评价

关于管理效益的评价主要注意两个方面的问题，一是评价的标准，二是评价的主体。虽然评价的标准不是绝对的，但对于任何一个评价主体来讲，应尽量做到公正、客观，因为评价越公正、客观，组织追求效益的积极性就越高，动力也越大。首先，在评价前应分析各种条件，全面掌握情况，制定出科学、公正、合理的评价标准。其次，就是要选择评价主体。以下评价主体可供选择：一是首长评价。首长评价的优点是权威性较高，能较好地掌握全局，其评价对组织影响较大，不足之处就是难以做到细致和具体，而且这种评价与首长本身的价值观念、认识水平、能力、见识等有很大关系。二是群众评价。群众评价的优点是较为公正、客观，但是占用时间和花费的费用较大，且与组织民主机制的成熟度、效益与群众结合的紧密程度有关。三是专家评价。专家评价的优点是比较细致，技术性强，权威性较高。但可能会只注重直接效益而容易忽视间接效益。而且这种评价与专家组成结构及结果的技术处理方式有关。四是市场评价，这种评价的结果与市场发育程度有很大关系，市场发育越成熟、越规范，其评价结果越客观公正，越是发展不成熟或行为扭曲的市场，其评价结果就越不客观、不公正，甚至具有很强的欺骗性。另外，市场评价体现的主要是经济效益。

管理效益的评价是对管理工作的反馈性考察，通过效益评价，可以了解管理工作是否以效益为目标，所采用的提高管理效益的方式是否正确，以及为今后确立进一步提高效益的方向。而且，评价结果也会直接影响到对效益的追求，因此，评价结果越是公正客观，对管理效益的追求的激励作用也就越高。在上面提到的评价方式中不同的评价各有它们的长处与不足，应该配合使用，以求获得最公正的评价结果。

1.5.4.5　管理效益的实现

任何组织的管理其最终目的都是为了追求某种效益。在实际的管理工作中获得比较好的经济效益、社会效益和生态效益，不仅是管理本身的要求，也是经济和社会发展的需要。因此，在管理工作中能否遵循管理的效益原理，向管理要效益，是衡量管理水平的一个重要标准。

管理效益的实现依赖于管理者树立以效益为主导的效益观，把追求效益作为一切组织管理活动的准则，在管理活动中尽量以少的劳动占用和劳动消耗创造出更多符合组织和社会需要的产出。具体来说，管理者要做到以下两点：

（1）在传统的管理中，以追求速度、数量的扩张为目的，一味地追求外延式的增长，往往不计成本，更不考虑对自然资源的浪费和对生态环境的过度破坏。所以经济发展往往伴随的是自然环境的严重破坏和人类生存的危机。在现代社会，自然资源越来越匮乏，生态环境越来越恶化，可以说，自然和生态环境对管理要以效益为中心提出了严重的警告。其次，现代组织面临的竞争越来越激烈，任何一个组织要想在这种日益激烈的竞争中生存和实现组织目标，就必须从管理效益中获得竞争优势，必须确立以效益为主导的管理理念。最后，从宏观的角度看，随着生产社会化的推进和科学技术的迅猛发展，整个人类越来越呈现出利益一致的趋势，这就要求现代管理者不能再局限于局部的范围看问题，而是要注重从实现整个人类效益的角度来进行组织管理。这时候，以效益为主导的管理理念便有了更深刻的内涵。

（2）树立效益取向的意识。从某种意义上说，管理活动作为人类能动的改造自然和社会的实践活动，是人类为了求得自身生存和发展的条件。而要做到这一点，就必须保证这种活动是有效益的。人们之所以在劳动过程中结成协作的关系进行管理活动，也在于管理活动能够将各种分散的资源有机地结合起来，形成一个系统的整体，以此为人们带来更大的效益。效益的高低是衡量管理效率好坏的基本标准。这就要求管理者树立效益取向的意识，必须时刻注意这样的问题：一是生产成果的有用性问题，生产出来的产品是不是能满足社会的需要；二是资源占用和资源消耗的合理性问题，占用和消耗的资源是不是尽量做到了最节约；三是管理水平的科学性问题和人员素质的高低问题，等等。重视并妥善解决这些问题对于提高管理效益至关重要。总之，效益的问题贯穿于整个管理过程，管理者在每一个管理活动中都应该有明确的效益意识，自觉地将提高管理效益放在工作的首位。

思考题

1. 如何理解管理的概念？
2. 管理活动具有哪些基本职能？
3. 管理者的类型有哪些？管理者在管理过程中通常需要扮演哪些角色？
4. 科学管理理论的主要内容是什么？有哪些贡献和不足？
5. 法约尔的一般管理理论主要内容是什么？一般管理的原则有哪些？
6. 当代管理发展的新趋势有哪些？对你有什么启示？
7. 管理原理具有哪些特征？
8. 什么是系统？系统具有哪些基本特征？
9. 你认为哪些因素会影响到管理效益？

2 决策

2.1 决策概述

2.1.1 决策的定义、原则与依据

2.1.1.1 决策的定义

决策是管理活动中的一项重要内容，在一定意义上说就是为了解决问题而采取的对策。著名经济学家赫·阿·西蒙（H. A. Simon）说过："决策是管理的心脏，管理是由一系列决策组成的，管理应当是决策。"可见决策在管理中的重要地位。西蒙之所以称"管理就是决策"，其目的是为了强调决策是管理的核心内容，决策贯穿于管理过程的始终。管理实际上是由一连串的决策组成的。

关于决策的定义有许多不同的描述，美国学者亨利·艾伯斯曾说："决策有狭义和广义之分。狭义地说，决策是在几种行为方案中做出选择。广义地说，决策还包括在做出最后选择之前必须进行的一切活动。"本书认同管理学教授周三多提出的定义，即"所谓决策，是指组织或个人为了实现某种目标而对未来一定时期内有关活动的方向、内容及方式的选择或调整过程"。这一定义表明：

（1）决策要有明确的目的

决策或是为了解决某个问题，或是为了实现一定的目标，没有问题就无须决策，没有目标就无从决策。因此，决策所要解决的问题必须是十分明确的，要达到的目标必须有一定的标准可供衡量比较。

（2）决策要有若干可行的备选方案

如果只有一个方案，就无法比较其优劣，更没有可选择的余地，因此，"多方案抉择"是科学决策的重要原则。决策时不仅要有若干个方案相互比较，而且决策所依据的各个方案必须是可行的。

（3）决策要进行方案的分析评价

每个可行方案都有其可取之处，也存在一定的弊端，因此，必须对每个方案进行综合分析与评价，确定各方案对目标的贡献程度和所带来的潜在问题，比较各方案的优劣。

（4）决策的结果是选择一个满意方案

决策理论认为，最优方案往往要求从诸多方面满足各种苛刻的条件，只要其中有一个条件稍有差异，最优目标便难以实现。所以，决策的结果应该是从诸多方案中选

择一个合理的满意方案。

（5）决策是一个分析判断的过程

决策有一定的程序和规则，同时它也受价值观念和决策者经验的影响。在分析判断时，参与决策的人员的价值观、经验和知识会影响目标的确定、备选方案的提出、方案优劣的判断及满意方案的抉择。管理者要做出科学的决策，就必须不断提高自身素质，以提高自己的决策能力。

2.1.1.2 决策的原则

决策原则是反映决策过程的客观规律和要求，在决策工作中需要遵守的基本准则。

（1）经济性原则

经济性原则就是研究经济决策所花的代价和取得收益的关系，研究投入与产出的关系。决策者必须以经济效益为中心，并且要把经济效益同社会效益结合起来，以较小的劳动消耗和物资消耗取得最大的成果。如果一项决策所花的代价大于所得，那么这项决策是不科学的。

（2）可行性原则

可行性原则的基本要求是以辩证唯物主义为指导思想，运用自然科学和社会科学的手段，寻找能达到决策目标的一切方案，并分析这些方案的利弊，以便最后抉择。可行性分析是可行性原则的外在表现，是决策活动的重要环节。只有经过可行性分析论证后选定的决策方案，才是有较大的把握实现的方案。掌握可行性原则必须认真研究分析制约因素，包括自然条件的制约和决策本身目标系统的制约；在考虑制约因素的基础上，进行全面性、选优性、合法性的研究分析。

（3）科学性原则

科学性原则是一系列决策原则的综合体现。现代化大生产和现代化科学技术，特别是信息论、系统论、控制论的兴起，为决策从经验到科学创造了条件，使领导者的决策活动产生了质的飞跃。决策科学性的基本要求是：①决策思想科学化；②决策体制科学化；③决策程序科学化；④决策方法科学化。科学性原则的这几个方面是互相联系，不可分割，缺一不可的。只有树立科学的决策思想，遵循科学的决策程序，运用科学的决策方法，建立科学的决策体制，整个决策才可能是科学的；否则，就不能称之为科学决策。

（4）民主性原则

民主性原则是指决策者要充分发扬民主作风，调动决策参与者，甚至包括决策执行者的积极性和创造性，共同参与决策活动，并善于集中和依靠集体的智慧与力量进行决策。

（5）整体性原则

整体性原则也称为系统性原则，它要求把决策对象视为一个整体或系统，以整体或系统目标的优化为准绳，协调整体或系统中各部分或分系统的相互关系，使整体或系统完整和平衡。因此，在决策时，应该将各个部分或小系统的特性放到整体或大系统中去权衡，以整体或系统的总目标来协调各个部分或小系统的目标。

（6）预测性原则

预测是决策的前提和依据。预测是由过去和现在的已知，运用各种知识和科学手段来推测未来的未知。科学决策，必须用科学的预见来克服没有科学根据的主观臆测，防止盲目决策。决策的正确与否，取决于对未来后果判断的正确程度，不知道行动后果如何，常常造成决策失误。所以决策必须遵循预测性原则。

2.1.1.3 决策的依据

管理者在决策时离不开信息。信息的数量和质量直接影响决策水平。这要求管理者在决策之前以及决策过程中尽可能多地通过各种渠道收集信息，作为决策的依据。但这并不是说管理者要不计成本地收集各方面的信息。管理者在决定收集什么样的信息、收集多少信息以及从何处收集信息等问题时，要进行成本—收益分析。只有在收集的信息所带来的收益（因决策水平提高而给组织带来的利益）超过因此而付出的成本时，才应该收集信息。

所以我们说，适量的信息是决策的依据，信息量过大固然有助于决策水平的提高，但对组织而言可能不经济，而信息量过少则使管理者无从决策或导致决策达不到应有的效果。

2.1.2 决策的类型

（1）长期决策与短期决策

从决策影响的时间看，可把决策分为长期决策与短期决策。

长期决策是指有关组织今后发展方向的长远性、全局性的重大决策，又称长期战略决策，如投资方向的选择、人力资源的开发和组织规模的确定等。

短期决策是为实现长期战略目标而采取的短期策略手段，又称短期战术决策，如企业日常营销、物资储备以及生产中资源配置等问题的决策都属于短期决策。

（2）战略决策、战术决策与业务决策

从决策的重要性看，可把决策分为战略决策、战术决策与业务决策。

战略决策对组织最重要，通常包括组织目标、方针的确定，组织机构的调整，企业产品的更新换代，技术改造等，这些决策涉及组织的方方面面，具有长期性和方向性。

战术决策又称管理决策，是在组织内贯彻的决策，属于战略决策执行过程中的具体决策。战术决策旨在实现组织中各环节的高度协调和资源的合理使用，如企业生产计划和销售计划的制订、设备的更新、新产品的定价以及资金的筹措等都属于战术决策的范畴。

业务决策又称执行性决策，是日常工作中为提高生产效率、工作效率而做出的决策，涉及范围较窄，只对组织产生局部影响。属于业务决策范畴的主要有：工作任务的日常分配和检查、工作日程（生产进度）的安排和监督、岗位责任制的制订和执行、库存的控制以及材料的采购等。

（3）集体决策与个人决策

从决策主体看，可把决策分为集体决策与个人决策。

集体决策是指多个人一起做出的决策，个人决策则是指单个人做出的决策。

相对于个人决策，集体决策有以下优点：①能更大范围地汇总信息；②能拟订更多的备选方案；③能得到更多的认同；④能更好地沟通；⑤能做出更好的决策等。但集体决策也有一些缺点，如花费较多的时间，产生"从众现象（groupthink）"以及责任不明等。

（4）初始决策与追踪决策

从决策的起点看，可把决策分为初始决策与追踪决策。

初始决策是零起点决策，它是在有关活动尚未进行从而环境未受到影响的情况下进行的。

追踪决策是非零起点决策，它是随着初始决策的实施，组织环境发生变化，在此情况下所进行的决策

（5）程序化决策与非程序化决策

从决策所涉及的问题看，可把决策分为程序化决策与非程序化决策。

组织中的问题可被分为两类：一类是例行问题，另一类是例外问题。例行问题是指那些重复出现的、日常的管理问题，如管理者日常遇到的产品质量、设备故障、现金短缺、供货单位未按时履行合同等问题；例外问题则是指那些偶然发生的、新颖的、性质和结构不明的、具有重大影响的问题，如组织结构变化、重大投资、开发新产品或开拓新市场、长期存在的产品质量隐患、重要的人事任免以及重大政策的制订等。

赫伯特·A. 西蒙（Herbert A. Simon）根据问题的性质把决策分为程序化决策与非程序化决策。程序化决策涉及的是例行问题，而非程序化决策涉及的是例外问题。

（6）确定型决策、风险型决策与不确定型决策

从环境因素的可控程度看，可把决策分为确定型决策、风险型决策与不确定型决策。

确定型决策是指在稳定（可控）条件下进行的决策。在确定型决策中，决策者确切知道自然状态的发生，每个方案只有一个确定的结果，最终选择哪个方案取决于对各个方案结果的直接比较。

风险型决策也称随机决策，在这类决策中，自然状态不止一种，决策者不能知道哪种自然状态会发生，但能知道有多少种自然状态以及每种自然状态发生的概率。

不确定型决策是指在不稳定条件下进行的决策。在不确定型决策中，决策者可能不知道有多少种自然状态，即便知道，也不能知道每种自然状态发生的概率。

2.2　决策过程

2.2.1　识别机会或诊断问题

决策者必须知道哪里需要行动，因此决策过程的第一步是识别机会或诊断问题。

管理者通常密切关注与其责任范围有关的数据，这些数据包括外部的信息和报告以及组织内的信息。实际状况和所想要的状况的偏差提醒管理者潜在机会或问题的所在。识别机会和问题并不总是简单的，因为要考虑组织中人的行为。有些时候，问题可能根植于个人的过去经验、组织的复杂结构或个人和组织因素的某种混合。因此，管理者必须特别注意要尽可能精确地评估问题和机会。另一些时候，问题可能简单明了，只要稍加观察就能识别出来。

评估机会和问题的精确程度有赖于信息的精确程度，所以管理者要尽力获取精确的、可信赖的信息。低质量的或不精确的信息使时间白白浪费掉，并使管理者无法发现导致某种情况出现的潜在原因。即使收集到的信息是高质量的，在解释的过程中，也可能发生扭曲。有时，随着信息持续地被误解或有问题的事件一直未被发现，信息的扭曲程度会加重。大多数重大灾难或事故都有一个较长的潜伏期，在这一时期，有关征兆被错误地理解或不被重视，从而未能及时采取行动，导致灾难或事故的发生。

更糟的是，即使管理者拥有精确的信息并正确地解释它，处在他们控制之外的因素也会对机会和问题的识别产生影响。但是，管理者只要坚持获取高质量的信息并仔细地解释它，就会提高做出正确决策的可能性。

2.2.2 识别目标

目标体现的是组织想要获得的结果。所想要的结果的数量和质量都要明确下来，因为目标的这两个方面都最终指导决策者选择合适的行动路线。

目标的衡量方法有很多种，如我们通常用货币单位来衡量利润或成本目标，用每人单位时间的产出数量来衡量生产率目标，用次品率或废品率来衡量质量目标。

根据时间的长短，可把目标分为长期目标、中期目标和短期目标。长期目标通常用来指导组织的战略决策，中期目标通常用来指导组织的战术决策，短期目标通常用来指导组织的业务决策。无论时间的长短，目标总指导着随后的决策过程。

2.2.3 拟订备选方案

一旦机会或问题被准确地识别出来，管理者就要提出达到目标和解决问题的各种方案。这一步骤需要创造力和想象力，在提出备选方案时，管理者必须把其试图达到的目标牢记在心，而且要提出尽可能多的方案。

管理者常常借助其个人经验、经历和对有关情况的把握来提出方案。为了提出更多、更好的方案，需要从多种角度审视问题，管理者要善于征询他人的意见。

备选方案可以是标准的和鲜明的，也可以是独特的和富有创造性的。标准方案通常是指组织以前采用过的方案。通过头脑风暴法、名义组织技术和德尔菲技术等，可以提出富有创造性的方案。

2.2.4 评估备选方案

决策过程的第四步是确定所拟订的各种方案的价值或恰当性，即确定最优的方案。为此，管理者起码要具备评价每种方案的价值或相对优势/劣势的能力。在评估过程中，要使用预定的决策标准（如所想要的质量）以及每种方案的预期成本、收益、不确定性和风险。最后对各种方案进行排序。例如，管理者会提出以下的问题：该方案会有助于我们质量目标的实现吗？该方案的预期成本是多少？与该方案有关的不确定性和风险有多大？

2.2.5 做出决定

在决策过程中，管理者通常要做出最后选择。但做出决定仅是决策过程中的一个步骤。尽管选择一个方案看起来很简单——只需要考虑全部可行方案并从中挑选一个能最好解决问题的方案，但实际上，做出选择是很困难的。由于最好的决定通常建立在仔细判断的基础上，所以管理者要想做出一个好的决定，必须仔细考察全部事实、确定是否可以获取足够的信息并最终选择最好的方案。

2.2.6 选择实施战略

方案的实施是决策过程中至关重要的一步。在方案选定以后，管理者就要制订实施方案的具体措施和步骤。实施过程中通常要注意做好以下工作：

（1）制订相应的措施，保证方案的正确实施。

（2）确保与方案有关的各种指令能被有关人员充分接受和彻底了解。

（3）应用目标管理方法把决策目标层层分解，落实到每一个执行单位和个人。

（4）建立重要的工作报告制度，以便及时了解方案的进展情况，及时进行调整。

2.2.7 监督和评估

一个方案可能涉及较长的时间，在这段时间，形势可能发生变化，而初步分析是建立在对问题或机会的初步估计上，因此，管理者要不断对方案进行修改和完善，以适应变化了的形势。同时，连续性活动因涉及多阶段控制而需要定期的分析。

由于组织内部条件和外部环境的不断变化，管理者要不断修正方案来减少或消除不确定性，定义新的情况，建立新的分析程序。具体来说，职能部门应对各层次、各岗位履行职责情况进行检查和监督，及时掌握执行进度，检查有无偏离目标，及时将信息反馈给决策者。决策者则根据职能部门反馈的信息，及时追踪方案的实施情况，对与既定目标发生部分偏离的，应采取有效措施，以确保既定目标的顺利实现；对客观情况发生重大变化，原先目标确实无法实现的，则要重新寻找问题或机会，确定新的目标，重新拟订可行的方案，并进行评估、选择和实施。

需要说明的是，管理者在以上各个步骤中都要受到个性、态度和行为、伦理和价值以及文化等诸多因素的影响。

2.3 决策方法

2.3.1 定性决策方法

定性决策方法是决策者根据所掌握的信息，通过对事物运动规律的分析，在把握事物内在本质的基础上进行决策的方法。主要包括直觉决策方法和集体决策方法。直觉决策方法就是根据管理者的经验进行决策，但往往一个人的经验阅历、能力素质、理论水平有限，因此组织中有关重大问题的决策，通常采用集体决策方法。以下我们主要介绍集体决策方法。

2.3.1.1 头脑风暴法

头脑风暴法也叫思维共振法，是由亚历克斯·奥斯伯恩提出的，它是指通过有关专家之间的信息交流，引起思维共振，产生组合效应，从而导致创造性思维的决策方法。

头脑风暴法是吸收专家积极的创造性思维的活动，须遵循的原则如下：

①严格限制预测对象范围，明确具体要求。

②不能对别人的意见提出怀疑和批评，要认真研究任何一种设想而不管其表面看来是多么不可行。

③鼓励专家对已提出的方案进行补充、修正或综合。

④解除与会者顾虑，创造自由发表意见而不受约束的气氛。

⑤提倡简短精练的发言，尽量减少详述。

⑥与会专家不能宣读事先准备好的发言稿。

⑦与会专家人数一般为 10~15 人，会议时间一般为 20~60 分钟。

头脑风暴法包含三个阶段：

第一阶段：对已提出的每一种设想进行质疑，并在质疑中产生设想，同时着重研究有碍于实现设想的问题。

第二阶段：对每一种设想编制一个评价意见一览表和可行性设想一览表。

第三阶段：对质疑过程中所提意见进行总结，以便形成一组对解决所论及问题的最终设想。

2.3.1.2 德尔菲法

德尔菲法是由美国著名的兰德公司首创并用于预测和决策的方法，该方法以匿名方式通过几轮函询征求专家的意见，组织预测小组对每一轮的意见进行汇总整理后作为参考再发给各专家，供他们分析判断，以提出新的论证。几轮反复后，专家意见渐趋一致，最后供决策者进行决策参考。德尔菲法是一种更复杂、更耗时的方法，这种方法不需要群体成员列席，不允许群体成员面对面地一起开会。下面描述使用此决策方法的过程。

（1）确定问题，规定统一的评估方法。问题要具体明确，符合实际需要。通过一系列仔细设计的问卷，要求成员提供可能的解决方案。

（2）选择专家。选择专家是德尔菲法的重要环节。因为预测结果的可靠性取决于所选专家对预测主题了解的深度和广度。选择专家须解决四个问题：第一，什么是专家。德尔菲法所选专家是指在预测主题领域从事预测或决策工作 10 年以上的技术人员或管理者。第二，怎样选专家。要视预测或决策任务而定。如果预测或决策主题较多地涉及组织内部情况或组织机密，则最好从内部选取专家。如果预测或决策主题仅关系某一具体技术的发展，则最好从组织外部挑选甚至从国外挑选。第三，选择什么样的专家。所选专家不仅要精通技术，有一定的名望和代表性，而且还应具备一定的边缘科学知识。第四，专家人数。专家人数要视所预测或决策问题的复杂性而定。人数太少会限制学科的代表性和权威性；人数太多则难以组织。一般以 10~15 人为宜，对重大问题进行预测或决策，专家人数可相应增加。

（3）指定调查表。即把预测或决策问题项目有次序地排列成表格形式，调查表项目应少而精。为使专家对德尔菲法有所了解，调查表的前言部分应对德尔菲法进行介绍。每一个成员匿名且独立地完成第一组问卷。

（4）预测过程。德尔菲法预测一般要分四轮进行。第一轮把调查表发给各位专家，调查表只提出主题，让各位专家提出应预测的事件。第二轮由决策者把第一轮调查表进行综合整理，归并同类事件，排除次要事件，做出第二轮调查表再返给各位专家，由各位专家对第二轮调查表所列事件做出评价，阐明自己的意见。第三轮，对第二轮的结果进行统计整理后再次反馈给各位专家，以便其重新考虑自己的意见并充分陈述理由，尤其是要求持不同意见的专家充分阐述理由，他们的依据经常是其他专家所忽略的或未曾研究的一些问题，而这些依据又会对其他成员的重新判断产生影响。第四轮是在第三轮基础上，让专家们再次进行预测，最后由决策者在统计分析的基础上得出结论。问卷的结果集中在一起进行编辑处理。

（5）做出预测结论。每个成员收到一本问卷结果的复制件。看过结果后，再次请成员提出他们的方案。第一轮的结果常常能激发出新的方案或改变某些人的原有观点。经过多次反馈后，一般是意见渐趋一致，或对立的意见已十分明显，此时便可把资料整理出来，做出预测结论。

德尔菲法隔绝了群体成员间过度的相互影响。它无须参与者到场，避免了召集专家的花费，且能获得主要的市场信息。当然，德尔菲法也有缺点，它太耗费时间。当需要进行快速决策时，这种方法通常行不通。使用这种方法不能提出丰富的设想和方案。德尔菲法有下述特点：一为匿名性。为克服专家之间因名望、权利、尊重等带来的心理影响，德尔菲法采用匿名函询征求意见，以保证各成员能独立地做出自己的判断。二为多轮反馈。通过多轮反馈可使各成员充分借鉴其他成员的意见并对自己的意见不断修正。三为统计性。德尔菲法属于定性决策，但对专家成员的意见采用统计方法予以定量处理。

2.3.1.3 哥顿法

哥顿法又称提喻法，是美国人哥顿于 1964 年提出的决策方法。该方法与头脑风暴法相类似,先由会议主持人把决策问题向会议成员作简要的介绍,然后由会议成员(即专家成员)自由地讨论解决方案;当会议进行到适当时机,决策者将决策的具体问题展示给小组成员,使小组成员的讨论进一步深化,最后由决策者收集讨论结果,进行决策。它的特点是不明确讲清楚问题本身,而是绕个弯子用类比的方式提出相类似的问题,或把问题分解成几个小问题,让与会者讨论其中某个小问题而且不让参与者知道讨论这个问题是为哪个决策服务的。这种方法有利于防止当事人的偏见,也可以保密。

2.3.1.4 名义群体法

名义群体法在决策制定过程中限制讨论。如同参加传统委员会会议一样,群体成员必须出席,但他们是独立思考的。具体来说,它遵循以下步骤:

(1) 成员集合成一个群体。在进行讨论之前,每个成员独立地确定他对问题的看法。

(2) 经过一段沉默后,每个成员将自己的想法提交给群体。然后一个接一个地向大家说明自己的想法,直到每个人的想法都表达完并记录下来。在所有想法记录下来之前不进行讨论。

(3) 开始讨论,以便把每个想法搞清楚,并做出评价。

(4) 每一个群体成员独立地把各种想法排出次序,最后的决策是综合排序最高的想法。这种方法的主要优点在于,群体成员正式开会但不限制每个人的独立思考,而传统的会议方式往往做不到这一点。

2.3.1.5 电子会议

最新的群体决策方法是将名义群体法与计算机技术相结合的电子会议。

会议所需的技术一旦成熟,概念就简单了。多达 50 人围坐在一张马蹄形的桌子旁。这张桌子上除了一台计算机终端外别无他物。终端将问题显示给决策参与者,决策参与者把自己的回答输入到计算机屏幕上。个人评论和票数统计都投影在会议室内的屏幕上。

电子会议的主要优点是匿名、诚实和快速。决策参与者能不透露姓名地传达出自己所要传达的任何信息,一敲键盘即显示在屏幕上,使所有人都能看到。它还使人们能充分表达他们的想法而不会受到惩罚,它消除了闲聊和讨论跑题,且不必担心打断别人的"讲话"。

2.3.2 定量决策方法

定量决策方法是利用数学模型进行优选决策方案的决策方法。根据数学模型涉及的决策问题的性质(或者说根据所选方案结果的可靠性)的不同,定量决策方法一般分为确定型决策、风险型决策和不确定型决策三类。下面分别予以介绍。

2.3.2.1 确定型决策方法

确定型决策方法的特点是只要满足数学模型的前提条件,模型就给出特定的结果。

属于确定型决策方法的模型很多，本书主要介绍一种常用的方法，即盈亏平衡点法。

盈亏平衡点法是进行产量决策常用的方法。该方法的基本特点，是把成本分为固定成本和可变成本两部分，然后与总收益进行对比，以确定盈亏平衡时的产量或某一盈利水平的产量。其中，可变成本与总收益为产量的函数，当可变成本、总收益与产量为线性关系时，总收益、总成本和产量的关系如图 2.1 所示。

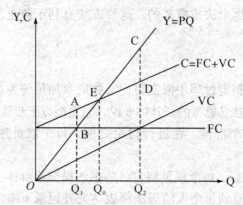

图 2.1　盈亏平衡点分析示意图

图 2.1 中纵坐标表示总收益（Y）、总成本（C）、固定成本（FC）及可变总成本（VC）。横坐标表示产量（或销量，用 Q 表示，该模型假定产销量一致）。总收益 Y 是单位销售价格 P 与产量 Q 的乘积；总成本 C 等于固定成本 FC 加上可变成本 VC。总收益曲线 Y 与总成本曲线 C 的交点 E 对应的产量 Q_0 就是总收益等于总成本（即盈亏平衡）时的产量，E 点就是盈亏平衡点。在 E 的左边，即 $Q < Q_0$，总成本曲线位于总收益曲线之上，即亏损区域，其中 C 与 Y 之间的纵坐标距离就是相应产量下的亏损额，如 Q_1 处的亏损额为 AB。在 E 点的右边，即 $Q > Q_0$，总收益线位于总成本之上，即盈利区域，Y 与 C 之间垂直距离就是相应产量下的盈利额。如 Q_2 对应的盈利额为 CD。

用盈亏平衡点法进行产量决策时应以 Q_0 为最低点，因为低于该产量就会产生亏损。对新方案的选择也是如此，是否现有的生产能力在小于 Q_0 时就一定要停产呢？由图 2.1 可知，停产时的亏损额为 FC，即固定成本支出，而在 0 到 Q_0 区间内的任一点的亏损额（$C - Y$）都低于 FC。所以企业生产能力形成后，即使受市场销量的约束使产量进入亏损区也不应做出停产决策，即"两害相权取其轻"。

图 2.1 所示盈亏平衡点基本原理也可由公式来表示。

由于在 Q_0 点有 $Y = C$，

即 $PQ_0 = FC + Q_0 \cdot VC$

故盈亏平衡点产量

$$Q_0 = FC/(P - VC) \tag{2.1}$$

公式（2.1）中有四个变量，给定任何三个变量便可求出另外一个变量的值。例如：某公司生产某产品的固定成本为 50 万元，单位可变成本为 10 元，产品单位售价为 15 元，其盈亏平衡点的产量为：

$$Q_0 = FC/(P - VC)$$

= 500 000/(15 − 10) = 10（万件）

再如，某公司生产某产品固定成本为 50 万元，产品单位售价为 80 元，本年度产品订单为 1 万件，问单位可变成本降至什么水平才不至于亏损？

据题意有 10 000 = 500 000/(80 − VC)

解之得 VC = 30（元/件）

2.3.2.2 风险型决策方法

当一个决策方案对应两个或两个以上相互排斥的可能状态，每一种状态都以一定的可能性出现，并对应特定的结果时，这种已知方案的各种可能状态及其发生的可能性大小的决策称为风险型决策。数学上用概率来量化某一随机事件发生的可能性，即决策方案对应的某种状态的可能性大小可用概率来描述。

风险型决策的标准是期望值，即期望值最大的方案。当决策指标为成本时，应选取期望值最小的方案。一个方案的期望值是该方案在各种可能状态下的损益值与其对应的概率的乘积之和。期望值决策既可用表格表示，也可用树状图表示，后者称为决策树法。下面以决策树法为例说明风险型决策方法的应用。

决策树是由决策结点、方案枝、状态结点和概率四个要素组成的树状图。如图 2.2 所示，它以决策结点为出发点，引出若干方案枝；每个方案枝的末端是一个状态结点，状态结点后引出若干概率枝，每一概率枝代表一种状态。这样自左而右层层展开便得到形如树状的决策树。

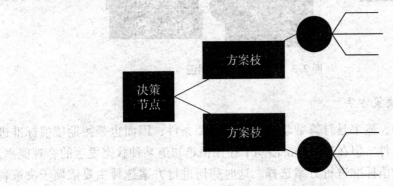

图 2.2　没有概率的决策树图

决策树法的决策程序如下：

（1）绘制树形图。图形自左而右层层展开，根据已知条件排队列出各方案的各种自然状态。

（2）将各状态的概率及损益值标在概率枝上。

（3）计算各方案的期望值并将其标在该方案对应的状态结点上。

（4）进行剪枝。比较各方案期望值，将期望值小的（即劣等方案）剪掉，用"//"标于方案枝上。

（5）剪枝后所剩的最后方案即为最佳方案。

例：某企业在下半年度有甲、乙两种产品方案可供选择，每种方案都面临滞销、一般和畅销三种市场状态，各种状态的概率和损益值如表 2.1 所示。

表 2.1 各方案损益值表

损益值 市场状态 概 率 方案	滞销	一般	畅销
	0.2	0.3	0.5
甲	10	50	100
乙	0	60	150

根据所给条件绘制决策树并将表 2.1 所给数据填入决策树中，经计算和剪枝便得到如图 2.3 所示的决策树。

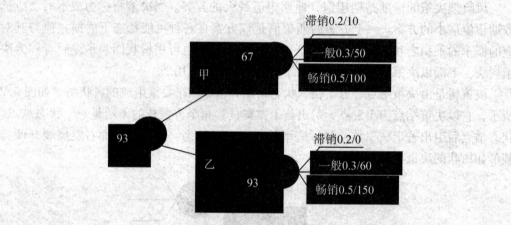

图 2.3 有概率的决策树图

2.3.2.3 不确定型决策方法

在风险型决策中，概率是计算数学期望值的必要条件，因而也是按期望值标准进行方案选择的必要条件。但在现实经济活动中往往很难知道某种状态发生的客观概率，因此也无法根据期望值标准进行方案选择。这时如何进行方案选择主要依赖于决策者个性气质及其对风险的态度。

（1）冒险法（大中取大法、乐观法则）

冒险法指愿意承担风险的决策者在方案取舍时以各方案在各种状态下的最大损益值为标准（即假定各方案最有利的状态发生），在各方案的最大损益值中取最大者对应的方案。

例：某企业拟开发新产品，有三种设计方案可供选择。因不同的设计方案的制造成本、产品性能各不相同，在不同的市场状态下的损益值也各异。有关资料如表 2.2 所示（损益值数据只为说明问题，不考虑单位）：

表2.2 各方案损益值表

方案＼市场状态（损益值）	畅销	一般	滞销	Max
Ⅰ	50	40	20	50
Ⅱ	170	150	0	170
Ⅲ	200	30	−20	200

在不知道各种状态的概率时，用冒险法选择方案的过程如下：

①在各方案的损益中找出最大者。

②在所有方案的最大损益值中找出最大者，即 max {50，170，200} ＝200，它所对应的方案Ⅲ就是用该法选出的最优方案。该方案保证在最好的情况下获得不低于200单位的收益。

（2）保守法（小中取大法、悲观法则）

与冒险法相反，保守法的决策者在进行方案取舍时，以每个方案在各种状态下的最小值为标准（即假定各个方案最不利的状态发生），再从各方案的最小值中取最大者对应的方案。仍以表2.2资料为例，用保守法决策时先找出各方案在各种状态下的最小值，即 {20，0，−20}，然后再从中选取最大值：max {20，0，−20} ＝20，对应方案Ⅰ即为用保守法选取的决策方案。该方案能保证在最坏情况下获得不低于20单位的收益，而其他方案则无此保证。

（3）折中法

保守法和冒险法都是以各方案不同状态下的最大或最小两个极端值为标准的。但多数情况下决策者既非完全的保守者，亦非极端冒险者，而是在介于两个极端的某一位置寻找决策方案，即折中法。折中法的决策步骤如下：

①找出各方案在所有状态中的最小值和最大值。

②决策者根据自己的风险偏好程度给定最大值系数 α（0<α<1），最小值的系数随之被确定为1-α。α也叫乐观系数，是决策者冒险（或保守）程度的度量。

③用给定的乐观系数 α 及对应的各方案最大最小损益值计算各方案的加权平均值。

④取加权平均值最大的损益值对应的方案为所选方案。仍以表2.2所给数据资料为例，计算各方案的最小值和最大值如表2.3所示：

表2.3 平均收益值比较表

方案	min	max	加权平均值（α＝0.8）
Ⅰ	20	50	44
Ⅱ	0	170	136
Ⅲ	−20	200	156

设决策者给定最大值系数 α＝0.8，最小值系数即为0.2，各方案的加权平均值

如下:

Ⅰ: $(20×0.2) + (50×0.8) = 44$

Ⅱ: $(0×0.2) + (170×0.8) = 136$

Ⅲ: $[(-20)×0.2] + (200×0.8) = 156$

取加权平均值最大者: $\max\{44, 136, 156\} = 156$, 对应的方案Ⅲ即为最大值系数 $\alpha = 0.8$ 时的折中法方案。

用折中法选择方案的结果,取决于反映决策者风险偏好程度的乐观系数的确定。决策结果因乐观系数的不同而不同。当 $\alpha = 0$ 时,结果与保守法相同;当 $\alpha = 1$ 时,结果与冒险法相同。保守法与冒险法是折中法的两个特例。

(4) 后悔值法

后悔值法是用后悔值标准选择方案的方法。所谓后悔值是指在某种状态下因选择某方案而未选择该状态下的最佳方案而少得的收益值。如在某种状态下某方案的损益值为100,而该状态下诸方案中最大损益值150,则选择该方案要比选择最佳方案少收益50,即后悔值为50。用后悔值法进行方案选择的步骤如下:

①计算损益值的后悔值比较表,方法是用各方案各状态下的最大损益值分别减去该状态下的各损益值,从而得到对应的后悔值。

②从各方案中选取最大后悔值。

③在已选出的最大后悔值中选取最小值,对应的方案即为用最小后悔值法选取的方案。仍以表2.2中的数据为例,计算出的后悔值如表2.4所示。

表2.4   最大后悔值比较表

后悔值 市场状态 方案	畅销	一般	滞销	Max
Ⅰ	150	110	0	150
Ⅱ	30	0	20	30
Ⅲ	0	120	40	120

各方案的最大后悔值为 $\{150, 30, 120\}$,取其最小值 $\min\{150, 30, 120\} = 30$,对应的方案Ⅱ即为用最小后悔原则选取的方案。

(5) 莱普勒斯法

当无法确定某种自然状态发生的可能性大小及其顺序时,可以假定每一自然状态具有相等的概率,并以此计算各方案的期望值,进行方案选择,这种方法就是莱普勒斯法。由于假定各种状态的产生概率相等,莱普勒斯法实质上是简单算术平均法。仍以表2.2中的数据为例,各方案有三种状态,因此每种状态产生的概率为1/3,各方案的平均值为:

Ⅰ: $(50×1/3) + (40×1/3) + (20×1/3) = 110/3$

Ⅱ: $(170×1/3) + (150×1/3) + (0×1/3) = 320/3$

Ⅲ: $(200×1/3) + (30×1/3) + [(-20)×1/31] = 210/3$

Max ｛110/3，320/3，210/3｝＝320/3，故应选方案Ⅱ。

思考题

1. 简述决策的原则。
2. 简述决策的过程。
3. 根据不同的标准，可以把决策分为哪些类型？
4. 何为确定型决策？风险型决策和不确定型决策有何区别？

3　计划

3.1　计划概述

3.1.1　计划的定义

3.1.1.1　计划的概念

计划是管理的首要职能。它是在预见未来的基础上对组织活动的目标和实现目标的途径做出筹划和安排，以保证组织活动有条不紊地进行。

"计划"一词可以从两个方面进行理解：

（1）从名词意义上说，计划是指用文字和指标等形式表达的组织及组织内不同部门和不同成员在未来一定时期内关于行动方向、内容和方式安排的管理文件，即在制订计划工作中所形成的各种管理性文件。

（2）从动词意义上说，计划是指为实现决策目标而预先进行的行动安排，即制定计划工作的过程。这项行动安排工作包括：在时间和空间两个维度上进一步分解任务和目标，选择任务和目标的实现方式、进度规划、行动结果的检查与控制等。

计划工作是对决策所确定的任务和目标提供一种合理的实现方法的过程。

3.1.1.2　计划工作

生活中，我们一般用计划工作来表示动词意义上的计划内涵。计划有广义和狭义之分。广义的计划工作是指制订计划、执行计划和检查计划执行情况三个紧密衔接的工作过程。狭义的计划工作则是指制订计划，它是指根据环境的需要和组织自身的实际情况，通过科学的预测，确定在未来一定时期内组织所要达到的目标及实现目标的方法。它是组织各个层次管理人员工作效率的根本保证，能够帮助我们实现预期的目标。

计划工作是一种需要运用智力和发挥创造力的过程，它要求高瞻远瞩地制定目标和战略，严密地规划和部署，把决策建立在反复权衡的基础之上。

可以简单扼要地将计划工作的内容和任务概括为六个方面，即"5W1H"：

What（what to do）——做什么？即目标。要明确计划工作的具体任务和要求，明确每一个时期的中心任务和工作重点。

Why（why to do）——为什么做？即原因。明确计划工作的宗旨、目标和战略，并论证可行性。实践表明，计划工作人员对组织和企业的宗旨、目标和战略了解得越清楚，就越有助于他们在计划工作中发挥主动性和创造性。正如通常所说的，"要我做"和"我要做"的结果是大不一样的。

Who（who to do）——谁去做？即人员。计划不仅要明确规定目标、任务、地点和进度，还应规定由哪个部门负责。

When（when to do）——何时做？即时间。规定计划中各项工作的开始和完成的进度，以便进行有效的控制和对能力及资源进行平衡。

Where（where to do）——何地做？即地点。规定计划的实施地点或场所，了解计划实施的环境条件和限制，以便合理安排计划实施的空间组织和布局。

How（how to do）——怎样做？即手段。制定实现计划的措施，以及相应的政策和规则，对资源进行合理分配和集中使用，对人力、生产力进行平衡，对各种派生计划进行综合平衡等。

实际上，一个完整的计划还应包括控制标准和考核指标的制定，也就是告诉实施计划的部门或人员，做成什么样、达到什么标准才算是完成了计划。

3.1.2 计划的类型

计划是对未来行动的事先安排。计划的种类很多，可以按照不同的标准进行分类。不同的分类方法有助于我们全面地了解计划的内涵。在实践中，由于一些主管人员认识不到计划的多样性，他们在编制计划时常常忽视某些很重要的方面，因而降低了计划的有效性。

3.1.2.1 按计划的形式分类

（1）宗旨（使命）。企业必然存在一定的使命或宗旨。宗旨（使命）是企业存在的根本原因，也可以是企业的发展意向。企业宗旨反映的是企业的价值观念、经营理念和管理哲学等根本性问题。

（2）目标。目标是计划所要达到的结果，它是一切企业活动所指向的最终目的。确定目标本身也是计划工作，其方法与制订其他形式的计划类似。从确定目标起，到分解目标，直至形成一个目标网络，不但本身是一个严密的计划过程，而且构成组织全部计划的基础。

（3）政策。政策是组织在决策时或处理问题时用来指导和沟通思想与行动方针的明文规定。政策有助于将一些问题确定下来，避免重复分析，并给其他派生的计划一个全局性的概貌，从而使主管人员能够控制住全局。

（4）程序。程序是指导如何采取行动，而不是指导如何去思考问题。程序的实质是对所要进行的活动规定时间顺序，因此，程序也是一种工作步骤。

（5）规则。规则是一种最简单的计划。它是对具体场合和具体情况下，允许或不允许采取某种特定行动的规定。

（6）规划。规划是为了实施既定方针所必需的目标、政策、程序、规则，以及对任务分配、执行步骤、使用的资源等而制订的综合性计划。

（7）预算。预算是以数字表示预期结果的一种报告书，也称为"数字化的计划"。

3.1.2.2 按计划的期限分类

按计划的期限，计划可分为长期计划、中期计划和短期计划。一般来说，5 年以上的计划为长期计划，1 年以内的计划为短期计划，介于两者之间的计划为中期计划。

（1）长期计划。长期计划只规定组织的目标和达到目标的总的方法，而一般不规定具体的做法。长期计划越来越受到企业的重视，日本松下公司甚至已经制订了到 2050 年的发展计划。

（2）中期计划。比长期计划更为具体和详细，主要起衔接长期计划和短期计划的作用，以时间为中心，具体说明各年度应达到的阶段目标。中期计划既被赋予了长期计划的具体内容，又为短期计划指明了方向。

（3）短期计划。比中期计划更为具体和详尽，更具有可操作性，主要规定具体的要求，能够直接指导各项活动的开展。

由此可见，长期计划为组织指明方向，中期计划为组织指明路径，而短期计划则为组织规定行进的步伐。

3.1.2.3 按计划的层次分类

（1）战略计划。一般由高层管理者制订，时间跨度大，内容也比较抽象概括；其目的在于使本企业资源的使用与外界环境的机会相适应。它对战术计划和作业计划起指导作用。

（2）战术计划。战术计划是由中层管理者制订的，涉及企业生产经营、资源分配和利用的计划。战术计划解决的主要是局部的、短期的以及保证战略计划实现的问题等。

（3）作业计划。作业计划是由基层管理者制订的。作业计划根据战术计划确定计划期间的预算、利润、销售量、产量以及其他更为具体的目标，确定工作流程，划分合理的工作单位，分派任务和资源，以及确定权力和责任。

3.1.2.4 按计划的明确性分类

（1）指导性计划。指导性计划是指规定一些重大方针，指出重点但不规定具体的目标或特定的行动方案。

（2）具体性计划。具体性计划明确规定了目标，并提供了一套明确的行动步骤和方案，与指导性计划相比，具体性计划更容易执行和控制。

3.1.3 计划的作用

组织管理的好坏，能否达到预期的目标，有了正确的决策之后，主要取决于计划职能的完善与否。计划职能对于任何组织都是至关重要的。所以，建立和加强组织的计划管理，对于实现组织目标、满足市场需要、提高企业的经济效益，都具有重要的意义和作用。

计划对组织管理的作用主要表现在以下几个方面：

（1）指明方向，协调工作

管理学家孔茨说："计划工作是一座桥梁，它把我们所处的此岸和要去的彼岸连接起来，以克服这一天堑。"这说明，计划起到了作为目标与现实位置之间的桥梁的作用，计划工作使组织全体成员有了明确的努力方向，并在未来不确定的和变化的环境中把注意力始终集中在既定目标上，同时，各部门之间相互协调，有序地展开活动。

尽管实际工作结果往往会偏离预期目标，但是计划会给管理者以明确的方向，从而使偏离比没有计划时要小得多。另外，不管结果如何，计划工作能迫使管理者认真思考工作本身和工作方式，弄清这两个问题就是计划工作价值的体现之一。

（2）预测变化，降低风险

计划是指向未来的，未来常常会有我们无法准确预知的事情发生，对计划产生冲击，因而未来具有一定的不确定性和风险。而对未来的不可控因素，计划促进组织采用科学的预测，提出预案，早做安排，多手准备，变不利为有利，减少变化带来的冲击，从而把风险降到最低限度。

但是不要误认为"计划可以消除变化"。变化总会有的，计划并不能消除变化，但计划可以预测变化并制定应对措施。

（3）减少浪费，提高效益

一个严密细致的计划，可以减少未来活动中的随意性，能够消除不必要的重复所带来的浪费，同时，还可以在最短的时间内完成工作，减少非正常工作时间带来的损失，有利于组织实行更经济的管理。

（4）提供标准，便于控制

计划是控制的基础，控制中几乎所有的标准都来自于计划，如果没有既定的目标和指标作为衡量尺度，管理人员就无法检查目标的实现情况以及纠正偏差，也就无法控制。

针对计划有一种误解，认为计划一旦制定，就意味着所有工作必须一成不变地严格按照计划执行，即计划降低灵活性。事实上，在一个变化的环境中，计划需要不断地制定和修订，以适应变化。另外，计划并不是没有任何余地死的规章制度，制定的计划内容可以根据不同情况留有一定的弹性空间。

3.2 计划的编制过程及方法

3.2.1 计划编制的原则

（1）可行性与创造性相结合的原则

在编制计划过程中，必须考虑组织现有的人力、物力和财力，超越组织现有资源约束条件的计划必然会失败。组织可以对未来环境做合理的预测与分析，在合理分析未来环境可能变化的基础上编制的计划才是合理的。

（2）短期计划与长期计划相结合的原则

长期计划由于时间长可能会产生较大的不确定性，面临较大的风险，因此，实际指导组织行为的计划期限不能太长，其长短应以能实现或者有足够的可能性实现其所承诺的任务为准绳。如果组织仅仅注重短期计划而忽视长期计划，可能使组织丧失发展机会。因此，短期计划与长期计划的有机结合既能使组织一步一个脚印地向前迈进，又能使组织适应未来的变化，把握机会。

（3）灵活性与稳定性相结合的原则

由于计划是在对未来组织环境假定基础上的一种安排，而组织实际环境总是在不断变化的，因此，计划必须体现一定的灵活性，从而将环境变化给组织带来的影响降到最低程度。不过，保持计划的灵活性是有限度的。首先，不能总是以推迟决策来保持决策的正确性；其次，不能过分追求灵活性而不考虑代价的大小；最后，往往存在着一些使计划根本无法具有灵活性的情况。

（4）必要时重新确定使命和目标的原则

组织的计划工作必须有助于组织使命的完成和目标的实现，但这不是组织的最终目的。如果原有的使命和目标在大的方面不能与环境保持协调，或者为了使组织能够更好地服务于社会并实现自身价值，在必要的时候，可以重新确定使命和目标。

3.2.2　计划编制的步骤

计划职能是管理的基本职能。为使集体的努力有效，人们就必须知道在一定时期内应该去做什么，这就是计划的职能。由于管理的环境是动态的，管理活动也在不断地变化和发展，计划是作为行动之前的安排，因此计划工作是一种连续不断的循环。良好的计划必须有充分的弹性，计划——再计划，不断循环，不断提高。

（1）估量机会

估量机会是在实际的计划工作开始之前就着手进行的，是对将来可能出现的机会加以估计，并在全面地了解这些机会的基础上，进行初步的探讨。组织的管理者要充分认识到自身的优势、劣势，分析面临的机会和威胁，做到心中有数，知己知彼，才能真正摆正自己的位置，明确组织希望去解决什么问题，为什么要解决这些问题，我们期望得到什么，等等。在估量机会的基础上，确定可行性目标。

（2）确定目标

计划工作的目标是指组织在一定时期内所要达到的效果。目标是存在的依据，是组织的灵魂，是组织期望达到的最终结果。

（3）确定前提条件

确定前提条件，就是要对组织未来的内外部环境和所具备的条件进行分析和预测，弄清计划执行过程中可能存在的有利条件和不利条件。确定计划的前提条件主要靠预测，但未来环境的内容多种多样，错综复杂，影响的因素很多，这些因素分为可控、部分可控和不可控三种。一般来说，不可控因素越多，预测工作的难度就越大，对管理者的素质要求就越高。

（4）确定备选方案

在计划的前提条件明确以后，就要着手去寻找实现目标的方案和途径。完成某项任务总会有很多方法，即每一项行动都有异途存在，这就是"异途原理"。方案不是越多越好，我们要做的工作是将许多备选方案的数量逐步地减少，对一些最有希望的方案进行分析。

（5）评价备选方案

评价备选方案就是要根据计划目标和前提来权衡各种因素，比较各个方案的优点和缺点，对各个方案进行评价。各种备选方案一般都各有其优缺点，这就要求管理者根据组织的目标做到定性分析和定量分析相结合，才能选出一个最合适的方案。

（6）选择可行方案

选择可行方案就是选择行为过程，正式通过方案。选择方案是计划工作最关键的一步，也是抉择的实质性阶段。可以先确定一个较满意的方案作为计划方案，而把其他几个方案作为备选方案。这样可以加大计划工作的弹性，一旦计划实施的条件有变化，管理者也能够从容应对，迅速适应变化的环境。

（7）拟订派生计划

派生计划就是总计划下的分计划。其作用是支持总计划的贯彻落实。一个基本计划总是需要若干个派生计划来支持，只有在完成派生计划的基础上，才可能完成基本计划。

（8）编制预算

计划工作的最后一步就是编制预算，使计划数字化，即将选定的方案用数字更加具体地表现出来。通过编制预算，对组织各类计划进行汇总和综合平衡，控制计划的完成进度，才能保证计划目标的实现。

3.2.3 计划编制的方法

3.2.3.1 滚动计划法

（1）滚动计划及其特点

所谓滚动计划，是指根据客观环境的变化，定期对上期计划进行修正，连续不断地编制新计划的一种方法。

滚动计划法的特点：一是近细远粗，近期计划细致具体，远期计划较为粗糙，执行远期计划时，再由粗变细。二是保持各期计划的灵活性，每执行完一期计划，都要根据变化的情况，对下期和以后各期计划进行调整。三是保持各期计划之间的连续性。滚动计划示意图如图3.1所示。

（2）计划修正因素的主要内容

编制滚动计划的关键在于科学地确定计划修正因素，即要搞清楚未来时期企业内外部条件变化的情况。因为只有如此，才能使新编制的计划符合实际情况，适应变化了的内外部环境。计划修正因素主要有以下几项内容：

①差异分析。差异是指第一个执行期的计划和实际之间的差距。第一个执行期结

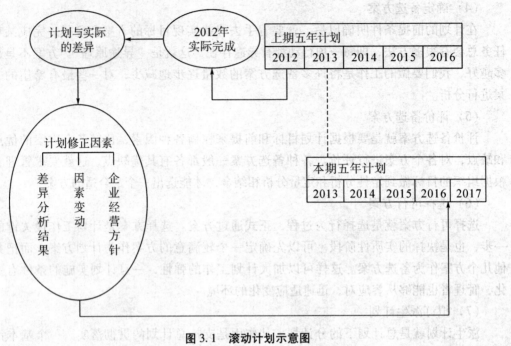

图 3.1　滚动计划示意图

束时，无论是超额完成了计划或是没有完成计划，都应对差异产生的原因进行定性或定量分析。因为分析结果对新计划的编制有着直接的影响。

②环境变化。环境是指企业周围的境况，它由多种因素构成。对企业直接发生影响的因素主要有：国家的方针与政策；社会道德与风尚；科学与技术；社会给企业提供的条件；社会对产品的需求；本企业产品在市场上的竞争力等。

由于企业的生存和发展是以外部环境为条件的，而且外部环境又是不断发生变化的，因此，企业必须重视调查收集和研究分析来自外部环境的各种信息，并据此编制计划，使计划更具有适应性。

③经营方针调整。经营方针是指为实现经营目标，根据企业的经营思想，所确定的企业总体或某项重要经营活动所应遵循的原则。它是针对某一时期生产经营活动所要解决的主要问题提出来的。由于企业外部环境和内部条件在不断发生变化，因而不同企业或同一企业在不同时期，其经营方针是不相同的。这就要求企业必须根据变化了的情况，调整其经营方针，以使外部环境、内部条件和经营目标三者实现动态平衡。

3.2.3.2　网络计划技术

网络计划技术是指用于工程项目的计划与控制的一项管理技术。它是20世纪50年代末发展起来的，按照其起源有关键路径法（CPM）与计划评审法（PERT）之分。1956年，美国杜邦公司在制定企业不同业务部门的系统规划时，制订了第一套网络计划。这种计划借助于网络表示各项工作与所需要的时间，以及各项工作的相互关系。通过网络分析研究工程费用与工期的相互关系，找出在编制计划及执行计划过程中的关键路线。这种方法称为关键路线法（CPM）。1958年美国海军武器部，在制订研制"北极星"导弹计划时，应用了网络分析方法与网络计划，但它注重于对各项工作安排的评价和审查，这种计划称计划评审法（PERT）。鉴于这两种方法的差别，CPM 主要被应用于以往在类似工程中已取得一定经验的承包工程，PERT 更多地被应用于研究与开发项目。

网络计划技术的基本原理是：利用网络图表达计划任务的进度安排及各项活动（或工作）间的相互关系；在此基础上进行网络分析，计算网络时间参数，找出关键活动和关键线路；并利用时差不断改善网络计划，求得工期、资源与费用的优化方案。在计划执行过程中，通过信息反馈进行监督与控制，以保证达到制定的计划目标。

（1）网络计划技术内容

网络计划技术包括以下基本内容：

①网络图。网络图是指网络计划技术的图解模型，反映整个工程任务的分解和合成。分解是指对工程任务的划分；合成是指解决各项工作的协作与配合。绘制网络图是网络计划技术的基础工作。

②时间参数。在实现整个工程任务过程中，包括人、事、物的运动状态，这种运动状态都是通过转化为时间参数来反映的。反映人、事、物运动状态的时间参数包括：各项工作的作业时间、开工与完工的时间、工作之间的衔接时间、完成任务的机动时间及工程范围和总工期等。

③关键路线。通过计算网络图中的时间参数，求出工程工期并找出关键路线。在关键路线上的作业称为关键作业，这些作业完成的快慢直接影响着整个计划的工期。在计划执行过程中关键作业是管理的重点，在时间和费用方面则要严格控制。

④网络优化。网络优化，是指根据关键路线法，利用时差，不断改善网络计划的初始方案，在一定的约束条件下，寻求管理目标达到最优化的计划方案。网络优化是网络计划技术的主要内容之一，也是较其他计划方法优越的主要方面。

（2）网络计划技术的应用步骤

网络计划技术的应用主要按照以下几个步骤：

①确定目标。确定目标，是指决定将网络计划技术应用于哪一个工程项目，并提出对工程项目和有关技术经济指标的具体要求。如在工期方面、成本费用方面要达到什么要求。依据企业现有的管理基础，掌握各方面的信息和情况，利用网络计划技术，为实现工程项目寻求最合适的方案。

②项目分解，列作业明细。一个工程项目是由许多作业组成的，在绘制网络图前就要将工程项目分解成各项作业。作业项目划分的粗细程度视工程内容以及不同单位要求而定，通常情况下，作业所包含的内容多，范围大多可分得粗些，反之细些。作业项目分得细，网络图的结点和箭线就多。对于上层领导机关，网络图可绘制得粗些，主要是通观全局、分析矛盾、掌握关键、协调工作、进行决策；对于基层单位，网络图就可绘制得细些，以便具体组织和指导工作。

在工程项目分解成作业的基础上，还要进行作业分析，以便明确先行作业（紧前作业）、平行作业和后续作业（紧后作业）。即在该作业开始前，哪些作业必须先期完成，哪些作业可以同时平行地进行，哪些作业必须后期完成，或者在该作业进行的过程中，哪些作业可以与之平行交叉的进行。

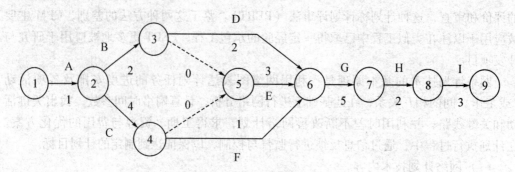

图 3.2   绘网络图

③绘制网络图,进行结点编号。根据作业的时间明细表,可绘制网络图。网络图的绘制方法有顺推法和逆推法。

顺推法,即从始点时间开始根据每项作业的直接紧后作业,顺序依次绘出各项作业的箭线,直至终点事件为止。

逆推法,即从终点事件开始,根据每项作业的紧前作业逆箭头前进方向逐一绘出各项作业的箭线,直至始点事件为止。

同一项任务,用上述两种方法画出的网络图是相同的。一般习惯按反工艺顺序安排计划的企业,如机器制造企业,采用逆推较方便,而建筑安装等企业,则大多采用顺推法。按照各项作业之间的关系绘制网络图后,要进行结点的编号。

④计算网络时间,确定关键路线。根据网络图和各项活动的作业时间,就可以计算出全部网络时间和时差,并确定关键线路。具体计算网络时间并不太难,但比较烦琐。在实际工作中影响计划的因素很多,要耗费很多的人力和时间。因此,只有采用电子计算机才能对计划进行局部或全部调整,这也为应用推广网络计划技术提出了新内容和新要求。

⑤进行网络计划方案的优化。找出关键路径,也就初步确定了完成整个计划任务所需要的工期。这个总工期,是否符合合同或计划规定的时间要求,是否与计划期的劳动力、物资供应、成本费用等计划指标相适应,需要进一步综合平衡,通过优化,选取最优方案。然后正式绘制网络图,编制各种进度表,以及工程预算等各种计划文件。

网络计划的优化方法根据资源限制条件不同,可分为时间优化、时间—费用优化和时间—资源优化三种类型。

时间优化。时间优化是指在人力、物力、财力等条件基本有保证的前提下,寻求缩短工程周期的措施,使工程周期符合目标工期的要求。时间优化主要包括压缩活动时间、进行活动分解和利用时间差三个途径。

时间—费用优化。时间—费用优化是指找出一个缩短项目工期的方案,使得项目完成所需总费用最低,并遵循关键线路上的活动优先,直接费用变化率小的活动优先,逐次压缩活动的作业时间以不超过赶工时间的三个基本原则。

时间—资源优化。时间—资源优化分为两种情况:第一,资源一定的条件下寻求最短工期;第二,工期一定的条件下,寻求工期与资源的最佳组合。

⑥网络计划的贯彻执行。编制网络计划仅仅是计划工作的开始。计划工作不仅要正确地编制计划，更重要的是组织计划的实施。网络计划的贯彻执行，要发动员工讨论计划，加强生产管理工作，采取切实有效的措施，保证计划任务的完成。在应用电子计算机的情况下，可以利用计算机对网络计划的执行进行监督、控制和调整，只要将网络计划及执行情况输入计算机，它就能自动运算、调整，并输出结果，以指导生产。

3.3　目标管理

3.3.1　目标管理的概述

目标管理是由彼德·德鲁克提出，并由其他一些学者发展，逐步成为西方国家所普遍采用的一种系统制定目标、管理目标的有效方法。

3.3.1.1　目标管理的内涵

根据德鲁克和一些"目标管理"理论家的观点，概括地说，目标管理是一种综合的以工作为中心的管理方法，是一个组织中，上级管理人员同下级管理人员以及职工共同制订的组织目标，同组织内每个人的责任和成果相互联系，明确地规定了每个人的职责范围，并用这些措施来进行管理，评价和决定对每个成员贡献的奖励和报酬等。因此，目标管理就是一个组织的上、下级管理人员和组织内的所有成员共同制定目标、实施目标的一种管理方法。从目标管理的体系中，我们可以看到目标管理是从组织的最高领导层开始的，最高管理层的目标应体现整个组织的目标。

目标管理的基本内容是：年（期）初，企业首先确定企业本年（期）的工作总目标，然后围绕实现总目标，自上而下将总目标分解成为部门、车间、班组和个人目标，并层层落实为实现这些目标应采取的措施，开展一系列组织、激励、控制等活动。年（期）末，对完成目标的情况进行考核，并给予相应的奖惩，在实现预测目标的基础上，企业开始制订新的目标，进行新的循环。

目标管理体现了系统论和控制论的思想，目标管理中所说的目标，是把企业目标作为一个"系统"看待，从整体考虑问题，也就是说，在确定企业总目标时，就充分注意企业内部各分目标的确定和落实，从上到下构成一个有机的企业目标体系。这就把企业内部的各个部分、各个环节、企业内部与外部的各种因素，都与完成企业目标紧密地联系在一起，从这些联系中，企业可以通盘考虑，准确、有效、完整地掌握完成企业总体目标的进程。

简而言之，目标管理（Management By Objectives，MBO）是一种具有活力的系统管理方法，在高层管理人员的引导下，下级管理者或员工通过一系列分析、判断、研究的过程设置自身的工作目标来承担自己在组织中应承担的义务，并以此为准，创造性地开展工作。目标管理实际上可以看作是一种允诺管理。

3.3.1.2　目标管理的性质

目标管理的目的在于让组织内的每个人对目标的制订和实施都有发言权，使每个人都了解自己在规定的时间内应完成的工作任务以及可能得到的报酬和奖励。

（1）目的性

企业实行目标管理，使企业在一定的时间内各项活动的目的都非常简单、明了，它是以企业目标的形式表现的。目标管理中所制订的企业目标都非常具体、明确，包括质量目标和数量目标，如使产品质量达到国家标准，使利润增长率达到一定水平，使费用率降低到一定水平，等等。目标管理的目的性还反映在企业目标的制订上，在社会主义条件下，制定目标要体现社会主义基本经济规律的要求，适应市场的变化，保证企业的生产目的与社会主义基本经济规律的要求一致。

（2）整体性

现代化的大企业要求精细的劳动分工和严密的协作，以适应生产过程中机器运转体系的要求和高度社会化的要求，而且生产过程具有高度的比例性和连续性，以及适应外界条件变化的应变性。在这样的情况下，局部与整体的利益并不总是一致的。有些工作，从局部看是有利的，但是从整体上看，并不一定理想。目标管理对企业生产经营活动的全过程实行全面的综合性管理。企业管理通过确定和落实目标，建立纵横交错、全面完整的目标体系，这个体系使企业上下的每个层次、每个环节都互相关联，融为一体，每个职工的目光都集中到企业的总目标上，每个分目标都是企业总目标的组成部分，每个人的工作都与企业的总目标紧密相连。因此，目标管理对企业生产经营活动的全局，具有决定性的影响。

（3）层次性

企业目标能否按期、按质、按量地实现，很大程度上取决于能否分清层次。目标管理系统中研究的层次性，主要是研究和解决目标管理中上下级之间的领导关系和领导方法问题。

随着企业总目标的逐层分解、展开，也要逐层下放目标管理的自主权。这时，企业内部承担目标的车间（部门）之间的横向联系，就可以由各单位自己进行。只有在他们不协调或发生矛盾时，才需要上一层次的领导出面解决。这样才能更大程度地发挥下层次人员的积极性和主动性。企业领导在目标管理中只抓两项工作：一是根据企业总目标向下一层次发出指令性信息，最后考核指令的执行结果；二是解决下一层次各单位间的不协调关系，对有争议的问题做出裁决，使目标管理的层次清晰，各层次的任务明确。

（4）民主性

目标管理是组织职工群众的意见和要求，上级与下级共同协商、共同讨论、共同决定。在实施目标时，职工不是依靠上级摊派任务，而是上下结合，自觉地对照自己的工作目标，对目标的要求与进度负责，有效地实行自我控制，自觉地最大限度地发挥自己的积极性，尽最大的可能把工作做好。

3.3.1.3　目标设立的原则

（1）目标应尽量地定量化，便于考核。根据目标值，依据严格规定的定量分析的各项指标，客观地进行评价。这样，一方面使每个职工都对自己的工作目标，做到心中有数，另一方面，也有利于企业对职工根据其完成目标的情况，进行考核。

（2）目标要适中，不宜太多、太高。目标太多或太高，都会给职工在实施目标的过程中，施加过多的压力，不利于调动职工的积极性，也不利于企业提高经济效益。

（3）目标要具体落实到部门和人。这样有利于各部门、全体员工在工作中对照目标进行调整，以及时发现、修正偏离目标的做法。目标管理的基本要求是：根据每个岗位的工作目标或职工的个人工作目标定责任，使每个岗位、每个人都明确自己在实现企业目标过程中所应担负的责任，明确岗位责任。

明确目标责任也应从上到下，上下结合，按层次要求层层落实。在不同的层次上，由于人员的不同，对目标责任的具体要求也有所不同。企业领导的主要责任是负责各项经济技术指标的完成，做好整体的管理工作，包括计划决策的组织指挥、监督控制、统筹协调等；职能科室的领导及管理人员主要负责分管的有关经济技术指标或专业指标的完成，做好部门的管理工作，基层服务与对外协作等；车间（商品部）领导主要负责直接指挥生产经营，完成本车间（商品部）所承担的各项指标，做好车间（商品部）的各项基础管理工作；班（柜）组领导主要负责执行车间（商品部）计划，做好班（柜）组日常生产经营活动，保质保量地按时完成各项生产经营任务。

3.3.2　目标管理的步骤

（1）制定目标

目标管理的第一步是要确定组织的总体目标和各部门的分目标。总目标是组织在未来要达到的状况和水平，其实现有赖于全体成员的共同努力。为了协调这些成员的工作，各个部门、各个成员都要在充分领会总目标的前提下考虑分目标的制订。这样就形成了一个以组织目标为中心的一贯到底的目标体系。在制订每个部门和每个成员的目标时，上级要向下级提出自己的方针和建议，下级根据上级的方针和建议制订自己的目标方案，在此基础上由双方协调决定。在这个阶段要注意，简单地将下级的目标汇总，不是目标管理，而是放弃管理；将预定的目标视为不可改变的，强迫下级接受上级的想法与规划也不是目标管理，而是集权式的管理。

（2）执行目标

组织中各层次、各部门的成员为达成分目标，必须从事一定的活动，而活动中必须利用一定的资源。为了保证他们有条件组织目标活动，必须授予相应的权力，使之有能力调动和利用必要的资源。有了目标，组织成员便会明确努力的方向；有了权力，他们便会产生强烈的与权力使用相应的责任心，从而能充分发挥他们的判断能力和创造能力，使目标执行活动有效地进行。

（3）评价成果

成果评价既是实行奖惩的依据，也是上下左右沟通的机会，同时还是自我控制和自我激励的手段。成果评价既包括上级对下级的评价，也包括下级对上级、同级部门之间以及各层次自我评价。上、下级之间的相互评价，有利于信息、意见的沟通，从而进行组织活动的控制；横向的关系部门相互之间的评价，有利于保证不同环节的活动协调进行；而各层次组织成员的自我评价，则有利于促进他们的自我激励、自我控制以及自我完善。

（4）实行奖惩

组织对不同成员的奖惩，是以上述各种评价的结果为依据的。奖惩可以是物质的，也可以是精神的。公平合理的奖惩有利于维持和调动组织成员饱满的工作热情和积极性；奖惩有失公正，则会影响这些成员行为的改善。

（5）制定新目标并开始新的目标管理循环

成果评价与成员行为奖惩，既是对某一阶段组织活动效果以及组织成员贡献的总结，也为下一阶段的工作提供借鉴。在此基础上，为组织及其各个层次、部门的活动制订新的目标并组织实施，以便展开目标管理的新一轮循环。如果目标没有完成，应分析原因、总结教训，但切忌相互指责。上级应主动承担责任，并启发下级作自我批评，以维持相互信任的气氛，为下一循环打好基础。

3.3.3　对目标管理的评价

在美国，相当多的企业如杜邦和通用汽车公司等都采用了目标管理。根据美国《幸福》杂志的最新调查，在美国 500 家大型工业企业公司中有 40% 的公司采用了目标管理。当然，进行目标管理有许多优点，但也有不少的缺点。

（1）目标管理的优点

采用目标管理最突出的优点在于能调动广大管理人员和职工的积极性。由于在目标管理的整个过程中能较好地听取大家的意见，吸收职工参与管理，职工对自己的职责比较明确，又有一个较好的报酬奖励制度，这就形成了一个调动大家积极性的良好环境。

目标管理还有以下优点：在目标的制订和实施过程中都注意了相互的联系和合作；对每个人工作表现的评价也更为具体、更为合理；有利于管理人员发挥自己的管理才能；有利于每个人发挥自己的创造性和积极性，形成了一个完整的组织管理系统，使这个系统能有效地运转。

目标管理也有利于各级领导对下属进行管理。在目标实施过程中，大家都能进行自我管理、自我控制，又有定期的检查总结，能及时发现问题、及时进行调整，这样就有利于整个组织向着组织长期目标的实现迈进。

（2）目标管理的缺点

不少人对目标管理所存在的缺点进行了批评。目标管理的主要缺点是缺乏组织内最高级领导人的支持。总目标、总战略虽然由最高管理层做出，但是他们常常把任务交给较低级的管理人员去负责执行，这样一些高层领导人实际上就没有为此承担起自己的真正责任，其积极性自然也就没有得到发挥，这就必然会影响到目标管理的效果。

另一个缺点是有些采用目标管理的公司过分强调了数量目标，要求的报表和总结过多。以至于有些管理人员忙于写总结、忙于编报表，对下级只是分派任务和提提建议，很少坐下来与下级共同研究问题，结果就造成了个别人员的工作流于形式，缺乏主动性。

总而言之，目标管理是管理体系中一种极为有用的方法，它有助于阐明组织内各单位和个人的职责，有利于调动其积极性，更有利于进行总结和评价。然而，要使目标管理获得更佳的效果，管理者也必须注意克服上面所提到的一些缺点。

思考题

1. 计划的含义和作用是什么？
2. 简述计划编制的步骤。
3. 简述计划编制需要遵循的原则。
4. 简述目标管理的内涵及如何进行目标管理。

4　组织

4.1　组织概述

4.1.1　组织的含义

从词源上讲，管理学中组织的概念可从不同的角度去解释和理解。

在我国古汉语中，组织的原始意义是编织的意思，即将丝麻织成布帛。唐朝著名国学大师孔颖达首先将组织这个词语引申到社会行政管理中，他说："又有文德能治民，如御马之执矣，使之有文章如组织矣。"《辞海》对组织的定义为："按照一定的目的、任务和形式加以编制。"组织是有目的、有系统、有秩序地结合起来，按照一定的宗旨和系统建立的集体。

在西方，英文中的组织一词源于医学中的"器官"，因为器官是自成体系的、具有特定功能的细胞结构。牛津大学辞典中的定义是："为特定目的所做的，有系统的安排。"人类为了生存，在与大自然博弈的过程中结成了群体。只要有群体的活动，就需要管理，同时也就产生了组织。

"组织"作为名词，就是指两个或者两个以上的个体为了实现共同目标而结合起来协调行动的社会团体；作为动词，组织是管理功能之一，是指通过分配任务、协调组织成员与资源、建立组织结构来完成共同的目标。换言之，组织就是通过设计组织内部结构和维持个体之间的关系，使组织成员能为实现组织的目标而有效、协调地工作的过程。作为管理的基本职能之一，组织曾一度被看成管理的同义词，可见在管理过程中组织工作的重要性。

组织职能的本质就是如何合理而有效地进行分工与合作。为了使组织能持续而有效地运作，管理者必须安排成员有意识、有计划地开展分工、合作以及协调。

4.1.2　组织的特点

一般来说，组织具有四大特点。

（1）整体性。组织是人们为了实现某些特定的目标，各自分担明确的权力、任务和责任，扮演不同的角色，并制定各种规章制度约束其成员的行为，以保持组织的一致性和保证组织目标的实现。所以，组织本身是一个综合的机构，是一个集体实现目标的工具，是提供工作环境，决定目标，分配工作，完成目的的整体性的人群体系。

（2）实用性。由于科学技术的进步，生产的社会化程度越来越高，要取得任何一项成就都必须借助于组织的力量，依靠组织功能的发挥。例如，由于科学的分化，重大科学研究活动早已不是个人所能独立完成的，必须通过科研团体，甚至通过国际合作才能完成。这表明，组织既是社会化生产的必然产物，又具有实用性。

（3）复杂性。一般来说，组织是由若干个集体和个体组成的，在集体和集体之间、个体与个体之间都存在着差异，如智力、能力、经验、人格等差异。这些差异既是团体与个体之间、团体与团体之间、个体与个体之间冲突的因素，也是人类社会需要合作的主要原因之一，是社会进步的因素。组织中的领导者如何运用这些条件，处理这些差异，建立一个合作的、有较高效率的集体，则取决于领导的本领。组织要实现目标，还必须协调组织中所有的单位（团体）为实现组织目标而产生的各种联系；组织要发挥其作用，还需要有一个权力层次体系，并有严格的规章制度等。这些工作都是十分复杂的，决定了组织的复杂性这一特征。

（4）协作性。从组织活动的角度来看，组织本质上是组织成员之间的相互协作关系。协作的原因在于单个的人在社会生产和社会活动中不能独立完成任务和工作，必须通过人与人之间的相互协作来获得帮助。组织的协作性，突出体现在组织中职位的明确规定性和相互协调性，体现在组织成员在工作中的合作性与配合性。各方面的协调和配合，使组织表现出灵活的应变能力、整体的协作功能，使组织目标得以实现。

4.2　组织结构

4.2.1　组织结构的特征

组织结构是描述组织的框架体系，是对完成组织目标的人员、工作、技术和信息所做的制度性安排，具有复杂性、正规化和集权化等基本特性。

（1）复杂性

复杂性是指组织内部结构的分化程度。一个组织分工越细、组织层次越多、管理幅度越大，组织的复杂性就越高；组织的部门越多，组织单位的地理分布越分散，协调人员及其活动就越困难。

（2）正规化

正规化是指组织依靠制定的工作程序、规章制度引导员工行为的程度。有些组织以很少的规范准则运作；另一些组织尽管规模较小，却具有各种规定，指示员工可以做什么和不可以做什么。一个组织使用的规章、条例越多，其组织结构就越正规化。

（3）集权化

集权化是指组织在决策时正式权力在组织层次集中的程度。如果决策权高度集中在组织高层，由他们选择合适的行动方案，组织的集权化程度就较高；反之，如果组织授予下层人员更多的决策权力，组织的集权化程度就较低，这时就称为分权化。

4.2.2 正式组织与非正式组织

4.2.2.1 正式组织

正式组织是指为实现一定目标并按照一定程序建立起来的有明确职责结构的组织。正式组织是组织设计工作的结果，是由管理者通过正式的筹划，并借助组织结构图和职务说明书等文件予以明确规定的。正式组织有明确的目标、任务、结构、职能以及由此形成的成员间的权责关系，因此对成员行为具有相当程度的强制力。正式组织的基本特征是：

（1）目的性。正式组织是为了实现组织目标而有意识建立的，因此，正式组织要采取什么样的结构形态，从本质上说应该服从于实现组织目标、落实战略计划的需要。这种目的性决定了组织工作通常是在计划工作之后进行的。

（2）正规性。正式组织中所有成员的职责范围和相互关系通常都在书面文件中加以明文的、正式的规定，以确保行为的合法性和可靠性。

（3）稳定性。正式组织一经建立，通常会维持一段时间相对不变，只有在内外环境条件发生了较大变化而使原有组织形式显露出不适应时，才提出进行组织重组和变革的要求。

合理、健康的正式组织无疑为提高组织活动的效率提供了基本的保障。

4.2.2.2 非正式组织

组织中的一个现实是：在正式组织运作中常常会存在一个甚至多个非正式组织。非正式组织是指未经正式筹划而由人们在交往中自发形成的一种个人关系和社会关系的网络。机关里午休时间的扑克会、工余间的球友会等，都是非正式组织的例子。在非正式组织中，成员之间的关系是一种自然的人际关系，他们不是经由刻意的安排，而是由于日常接触、感情交融、情趣相投或价值取向相近而发生联系。

非正式组织的基本特征是：

（1）很强的凝聚力。在非正式组织里，共同的情感是维系群体的纽带，人们彼此的情感较密切、互相依赖、互相信任，有时甚至出现不讲原则的现象。非正式组织的凝聚力往往超过正式组织的凝聚力。

（2）心理的协调性。由于有自愿的结合基础，非正式组织成员对某些问题的看法基本一致，因而情绪共振、感情融洽、行为协调、行动一致、归属感强。

（3）信息沟通灵活。非正式组织成员之间感情密切、交往频繁、知无不言，信息传播迅速，成员对信息反应往往具有很大的相似性。

（4）自然形成"领导"人物。非正式组织不是由于组织的决定而成立的，没有上级任命的领导，但实际上每个非正式组织都有自己的"领导"。非正式组织内"领导"的形成，是在发展过程中自然涌现出来的，成员的拥戴程度比正式组织高，其号召力更强。

非正式组织与正式组织相互交错地同时并存于一个单位、机构或组织之中，这是一种不可避免的现象。有些场合下，利用非正式组织能够取得意想不到的益处，而有些情况下非正式组织则有可能会对正式组织的活动产生不利影响。

非正式组织对正式组织的积极的、正面的作用表现在：它可以满足成员心理上的需求，鼓舞成员的士气，创造一种特殊的人际关系氛围，促进正式组织的稳定；弥补成员之间在能力和成就方面的差异，促进工作任务的顺利完成；此外，还可以用来作为改善正式组织信息沟通的工具。

非正式组织对正式组织的消极作用表现在：它可能在有些时候会和正式组织产生冲突，影响组织成员间的团结和协作，妨碍组织目标的实现。因此，正式组织的领导者应善于因势利导，最大限度地发挥非正式组织的积极作用，克服其消极作用。

4.2.2.3 正式组织与非正式组织的关系

管理者既不能创建非正式组织，也不能废除非正式组织。但管理者应学会与之共处并对之施加影响。因此，管理者应该做到以下几点：

（1）非正式组织的成员同时也是正式组织的成员，他们在根本利益上是一致的。正式组织的管理者应该正确处理组织内的人际关系，善于听取组织成员的意见，公平待人，关心成员的疾苦，使正式组织团结和谐，满足其成员在感情归属、人格尊重等方面的需要。

（2）非正式组织的"领导"是自然形成的，他们或是在专业知识方面或是在个人品质方面得到人们的钦佩，因而在群众中有较高的威信，这些得到人们钦佩的素质大致包括聪明、能干，知识丰富，业务熟练，待人热忱、公正，心地善良等。正式组织的管理者也应当努力具备这些素质，并注意在不降低干部条件的前提下提拔和使用非正式组织的领导。

（3）由于非正式组织不能离开正式组织而独立存在，所以当非正式组织严重妨碍组织目标的顺利实现时，应当及时调整或改组非正式组织，以达到削弱或限制非正式组织的目的。

（4）正式组织的管理者需要通过建立、宣传正确的组织文化，以影响与改变非正式组织的行为规范，从而更好地引导非正式组织做出积极的贡献。

（5）尽可能将非正式组织的利益与正式组织的利益结合在一起。二者的利益在很多时候是一致的，例如一个项目的完成，作为正式组织关心的是会给自己带来利润，而非正式组织的成员会想到项目的顺利完成，会带来奖金的收入、成就感的满足。他们尽管动机不同，但同样希望项目早日完成。管理者将二者的利益有机地结合在一起既是一种手段也是一门艺术，管理者不一定要打入小团体，但是不妨偶尔参加小团体的活动，与其中的重要成员维系良好的关系从而影响这些小团体，将小团体转化成组织里面的一股力量，协助组织目标达成。

4.2.3 组织结构的类型

组织结构是指组织内部各级各类职务职位的权责范围、联系方式和分工协作关系的整体框架，是组织得以持续运转，完成经营管理任务的体制基础。组织就是在这个基础上，通过各组织要素的互动，最终实现组织目标。金刚石与石墨、部队与老百姓的不同主要是结构不同，所以作用与功能就大不相同。

4.2.3.1 直线制组织结构

（1）特点

直线制是最早使用的，也是最为简单的一种组织结构，又称单线制结构或军队式结构。直线制组织结构的主要特点是组织中各种职位按垂直系统直线排列，各级主管负责人进行统一指挥，不设专门的职能机构，如图4.1所示。组织中各种职务按垂直系统直线排列，各级管理人员对所属下级拥有直接的管理职权，组织中每一个下属只能向一个直接上级报告。

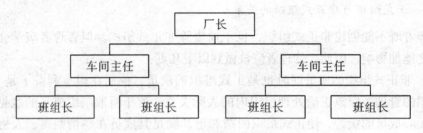

图4.1 直线制组织结构

（2）优缺点

直线制组织结构的优点：结构比较简单，权力集中，责任分明，命令统一，沟通简捷，比较容易维护纪律和秩序。

直线制组织结构的缺点：缺乏弹性，易导致专制，不利于组织总体管理水平的提高；同时，在组织规模较大的情况下，所有的管理职能都集中由一人承担，往往由于个人的知识及能力有限而感到难于应付、顾此失彼，可能会发生较多失误；此外每个部门基本关心的是本部门的工作，因而各部门之间的协调性比较差，难以在组织内部培养出全能型管理人才。

（3）适应性

直线制组织结构一般只适用于初创阶段的组织或生产规模较小、产品单一、管理简单、业务性质单纯，没有必要按职能实行专业化管理的小型组织或现场的作业管理。

4.2.3.2 职能制组织结构

（1）特点

职能制组织结构的主要特点是：按照专业分工设置相应的职能部门，实行专业分工管理，各职能部门在自己的业务范围内都有权向下级下达命令和指示，即下级除了要服从上级管理人员的直接领导和指挥以外，还要受上级各职能部门的管理。职能制组织结构形式如图4.2所示。

（2）优缺点

职能制组织结构的优点：可以在很大程度上实现职能专业化的作用，能够发挥专家的作用，减轻上层管理人员的负担。

职能制组织结构的缺点：违背了组织设计的统一指挥原则，容易导致多头领导，

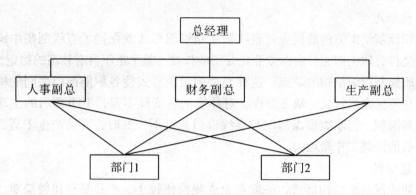

图 4.2 职能制组织结构

造成管理混乱。组织中常常会因为追求职能目标而看不到全局。

（3）注意

在该组织结构中，由于视野狭小，没有一项职能部门对最终结果负全部责任。每一职能部门之间相互隔离，很少了解其他职能部门在干些什么，只有高层管理者能看到全局，所以它得担当起协调的角色。不同职能部门间利益和视野的不同会导致职能部门间不断地发生冲突，各自极力强调自己的重要性。因此，实际生活中没有纯粹的职能制组织结构。

4.2.3.3 直线职能组织结构

（1）特点

这是一种集直线制和职能制两种类型组织形式的优点为一体，而形成的一种组织结构形式。其特点在于直线管理者将一部分直线职权授予参谋部门或人员，使其成为拥有职能职权的职能部门，因而形成直线部门与职能部门共存的组织结构。它将直线指挥的统一化思想和职能分工的专业化思想相结合，在组织中设置纵向的直线指挥系统和横向的职能管理系统。它与直线制的区别就在于设置了职能机构，与职能制的区别在于职能机构只是作为直线管理者的参谋和助手，它们不具有对下面直接进行指挥的权力。这种组织结构形式如图 4.3 所示。

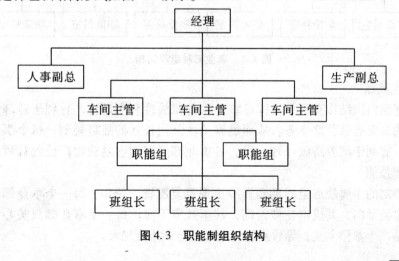

图 4.3 职能制组织结构

（2）优缺点

直线职能制组织结构的优点：直线职能制组织形式既保持了直线制集中统一指挥的优点，又具有职能制充分发挥专业化分工的长处，整个组织具有较高的稳定性。

直线职能制组织结构的缺点：这种类型的组织形式使各职能部门之间的横向联系较差，信息传递路线较长，缺乏弹性，对环境的应变性不强，下级部门的主动性与积极性会受到限制。当职能参谋部门与直线部门意见不一致时，容易产生矛盾，致使上级管理人员的协调工作量加大。

（3）适应性

直线职能制组织结构形式，一般在企业规模比较小、产品品种比较简单、工艺比较稳定、市场销售情况比较容易掌握的情况下采用。目前我国大多数组织采用的就是这种组织结构形式。

4.2.3.4 事业部制组织结构

（1）特点

事业部制组织结构，亦称 M 型结构。事业部制组织结构是于 1924 年由美国通用汽车公司（前）总裁斯隆首创，所以又称"斯隆模型"。事业部是企业以产品、地区或顾客为依据，由相关的职能部门结合而成的相对独立的单位，是一个利润中心。其特点是每个事业部都有自己的产品和市场，按照"统一政策，分散经营"的原则，实行分权化管理，各事业部实行独立核算、自负盈亏，彼此之间的经济往来要遵循等价交换原则。其组织结构形式如图 4.4 所示。

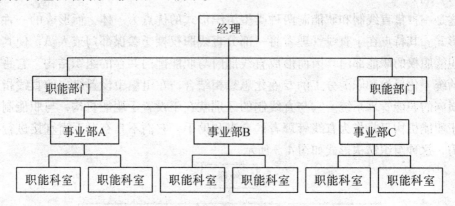

图 4.4　事业部制组织结构

（2）优缺点

事业部制组织结构有利于发挥各事业部的积极性和主动性，有利于总部管理人员摆脱烦琐的日常运营管理事务，从而能够关注公司长远的战略规划；每个事业部都是利润中心，有利于培养高级经理人员，各事业部经理们容易获得广泛的管理经验，从而提高管理技能。

事业部制的主要缺点是活动和资源出现重复配置。例如：每一个事业部都可能有一个市场营销部门，其成本花费很高，甚至效率下降；每一个事业部只关心自身的经营活动，易产生本位主义，导致高层管理人员协调难度加大。

（3）适应性

事业部制组织结构主要适用于规模大、产品或服务种类繁多、分支机构分布区域广的现代大型企业。目前我国许多成功的企业（如海尔、联想、清华同方等）均是采用事业部制的组织结构。

4.2.3.5 矩阵制组织结构

（1）特点

矩阵制组织结构由职能部门和产品项目纵横两套管理系统叠加在一起而形成。矩阵制创造了双重指挥链，使用职能部门来获得专业化经济，同时配置了一些对组织中的具体产品、项目和规划负责的经理人员，其可为自己负责的项目从各职能部门中抽调有关人员。这样在横向的职能部门基础上增加纵向产品或项目的结果，就将职能部门化和项目部门化的因素交织在了一起，因此称之为矩阵。如图4.5所示。

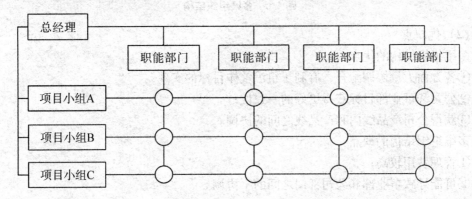

图4.5 矩阵制组织结构

（2）优缺点

矩阵制组织结构的主要优点：发挥了职能部门化和产品部门化两方面的优势，促进专业资源在各项目中的共享，便于一些复杂而独立的项目之间的协调与合作，具有很大的灵活性。

矩阵制组织结构的主要缺点：放弃了统一指挥原则，形成双重领导，造成一定程度上的混乱。因此，需要管理者妥善地权衡这些利弊。

（3）适应性

矩阵制组织结构形式适用于经营涉及面广、产品品种多、临时性的、复杂的重大工程项目组织。

4.2.3.6 多维组织结构

（1）特点

多维组织结构是事业部结构与矩阵结构相结合的产物，企业中同时存在着多个交叉的管理系统。

通常一个员工或企业同时受到三个或三个以上的管理系统的管理。其内容主要包括：①按产品或服务项目划分的部门；②按职能划分的参谋机构；③按地区划分的管理机构（如图4.6所示）。

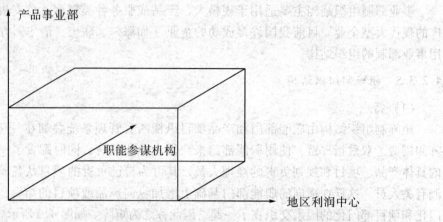

图4.6 多维组织结构

（2）优缺点

多维组织结构的优点：

①各方面力量协调配合，有利于组织整体目标的实现；

②公司和事业部目标获得更好的一致性；

③获得公司产品线内和产品线之间的协调。

多维组织结构的缺点：

①管理费用较高；

②可能导致事业部和公司部门之间的不协调。

4.2.3.7 网络型组织结构

（1）特点

网络型组织结构是利用现代信息技术手段，适应与发展起来的一种新型的组织结构。网络型组织结构是一种结构很精干的中心机构，以契约关系的建立和维持为基础，依靠外部机构进行制造、销售或其他重要业务经营活动的组织结构形式。被联结在这一结构中的各经营单位之间并没有正式的资本所有关系和行政隶属关系，只是通过相对松散的契约或正式的协议契约为纽带，通过一种互惠互利、相互协作、相互信任和支持机制来进行密切的合作。

采用网络结构的组织，所做的就是通过公司内联网和公司外互联网，创设一个物理和契约"关系"网络，与独立的制造商、销售代理商及其他机构达成长期的协作协议，使他们按照契约要求执行相应的生产经营功能。由于网络型企业组织的大部分活动都是外包、外协的，因此，公司的管理机构就只是一个精干的经理班子，负责监管公司内部开展的活动，同时协调和控制与外部协作机构之间的关系（虚拟企业），如图4.7所示。

（2）优缺点

网络型组织结构的优点：网络型组织结构极大地促进了企业经济效益实现质的飞跃。具体表现为：一是降低管理成本，提高管理效益；二是实现了企业全世界范围内

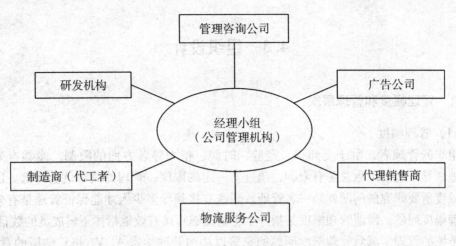

图 4.7　网络型组织结构

供应链与销售环节的整合；三是简化了机构和管理层次，实现了企业充分授权式的管理。

网络型组织结构的缺点：可控性太差。这种组织的有效运作是通过与独立的供应商广泛而密切的合作来实现的，面临着道德风险和逆向选择性风险。

4.2.3.8　当代组织结构发展新趋势

随着新的管理思想和组织理论的出现，一些组织（尤其是企业）的组织结构形式逐渐呈现出网络化、扁平化、灵活化、多元化、全球化等趋势。伴随着这种趋势，柔性组织、网络组织和虚拟组织等新型组织结构类型也不断涌现出来。

（1）柔性组织结构

柔性组织（有机式组织）能够适应各种变化，可以及时根据变化迅速来平衡"控制权"与"自主权"，协调"集权"与"分权"，从而提高组织的灵活性。柔性组织结构是一种多极化、多元化的组织结构，核心机构负责公司总体战略和整体事务；各分支机构在地位上与核心机构相互平等，相互依赖及相互补充。因此，柔性组织结构是集权与分权的有机统一。为了弥补柔性的不足，实现柔性与稳定性的和谐并存，有的公司成立了临时性的项目组或多功能团队来集中处理关键问题。在现代企业，尤其是现代高科技企业中，迫切需要创建柔性组织系统。

（2）虚拟组织结构

虚拟组织结构是柔性组织结构的高级形式，其最大特点是组织决策集中程度很高，但部门化程度很低，或者根本不存在实体的部门。虚拟组织结构的灵活性很强，如果认为其他公司在生产、销售、服务等某一方面具有更强的优势，就与这些公司联合，或是将自己相对的劣势的部门转让出去。虚拟组织结构的形式包括产品联盟、技术联盟、知识联盟及战略联盟等。

4.3 组织设计

4.3.1 管理幅度和管理层次

（1）管理幅度

组织的管理者，由于受知识、经验、时间、精力等各方面的限制，能够有效地、直接地领导下级的人数总是有限的，超过了一定的限度，管理的效率就会降低。因此，管理幅度所要研究的问题就是一名管理者到底直接领导多少人才能保证管理是有效的，即管理幅度问题。所谓管理幅度是指一个主管能够直接有效地指挥下属成员的数目。

传统的管理学派对管理幅度问题的见解以法国管理学家 A. V. 格丘纳斯的意见为代表，主张管理幅度不能过宽。他认为，管理幅度的数量以数学级数增长时，管理者和下属人员间潜在的相互影响的数量就以几何级数增加。如格丘纳斯解释的那样，管理者可以直接和每个下属联系（直接单独联系），或和每个可能组成的下属人员的小组联系（直接小组联系），而且下属之间还可能互相联系（交叉联系）。

这种关系可用下式表达：

$$C = n\left[2^{n+1} + (n+1)\right]$$

管理幅度适度是组织设计中的一个重要问题，过大或过小都是不恰当的。关于管理幅度的形式或大小，众多研究者给出了不同结论：管理幅度研究的首创者法约尔指出，不管领导处于哪个级别，他从来只能直接指挥极少的部下，一般上级指挥的人数少于 6 人。当工序比较简单时，工长有时指挥 20 个或 30 个。英国著名的顾问林德尔·厄威克发现："对所有的上层管理人员来说，理想的下属人数是 4 人。在组织的最低层次，下属人员的数目可以是 8~12 人。"美国管理协会对 100 家大公司所做的调查表明，向总裁汇报工作的下属人员人数为 1~24 人不等，其中只有 26 位总裁有 6 个或不足 6 个下属，一般的是 9 个。在被调查的 41 家小公司中，25 位总裁有 7 个以上的下属，最常见的是 8 个。而后续的研究者又各自提出不同的人数。一般来讲，研究者发现，高层管理人员的管理幅度通常是 4~8 人，较低层次的管理人员其管理幅度则为 8~15 人。

（2）管理层次

管理层次是指一个组织设立的行政等级的数目。一个组织集中着众多的员工，作为组织主管，不可能面对每一个员工直接进行指挥和管理，这就需要设置管理层次，逐级地进行指挥和管理。

一个组织中，其管理层次的多少，一般是根据组织的工作量的大小和组织规模的大小来确定的。工作量较大且组织规模较大的组织，其管理层次可多些，反之管理层次就比较少。一般来说，管理层次可分为上层、中层和下层三个层次，也称战略规划层、战术计划层和运行管理层。美国斯隆管理学院研究组织管理的层次结构问题时，提出了"安东尼结构"，并对组织中三个层次的主要功能做了分析，见表 4-1。对于上层来讲，其主要职能是从整体利益出发，对组织实行统一指挥和综合管理，制定组织目标、大政方针和实施组织目标的计划，故又称战略决策层或最高经营管理层；中层的主要职能是为达到组织总的目标，制定并实施各部门具体的管理目标，拟订和选择计划的实施方案、步骤和程序，按部门分配资源，协调各部门之间的关系，评价生产经营成果和制定纠正偏离目标的措施等，故又称经营管理层；下层又称执行管理层或操作层，其主要职能是按照规定的计划和程序，协调基层组织的各项工作和实施生产作业。

表 4.1　　　　　　　　　　　管理层次及其职能

问题如何考虑 管理层次	战略管理层	战术计划层	运行管理层
主要关心问题	是否上马，什么时候上马	怎样上马	怎样干好
时间幅度	3~5 年	0.5~2 年	周、月
视野	宽广	中等	狭窄
信息来源	外部为主，内部为辅	内部为主，外部为辅	内部
信息特征	高度综合	中等汇总	详尽
不确定和冒险程度	高	中	低

4.3.2　组织设计的依据

组织设计的目的在于设置出一种或几种合理的架构，按照这种架构运行时，组织能够做到发挥效能、节约资源、抵御风险、创造良好文化、承担责任等。那么，要明确如何达到这些目的，需要在进行组织设计时参照一定的依据，才能使组织设计过程有理可依，不致脱离其内外部状况而成为无源之水。一般情况下，组织设计工作中所应参照的依据主要有：

（1）组织战略

组织当前所采取的战略对组织结构的影响是非常大的。可以想见，不同战略对组织的业务要求、发展方向、人员培养与储备、组织文化建设等方面均可能存在不同的影响。在这种情况下，组织结构不得不听从于组织战略的安排。一方面，战略的制定必须考虑组织结构的实现；另一方面，组织战略一旦形成，组织应调整成适应战略要求的结构。适应战略要求的组织结构，能够为战略的实施提供必要的组织保证。组织战略的不同，会在两个方面影响组织的结构：不同的战略要求开展不同的业务活动，这会影响管理职务的设计，战略重点的改变，会引起组织的工作重点从而引起各部门在组织中重要程度的改变，因此要求对各管理职务以及部门之间关系做相应的调整。

（2）组织所处的环境

环境对组织的影响反映在组织的方方面面，这是因为任何组织都在与其周围的环境时时刻刻发生联系。组织结构设计也不能例外。组织外部环境对组织内部结构产生的影响体现在三个不同的层次上：职务与部门设计、各部门关系、组织结构总体特征。首先，在社会系统中，本组织与其他社会子系统之间也存在分工问题。社会分工方式的不同决定了组织内部的工作内容，从而所需完成的任务、设立的部门不一样。其次，由于环境变化可能引起组织的战略重点发生转移和调整，也可能使原来没有很多业务联系的部门变得往来频繁。另外，外部环境是否稳定，对组织结构的要求也是不一样的：稳定环境中管理部门与人员的职责界限分明、工作内容和程序有仔细的规定、各部门的权责关系固定、等级结构严密，而多变的环境则要求组织结构灵活、各部门的权责关系和工作内容需要经常做适应性的调整、等级关系不甚严密。组织设计中强调的是部门间的横向沟通而不是纵向的等级控制，因此，外部环境也会对组织总体结构特征产生影响。

（3）现有技术水平与技术发展前景

在业务活动中，组织需要利用一定的技术手段来进行。此处所讲的技术并不是单纯指科学技术，还包含现有组织成员所具有的技能水平。技术水平不仅影响组织活动的效果和效率，而且会作用于组织工作的各个方面，尤其会对工作人员的素质提出要求。显然，高技术的引入使得管理者的管理幅度加宽、组织的层次减少、从"高耸结构"转变为"扁平结构"成为可能的同时，可能在技术推广和培训上耗费管理者更多的时间。

（4）组织规模与所处的发展阶段

组织的规模及其发展阶段是影响组织结构的一个不容忽视的因素。而组织的规模往往与组织的发展阶段相联系。随着组织的发展，组织活动的内容会日趋复杂和增加，人数也会逐步增多，规模会越来越大，成长因素和战略重点都会有所改变。因此，组织的结构也需随之调整。

4.3.3 组织设计的原则

在长期的企业组织变革实践活动中，西方管理学家曾提出过一些组织设计基本原则，如管理学家厄威克曾比较系统地归纳了古典管理学派泰勒、法约尔、马克斯·韦伯等人的观点，提出八条指导原则，即：目标原则、相符原则、职责原则、组织阶层原则、管理幅度原则、专业化原则、协调原则和明确性原则。美国管理学家孔茨等人在继承古典管理学派理论的基础上，提出了健全组织工作的十五条基本原则，即：目标一致原则、效率原则、管理幅度原则、分级原则、授权原则、职责的绝对性原则、职权和职责对等原则、统一指挥原则、职权等级原则、分工原则、职能明确性原则、检查职务与业务部门分设原则、平衡原则、灵活性原则和便于领导原则。结合前人的研究成果，本书概括了组织设计的五条基本原则。

（1）目标统一原则

目标统一原则是指在建立组织结构时，要有明确的目标，并使各部门、员工的目标与组织的总体目标相一致。这首先要求组织有明确的目标体系；其次，组织结构的总体框架应该建立在这一目标体系的基础之上。

（2）专业分工和协作原则

专业分工和协作原则是指组织结构应能反映为实现组织目标所必需的各项任务和工作分工，以及这些任务和工作之间的协调，在合理分工的基础上，各专业部门只有加强协作与配合，才能保证各项专业管理的顺利开展，实现组织的整体目标。贯彻这一原则，在组织设计中要十分重视横向协调问题，主要措施有：①实行系统管理，把职能性质相近或工作关系密切的部门归类，组成各个管理子系统；②设立一些必要的委员会及会议来实现协调；③创造协调的环境，增强管理人员的全局观念，增加相互间的沟通。

(3) 有效管理幅度原则

管理幅度又称管理宽度或管理跨度，是指一个主管人员直接有效指挥下属人员的数量。有效管理幅度原则是指组织中的主管人员直接管辖下属的人数应是适当的，这样才能保证组织的有效运行。

受到个人精力、知识、经验条件的限制，一名领导人能够有效领导的直属下级人数是有一定限度的。有效管理幅度不是一个固定值，它受职务的性质、人员的素质、职能机构健全度等因素的影响。这一原则要求在进行组织设计时，领导人的管理幅度应控制在一定水平，以保证管理工作的有效性。由于管理幅度的大小与管理层次的多少呈负相关关系，因此这一原则要求在确定企业的管理层次时，必须考虑到有效管理幅度的制约。有效管理幅度也是决定企业管理层次的一个基本因素。管理层次是组织结构中纵向管理系统所划分的等级数量。管理最少层次原则是指在保证组织合理有效运转的前提下，应尽量减少管理层次。

(4) 集权与分权相结合原则

设计企业组织时，既要有必要的权力集中，又要有必要的权力分散，两者不可偏颇。集权是大生产的客观要求，它有利于保证企业的统一领导和指挥，有利于人力、物力、财力的合理分配和使用，集权应以不妨碍下属履行职责、有利于调动积极性为宜；而分权是调动下级积极性、主动性的必要组织条件，分权应以下级能够正常履行职责，上级对下级的管理不致失控为准。合理分权有利于基层根据实际情况迅速而正确地做出决策，也有利于上层领导摆脱日常事务，集中精力抓重大问题。因此，集权与分权是相辅相成的，是矛盾的统一。没有绝对的集权，也没有绝对的分权。企业在确定内部上下级管理权力分工时应考虑的因素主要有：企业规模的大小，企业生产技术的特点，各项专业工作的性质、各单位的管理水平和人员的素质等。

(5) 稳定性和适应性相结合原则

设计企业组织时，既要保证组织在外部环境和企业任务发生变化时能够继续有序地正常运转，保证组织结构有一定的稳定性，又要保证组织在运转过程中能够根据变化了的情况做出相应的变更，保证组织具有一定的弹性和适应性。为此，既需要在组织中建立明确的指挥系统、责权关系及规章制度，又要求选择一些具有较好适应性的组织形式和措施，使组织在变动的环境中具有一种内在的自动调节机制。

4.4　组织文化

4.4.1　组织文化的含义与特征

4.4.1.1　组织文化的含义

组织文化（Organizational Culture）是一个组织经过长时间的发展而形成的具有本组织特征的文化现象。组织文化可以从广义和狭义两个方面来理解。广义的组织文化是指企业在建设和发展中形成的物质文化和精神文化的总和，包括组织管理中的硬件和软件，可分为外显文化和内隐文化两部分。狭义的组织文化是指组织在长期的生存和发展中形成的，为组织所特有的，且为组织多数成员共同遵循的价值标准、基本信念和行为规范等的总和及其在组织中的反映。

概括地说，组织文化是组织全体成员共同接受的价值观念、行为准则、团队意识、思维方式、工作作风、心理预期和团体归属感等群体意识的总称。

4.4.1.2　组织文化的特征

（1）意识性

大多数情况下，组织文化是一种抽象的意识范畴，它作为组织内部的一种资源，属于组织的无形资产。它是组织内一种群体的意识现象，是一种意念性的行为取向和精神观念，但这种文化的意识性特征并不否认它总是可以被概括性地表述出来。

（2）系统性

组织文化是由共享价值观、团队精神、行为规范等一系列内容构成的一个系统，各要素之间相互依存、相互联系，因此，组织文化具有系统性。同时，组织文化总是以一定的社会环境为基础的，是社会文化影响渗透的结果，并随着社会文化的进步和发展而不断调整。

（3）凝聚性

组织文化可以向人们展示某种信仰与态度，它影响着组织成员的处世哲学和世界观，也影响着人们的思维方式。因此，在某一特定的组织内，人们总是为自己所信奉的哲学所驱使，它起到了"黏合剂"的作用。良好的组织文化同时意味着良好的组织气氛，它能够激发组织成员的士气，有助于增强组织的凝聚力。

（4）导向性

组织文化规定了人们的行为准则和价值取向，对人们的行为有着最持久、最深刻的影响力。因此，组织文化具有导向性。英雄人物往往是组织价值观的人格化和组织力量的集中表现，他可以昭示组织内提倡什么样的行为，反对什么样的行为，使员工的行为与组织目标的要求相匹配。

（5）可塑性

组织文化并不是与生俱来的，而是在组织生存和发展的过程中逐渐总结、培育和积累的。组织文化可以通过人为的后天努力加以培育和塑造，已形成的组织文化也并非一成不变，而是会随着组织内外环境的变化而不断发展。

（6）长期性

组织文化的塑造和重塑过程需要相当长的时间，而且是一个极其复杂的过程。组织的共享价值观、共同精神取向和群体意识的形成不可能在短期内完成，而是需要一个长期的过程。在这一过程中，涉及必需组织与其外部环境相适应的问题，而且组织内部的各个成员之间必需达成共识。

4.4.2 组织文化的功能

组织文化的功能是指组织文化发生作用的能力，也就是组织这一系统在组织文化导向下进行生产、经营、管理的能力。但是任何事物都有两面性，组织文化也不例外，这种负效应对组织的功能可以分为正功能和负功能。组织文化的正功能在于提高组织承诺，影响组织成员，有利于提高组织效能。同时，不能忽视的是潜在的负效应，它对于组织是有害无益的，这也可以看作组织文化的负功能。

4.4.2.1 组织文化的正功能

（1）组织文化的导向功能。组织文化的导向功能，是指组织文化能对组织整体和组织中每个成员的价值取向及行为取向起引导作用，使之符合组织所确定的目标。组织文化只是一种柔性的理性约束，通过组织的共同价值观不断地向个人价值观渗透和内化使组织自动生成一套自我调控机制，以一种适应性文化引导着组织的行为和活动。

（2）组织文化的约束功能。组织文化的约束功能，是指组织文化对每个组织成员的思想、心理和行为具有约束和规范的作用。组织文化的约束不是制度式的硬约束，而是一种软约束，这种软约束相当于组织中弥漫的组织文化氛围、群体行为准则和道德规范。

（3）组织文化的凝聚功能。组织文化的凝聚功能，是指当一种价值观被该组织成员共同认可之后，就会成为一种黏合剂，从各个方面将其成员团结起来，从而产生一种巨大的向心力和凝聚力。而这正是组织获得成功的主要原因。有共同的目标和愿景的员工凝聚在一起，能推动组织不断向前发展。

（4）组织文化的激励功能。组织文化的激励功能，是指组织文化具有使组织成员从内心产生一种高昂情绪和发奋进取精神的功能，它能够最大限度地激发员工的积极性和创新精神。它对人的激励不是一种外在的推动，而是一种内在引导，它不是被动消极地满足人们对实现自身价值的心理需求，而是通过组织文化的塑造，形成使每个组织成员从内心深处为组织拼搏的献身精神。

（5）组织文化的辐射功能。组织文化的辐射功能，是指组织文化一旦形成，不仅会在组织内发挥作用，对本组织成员产生影响，而且会通过各种渠道对社会产生影响。组织文化向社会辐射的渠道很多，主要可分为利用各种宣传手段和个人交往两大类。一方面，组织文化的传播对树立组织在公众中的形象有帮助；另一方面，组织文化对社会文化的发展有很大的影响。

（6）组织文化的调适功能。组织文化的调适功能，是指组织文化可以帮助新任职成员尽快适应组织，使自己的价值观和组织相匹配。在组织变革的时候，组织文化也可以帮助组织成员尽快适应变革后的局面，减少由变革带来的压力和不适应。

4.4.2.2　组织文化的负功能

尽管组织文化具备上述种种正功能，但应该看到的是，组织文化对组织也有潜在的负面影响。

（1）变革的障碍。当组织的共同价值观与进一步提高组织效率的要求不相符时，它就成了组织的束缚，这是在组织环境处于动态变化的情况下最有可能出现的情况。当组织环境经历迅速的变革时，根深蒂固的组织文化可能就不合时宜了。因此，当组织面对稳定的环境时，行为的一致性对组织而言很有价值，但组织文化作为一种与制度相对的软约束，更加深入人心，极易形成思维定式，这样，组织有可能难以应对变化莫测的环境。当问题积累到一定程度，这种障碍可能对组织形成致命打击。

（2）多样化的障碍。由于种族、性别、道德观等差异的存在，新聘员工与组织中大多数成员不一样，就会产生矛盾。管理人员希望新成员能够接受组织的核心价值观，否则，这些新成员就难以适应或难以被组织所接受。但是组织决策需要成员思维和方案的多样化，一个强势文化的组织要求成员和组织的价值观一致，这就必然导致决策的单调性，抹杀多样化带来的优势。因此，组织文化就会成为组织多样化的障碍。

（3）兼并和收购的障碍。以前，管理人员在进行兼并或收购决策时，所考虑的关键因素是融资优势和产品协同性。近年来，除了考虑产品线的协同性和融资方面的因素外，更多的则是考虑文化方面的兼容性。如果两个组织无法成功地整合，那么组织将出现大量的冲突、矛盾乃至对抗。所以，在决定兼并和收购时，很多经理人往往会分析双方文化的相容性，如果两者差异极大，为了降低风险则宁可放弃兼并和收购行动。

4.4.3　组织文化的作用

由于组织文化涉及分享期望、价值观念和态度，因此它对个体、群体及组织都有影响。组织文化除了提供组织的身份感之外，还提供稳定感。具体地说，组织文化有以下几个方面的作用：

（1）整合作用

组织文化是从根本上改变员工的旧有价值观念，建立起新的价值观念，使之适应组织正常实践活动的需要。一旦组织文化所提倡的价值观念和行为规范被接受和认同，成员就会做出符合组织要求的行为选择；倘若违反了组织规范，成员就会感到内疚、不安或者自责，会自动修正自己的行为。从这个意义上说，组织文化具有很强的整合作用。

（2）提升绩效作用

管理学大师彼得·德鲁克说过，企业的本质，即决定企业性质的最重要的原则，是经济绩效。如果组织文化不能对企业绩效产生影响，就显示不出它的重要性了。瑞士洛桑国际管理学院（IMD）对企业国际竞争力的研究显示，组织文化与企业管理竞争力的相关系数最高，为 0.946 0。

科特和赫斯科特（1992）经过研究认为，组织文化具有提升绩效的作用，主要表现在以下几个方面：

①组织文化对企业长期经营业绩有着重大的作用；

②组织文化在下一个 10 年内很可能成为决定企业兴衰的关键因素；

③对企业良好的长期经营业绩存在负面影响的组织文化并不罕见，这些组织文化容易产生并蔓延，即便在那些汇集了许多知识程度较高的人才的企业中也是如此；

④组织文化虽然不易改变，但完全可以转化为有利于企业经营业绩增长的组织文化。

（3）完善组织作用

组织在不断发展的过程中所形成的文化积淀，通过无数次的辐射、反馈和强化，会随着实践的发展而不断更新和优化，推动组织文化从一个高度向另一个高度迈进。也就是说，组织文化的不断深化和完善一旦形成良性循环，就会持续地推动组织本身的上升发展，反过来，组织的进步和提高又会促进组织文化的丰富、完善和升华。国内外成功组织和企业的发展历程表明，组织的兴旺发达总是与组织文化的自我完善分不开的。

（4）塑造产品作用

组织文化作为一种人类的创造物，最好的表现形态就是企业的产品。当企业的产品都浸润了组织文化时，其产品的生命力将是其他任何企业所无法比拟的。组织文化对于塑造企业产品有极为重要的作用，企业依据组织文化进行产品设计、生产和销售，只有符合企业文化的产品才能在市场上站稳脚跟。反过来，企业产品的畅销会使消费者进一步了解企业的组织文化，两者是一种相互促进和发展的关系。

4.5　组织变革

4.5.1　组织变革概述

4.5.1.1　组织变革的含义

企业的发展离不开组织变革，内外部环境的变化、企业资源的不断整合与变动，都给企业带来了机遇与挑战，这就要求企业关注组织变革。

组织变革（Organizational Change）是指运用行为科学和相关管理方法，对组织的权力结构、经营规模、沟通渠道、角色设定，组织与其他组织之间的关系，以及组织成员的观念、态度和行为，成员之间的合作精神等进行有目的的、系统的调整和革新，以适应组织所处的内外环境、技术特征和组织任务等方面的变化，提高组织效能。

4.5.1.2　组织结构变革的原因

一般来说，组织结构变革的原因主要有以下几点：

（1）企业经营环境的变化

这里包括国民经济增长速度的变化、产业结构的调整、政府经济政策的调整、科学技术的发展引起产品和工艺的变革等。企业组织结构是实现企业战略目标的手段，企业外部环境的变化必然要求企业组织结构做出适应性的调整。

（2）企业内部条件的变化

①技术条件的变化。如企业实行技术改造，引进新的设备要求技术服务部门的加强以及技术、生产、营销等部门的调整。

②人员条件的变化。如人员结构和人员素质的提高等。

③管理条件的变化。如实行计算机辅助管理，实行优化组合等。

（3）企业本身成长的要求

企业在不同的生命周期，对组织结构的要求也各不相同，如小企业成长为中型或大型企业，单一品种企业成长为多品种企业，单厂企业成长为企业集团等，都要求组织结构进行相应的调整。

4.5.1.3　组织变革的征兆

一般来说，企业中的组织变革是一项"软任务"，即有时候组织结构不改变，企业似乎也能运转下去，但如果等到企业无法运转时再进行组织结构的变革则为时已晚。因此，企业管理者必须抓住组织需要变革的征兆，及时进行组织变革。

组织结构需要变革的征兆有：

（1）企业经营绩效下降，如市场占有率下降，产品质量下降，消耗和浪费严重，企业资金周转不灵等。

（2）企业生产经营缺乏创新，如企业缺乏新的战略和适应性措施，缺乏新的产品和技术更新，没有新的管理办法或新的管理办法推行起来困难等。

（3）组织机构本身病症的显露，如决策迟缓，指挥不灵，信息交流不畅，机构臃肿，职责重叠，管理幅度过大，扯皮增多，人事纠纷增多，管理效率下降等。

（4）员工士气低落，不满情绪增加，如管理人员离职率上升，员工旷工率、病事假率上升等。

当一个企业出现以上征兆时，应及时进行组织诊断，以判定企业组织结构是否有进行变革的必要。

4.5.1.4　组织变革的阻力及管理

（1）变革阻力的来源

组织变革可能会遇到来自各方面的阻力，主要有：

①个人阻力。包括利益上的和心理上的阻力。

②团体阻力。包括组织结构变动的影响、人际关系调整的影响等。也可能出现抵制组织变革的现象，比如销售量和经济效益持续下降，消极怠工，办事拖拉、等待，离职人数增加，发生争吵与敌对行为，人事纠纷增多，提出许多似是而非的反对变革的理由等。

组织变革阻力产生的原因在于人们害怕变革的风险，认为变革不符合公司的最佳利益或者担心变革给自己的利益带来冲击。因此，有必要做好应对变革阻力的准备。

（2）变革阻力的管理

应对组织变革阻力的基本策略是：

第一，做好宣传，与员工沟通，广泛听取员工的意见。

第二，让员工参与组织变革的决策。

第三，大力推行与组织变革相适应的人才培训计划，大胆起用具有开拓创新精神的人才。

第四，采取优惠政策，妥善安排被精简人员的工作、生活和出路。

第五，在必要的时候显示变革的果敢决心，并采取强硬措施。在消除组织变革阻力方面，先要客观分析变革推动力以及阻力的强弱，然后创新组织文化，创新组织变革的策略方法和手段。

4.5.2　组织变革的过程与程序

4.5.2.1　组织变革的过程

组织变革的过程主要包括解冻、变革、再冻结三个阶段。

（1）解冻阶段

这是改革前的心理准备阶段。一般来说，成功的变革必须对组织的现状进行解冻，然后通过变革使组织进入一个新阶段，同时对新变革予以再冻结。组织在解冻期间的中心任务是改变员工原有的观念和态度，组织必须通过积极的引导，激励员工更新观念、接受改革并参与其中。

（2）变革阶段

这是变革过程中的行为转换阶段。进入到这一阶段，组织上下已经对变革做好了充分的准备，变革措施就此开始。组织要把激发起来的改革热情转化为改革的行为，关键是要能运用一些策略和技巧减少对变革的抵制，进一步调动员工参与变革的积极性，使变革成为全体员工的共同事业。

（3）再解冻阶段

这是变革后的行为强化阶段，其目的是通过对变革驱动力和约束力的平衡，使新的组织状态保持相对的稳定。由于人们的传统习惯、价值观念、行为模式、心理特征等都是在长期的社会生活中逐渐形成的，并非一次变革所能彻底改变的，因此，改革措施顺利的时候，还应采取种种手段对员工的心理状态、行为规范和行为方式等进行不断的巩固和强化。否则，稍遇挫折，便会反复，使改革的成果无法巩固。

4.5.2.2　组织变革的程序

组织变革的程序包括通过组织诊断，发现变革征兆；分析变革因素，制定改革方案；选择正确方案，实施变革计划；评价变革效果，及时进行反馈。

（1）通过组织诊断，发现变革征兆

组织变革的第一步就是要对现有的组织进行全面的诊断。这种诊断必须有针对性，要通过收集资料，对组织的职能系统、工作流程系统、决策系统以及内在关系等进行全面的诊断。组织除了要从外部信息中发现对自己有利或不利的因素之外，更主要的是能够从各种内在征兆中找出导致组织或部门绩效差的具体原因，并确立需要进行整改的具体部门和人员。

（2）分析变革因素，制定改革方案

组织诊断任务完成之后，就要对组织变革的具体因素进行分析，如职能设置是否合理、决策中的分权程度如何、员工参与改革的积极性怎样、流程中的业务衔接是否紧密、各管理层级间或职能机构间的关系是否易于协调等。在此基础上制定几个可行的改革方案，以供选择。

（3）选择正确方案，实施变革计划

制定改革方案的任务完成之后，组织需要选择正确的实施方案，然后制定具体的改革计划并贯彻实施。推进改革的方式有多种，组织在选择具体方案时要充分考虑到改革的深度和难度、改革的影响程度、改革速度以及员工的可接受度和参与程度等，做到有计划、有步骤、有控制地进行。当改革出现某些偏差时，要有备用的纠偏措施及时纠正。

（4）评价变革效果，及时进行反馈

组织变革是一个包括众多复杂变量的转换过程，再好的改革计划也不能保证取得理想的效果。因此，变革结束之后，管理者必须对改革的结果进行总结和评价，及时反馈新信息。对于没有取得理想效果的改革措施，应当予以必要的分析和评价，然后再做出取舍。

4.5.3　企业组织变革的模式

对于企业组织变革的必要性有这样一种流行的认识：企业要么实施变革，要么就会灭亡。然而事实并非总是如此，有些企业进行了变革，反而加快了灭亡。这就关系到组织变革模式的选择问题。这里将比较两种典型的组织变革模式：激进式变革和渐进式变革。

（1）激进式变革

激进式变革力求在短时间内对企业组织进行大幅度的全面调整，以求彻底打破初态组织模式，并迅速建立目的态组织模式。

激进式变革的关键是建立新的吸引因子，如新的经营目标、新的市场定位、新的激励约束机制等。如果打破原有组织的稳定性之后，不能尽快建立新的吸引因子，那么组织将陷于混乱甚至毁灭。管理者应当意识到变革只是手段，提高组织效能才是目的。如果为变革而变革，就会影响组织功能的正常发挥。

（2）渐进式变革

渐进式变革则是通过对组织进行小幅度的局部调整，力求通过一个渐进的过程，实现初态组织模式向目的态组织模式的转变。也就是说，渐进式变革是通过局部的修补和调整来实现目的的。这种方式的变革对组织产生的震动较小，而且可以经常性地、局部地进行调整，直至达到目的态。这种变革方式的不利之处在于容易产生路径依赖，导致企业组织长期不能摆脱旧机制的束缚。

（3）激进式变革和渐进式变革的比较

以上两种模式是企业组织变革的典型模式，企业在实践中应当加以综合利用。激进式变革能够以较快的速度达到目的态，因为这种变革模式对组织进行的调整是大幅度的、全面的，可谓超调量大，所以变革过程会较快；与此同时，超调量大会导致组织的平稳性差，严重时甚至会导致组织崩溃。这就是为什么许多企业的组织变革反而加速了企业灭亡的原因。与之相反，渐进式变革依靠持续的、小幅度的变革来达到目的态，即超调量小，但次数多，变革持续的时间长，这样有利于维持组织的稳定性。两种模式各有利弊，也都有着丰富的实践，企业应当根据组织的承受能力来选择变革模式。例如，在内外部环境发生重大变化时，企业有必要采取激进式组织变革以适应环境的变化，但是激进式变革不宜过于频繁，否则会影响企业组织的稳定性，甚至导致组织的毁灭；在两次激进式变革之间，甚至在更长的时间里，组织应当进行渐进式变革。

4.5.4 组织变革的几种常用模式

4.5.4.1 库尔特·卢因的三阶段变革模型

组织变革模型中最具影响力的要数库尔特·卢因（Kurt Lewin）变革模型。卢因（1951）提出了一个包含解冻、变革、再冻结等内容的有计划的组织变革三阶段模型，用以解释和指导如何发动、管理和稳定变革过程。

（1）解冻。这一阶段的焦点在于创设变革的动机。鼓励员工改变原有的行为模式和工作态度，采取新的适应组织战略发展的行为与态度。为了做到这一点，一方面，需要对旧的行为与态度加以否定；另一方面，要使组织中的领导和员工认识到变革的紧迫性。可以采用比较评估的办法，把本单位的总体情况、经营指标和业绩水平与其他优秀单位或竞争对手——比较，找出差距和解冻的依据，帮助组织中的领导和员工"解冻"现有态度和行为，使他们迫切要求变革，愿意接受新的工作模式。此外，应注意创造一种开放的氛围和心理上的安全感，减少变革的心理障碍，提高变革成功的信心。

（2）变革。变革是一个学习过程，需要给组织中的领导和员工提供新的信息、新的行为模式和新的视角，指明变革方向，实施变革，进而形成新的行为和态度。在这一阶段中，应该注意借助角色模范、导师指导、专家演讲、群体培训等多种途径，为新的工作态度和行为树立榜样。卢因认为，变革是一个认知的过程，它通过获得新的概念和信息来完成。

（3）再冻结。在再冻结阶段，利用必要的强化手段使新的态度与行为固定下来，使组织变革处于稳定状态。为了确保组织变革的稳定性，需要注意使组织中的领导和员工有机会尝试和检验新的态度与行为，并及时给予正面的强化；同时，加强群体变革行为的稳定性，促使形成稳定持久的群体行为规范。

4.5.4.2 系统变革模型

系统变革模型能够在更大的范围内解释组织变革过程中各种变量之间的相互联系

和相互影响关系。该模型包括输入、变革元素和输出三个部分。

（1）输入。输入部分包括内部的强项和弱项、外部的机会和威胁。其基本构架则是组织的使命、愿景和相应的战略规划。使命表示企业组织存在的理由；愿景是描述组织所追求的长远目标；战略规划则是为企业实现长远目标而制订的计划变革的行动方案。

（2）变革元素。变革元素包括目标、人员、社会因素、方法和组织体制等。这些元素相互制约，相互影响，组织需要根据战略规划，组合相应的变革元素，实现变革的目标。

（3）输出。输出部分包括变革的结果。根据组织战略规划，从组织、部门群体、个体三个层面，增强组织整体效能。

4.5.4.3 科特的组织变革模式

哈佛大学领导研究与变革管理专家约翰·科特（John P. Kotter）认为，组织变革失败往往是由于高层管理部门犯了以下错误：没有建立变革需求的紧迫感；没有创设负责变革过程管理的有力指导小组；没有确立指导变革过程的愿景，并开展有效的沟通；没有系统计划，只注重短期利益；没有对组织文化变革加以明确定位等。为此，科特提出了指导组织变革规范发展的八个步骤：建立紧迫感、创设指导小组、开发愿景与战略、沟通变革愿景、实施授权行动、巩固短期利益、推动组织变革、定位文化途径等。科特的研究表明，成功的组织变革有 70%～90% 是由于领导取得的成效，还有 10%～30% 是由于管理部门的努力。

4.5.4.4 巴斯的观点和本尼斯的模式

管理心理学家巴斯（Frank M. Bass）认为，仅按传统方式以生产率或利润等指标来评价组织是不够的，组织效能必须反映组织对于成员的价值和组织对于社会的价值。他认为评价一个组织应该有三个方面的要求：①生产效益、所获利润和自我维持的程度；②对于组织成员有价值的程度；③组织及其成员对社会有价值的程度。

沃伦·本尼斯（Warren G. Bennis）则指出，有关组织效能的判断标准应该是组织对变革的适应能力。当今组织面临的主要挑战是，能否对变化中的环境条件做出迅速反应和积极适应外界的竞争压力。组织成功的关键是能够在变革环境中适应和生存，而要做到这一点，必须有一种科学的精神和态度。由此可见，适应能力、问题分析能力和实践检验能力，是反映组织效能的主要内容。在此基础上，本尼斯提出了有效与健康组织的标准，即具备以下各种能力：

（1）环境适应能力。解决问题和灵活应对环境变化的能力。

（2）自我识别能力。组织真正了解自身的能力，包括组织性质、组织目标、组织成员对目标理解和拥护的程度、目标程序等。

（3）现实检验能力。准确觉察和解释现实环境的能力，尤其是敏锐而正确地掌握与组织功能密切相关的因素的能力。

（4）协调整合能力。协调组织内各部门工作和解决部门冲突的能力，以及整合组织目标与个人需求的能力。

4.5.4.5　卡斯特的组织变革过程模式

弗里蒙特·卡斯特（Fremont E. Kast）提出了组织变革过程的六个步骤：

（1）审视状态，即对组织内外环境状态进行回顾、反省、评价、研究。

（2）觉察问题，即识别组织中存在的问题，确定组织变革的需要。

（3）辨明差距，即找出现状与所希望状态之间的差距，分析存在的问题。

（4）设计方法，即提出和评定多种备选方法，经过讨论和绩效测量，做出选择。

（5）实行变革，即根据所选方法及行动方案，实施变革行动。

（6）反馈效果，即评价效果，实行反馈。若有问题，再次循环此过程。

4.5.4.6　施恩的适应循环模式

埃德加·施恩（Edgar Schein）认为组织变革是一个适应循环的过程，一般分为以下六个步骤：

（1）洞察内部环境及外部环境中产生的变化；

（2）向组织中有关部门提供有关变革的确切信息；

（3）根据输入的情报资料改变组织内部的生产过程；

（4）减少或控制因变革而产生的负面影响；

（5）输出变革形成的新产品及新成果等；

（6）经过反馈，进一步观察外部环境状态与内部环境的一致程度，评定变革的结果。

上述步骤和方法与卡斯特主张的步骤和方法比较相似，所不同的是，施恩比较重视管理信息的传递过程，并给出了解决每个步骤出现的困难的方法。

思考题

1. 简述组织设计的内容和任务。

2. 分析说明各种组织结构形式的优缺点及其适用范围。

3. 什么是集权与分权，影响集权与分权的因素有哪些？

4. 影响管理幅度的因素有哪些？

5. 企业应该如何建设组织文化？

5 领导

5.1 领导概述

5.1.1 领导的内涵

从管理学意义上来讲，领导的定义可概括为：领导是指管理者依靠其影响力，通过激励、沟通、指挥等手段，带领被领导者或追随者，去实现组织目标的活动过程。其基本含义可以从以下几个方面理解：

（1）领导包含领导者和被领导者两个方面。领导者是指能够影响他人并拥有管理的职位权力、承担领导职责、开展领导工作的人。领导者一定要有领导的对象，如果没有被领导者，领导者将变成"光杆司令"，领导工作就失去了意义，领导职能也就不复存在。在领导过程中，下属都甘愿追随领导者并接受领导者的指导。

（2）领导是一种活动，是引导人们行为的过程，是领导者带领、引导和鼓舞下属去完成工作、实现目标的过程，是管理的一项重要职能。

（3）领导的基础是领导者的影响力。领导者拥有影响被领导者的能力或力量，它既包括由组织赋予的职位权力，也包括领导者个人所具有的影响力。一个领导者如果一味地行使职权而忽视社会和情绪因素的影响力，就会使被领导者产生逃避或抵触行为。当一个领导者不能使下属跟随自己时，领导工作便是无效的。

（4）领导施加影响力的方式或手段主要有激励、沟通和指挥。

①激励是指管理者通过各种形式作用于下属来激发其动机、推动其行为的过程。激励的具体形式包括能满足人的需要，特别是心理需要的种种手段。激励具有自觉自愿性、间接性和作用持久性等特点。激励是管理者调动下属积极性，增强群体凝聚力的基本手段。

②沟通是指管理者为有效开展工作而交换信息、交流感情、协调关系的过程。具体形式有包括：信息的传输、交换与反馈，人际交往与关系融通，说服与促进态度（行为）的改变等。这是管理者保证管理系统有效运转，提高整体管理效应的经常性手段。

③指挥是管理者凭借权力，直接命令或指导下属行事的行为。指挥的形式有：部署、命令、指示、要求、指导、帮助等。指挥具有强制性、权威性、统一性等特点。指挥是管理者最经常使用的领导手段，其前提和条件是权力。

（5）领导的目的是为了实现组织的目标。不能为了领导而领导，不能为了体现领导的权威而领导。领导的根本目的在于影响下属为实现组织的目标而努力。

5.1.2 领导的作用

从上述关于领导职能的定义中不难看出,领导的本质是一种影响力,这种影响力的作用主要表现为以下四个方面:

(1) 指挥作用。有人将领导者比作乐队指挥,一个乐队指挥的作用是促使演奏家通过共同努力形成一种和谐的声调和正确的节奏。由于乐队指挥的才能不同,乐队也会做出不同的反应。领导者不是站在群体的后面去推动群体中的人们,而是站在群体的前面去促使人们前进并鼓舞人们去实现目标。

(2) 激励作用。领导者为了使组织内的所有人都最大限度地发挥其才能,以实现组织的既定目标,就必须关心下属,激励和鼓舞下属的斗志,发掘、充实和加强人们积极进取的动力。

(3) 协调作用。在组织实现其既定目标的过程中,人与人之间、部门与部门之间发生各种矛盾和冲突及在行动上出现偏离目标的情况是不可避免的。因此,领导者的任务之一就是协调各方面的关系和活动,保证各个方面都朝着既定的目标前进。

(4) 沟通作用。领导者是组织的各级首脑和联络者,在信息传递方面发挥着重要作用,是信息的传播者、监听者、发言人和谈判者,在管理的各层次中起到上情下达、下情上达的作用,以保证管理决策和管理活动的顺利进行。

5.1.3 领导的类型

(1) 按权力控制程度划分

按权力控制程度划分,可分为集权型领导、分权型领导和均权型领导。

集权型领导是指工作任务、方针、政策及方法,都由领导者决定,然后布置给下属执行。

分权型领导是指领导者只决定目标、政策、任务的方向,对下属在完成任务各个阶段上的日常活动不加干预。领导者只问效果,不问过程与细节。

均权型领导是指领导者与工作人员的职责权限明确划分。工作人员在职权范围内有自主权。这种领导方式主张分工负责、分层负责,以提高工作效率,更好地达成目标。

(2) 按领导重心所向划分

按领导重心所向划分,可以分为"以事为中心"的领导、"以人为中心"的领导、"人事并重式"的领导。

"以事为中心"的领导者认为,领导以工作为中心,强调工作效率,以最经济的手段取得最大工作成果,以工作的数量与质量及达成目标的程度作为评价成绩的指标。

"以人为中心"的领导者认为,只有下属是愉快的、愿意工作的,才会产生最高的效率、最好的效果。因此,领导者尊重下属的人格,不滥施惩罚,注重积极的鼓励和奖赏,注意发挥下属的主动性和积极性,注意改善工作环境,注意给予下属合理的物质待遇,从而保持其身心健康和精神愉快。

"人事并重式"的领导者认为,既要重视人,也要重视工作,两者不可偏废。既要充分发挥主观能动性,也要改善工作的客观条件,使下属既有饱满的工作热情,又有主动负责的精神。领导者对工作要求严格,必须按时保质保量地完成工作,创造出最佳成果。

（3）按领导者的态度划分

按领导者的态度划分,可分为体谅型领导和严厉型领导。

体谅型领导对下属十分体谅,关心其生活困难,注意建立互相依赖、互相支持的友好关系,注意赞赏下属的工作成绩,提高其工作水平。

严厉型领导对下属要求十分严厉,重组织、轻个人,要求下属牺牲个人利益服从组织利益,明确每个人的责任,执行严格的纪律,重视监督和考核。

（4）按决策权力大小划分

按决策权力大小划分,可分为专断型领导、民主型领导和自由型领导。

专断型领导是指领导者把决策权集于个人手中。这种领导方式是以行政权威推动工作,下属无权参与决策,没有自主权,完全处于被动的地位;重视行政手段,严格规章制度,缺乏灵活弹性。这种领导方式在决策错误或客观条件变化以及贯彻执行发生困难时,容易发生不查明原因,即归罪于下级的情况。同时,对下级奖惩一般缺乏客观标准,只是按个人的好恶决定。

民主型领导是一种权力集中在集体,重大决策和政策均由集体成员参与讨论决定,共同执行的领导方式。领导者同下属互相尊重,彼此信任。领导者通过交谈、会议等方式同下属交流思想,商讨决策,注意按职授权,注重使下属能自主发挥应有的才能。奖惩按客观标准,不以个人好恶行事。

自由型领导是一种自由放任、各行其是、各自为政的一种领导方式。这种领导方式是领导者对工作关心不多,任其自然,所以,又称放任型领导方式。领导者有意分散领导权,给下属以极大的自由度。

5.2 领导过程

5.2.1 领导过程的内涵

领导过程是由处于社会中心的关键力量即领导力量发挥作用、释放能量、致使领导客体的遵从权力权威运作过程,是汇集并消耗大量领导资源、团结和发挥相关力量去完成群体或组织乃至整个社会的共同事业的社会过程和历史过程。

从领导的本质看,领导过程就是占主导地位的社会系统（如阶级或阶层）的代表人为其所代表的一方服务并具有明确价值取向的特定活动。它事关领导活动或领导现象的性质、影响及后果,直接关系到大量领导资源开发利用的方向、成果和效率,更直接造成领导主体的功过毁誉和领导客体的福祸兴衰。另外,从领导原理上看,领导过程是领导科学和领导艺术产生、存在和作用的现实活动过程,其中自然包含了许多原理规律。因而，把握了领导过程，就是把握了活生生的领导科学、领导艺术以及其中的原理规律，也就等于掌握了关于领导成败的理论钥匙。

决策、用人、动员、指挥、组织、沟通、协调、团结、控制和反馈等就是领导过程的各个具体行为方面。因此可知，就是这些领导行为构成了具体的领导过程，亦即构成了领导，它们就是领导的真实内容和本来面目。其实，它们也就是领导职能系列中的运行性职能。在这一点上，运行性领导职能也就是构成领导过程的实际依据和具体因素，领导过程就是这些职能的动态表现，两者根通脉连，本质上是同一事物的两个方面。

综上所述，领导过程就是领导者在开展活动中，在不同阶段和不同环节，依据领导情境和目标的变化而采取一系列措施以实现有效领导的过程，是领导者确立计划、制定决策、实施决策和实现目标的过程。

5.2.2　领导过程的特征

领导过程具有以下三个方面的特征：

（1）周期性

领导活动的顺利开展和延续是一系列具体的领导过程累加的结果。某一次具体领导过程的结束并不意味着领导过程的结束，而只是完成了领导过程中的一个周期，接下去还有第二次、第三次、第四次等周而复始的具体的领导过程。可以说，只要有领导者存在，就会有领导活动的开展。同样，只要有领导活动存在，就会有领导过程存在。在周而复始的过程之中，前后的领导过程之间是相互影响的，前面的领导过程能为之后的领导过程提供经验或教训，而后面的领导过程则可以在前面领导过程的基础上，探索新方法、新思路，推进领导活动更好地开展。

（2）层级性

对处于不同层级的被领导者有与之相对应的不同级别的领导者对其实施领导。因此，领导过程具有层级性，并且处于不同层次的领导过程是有差别的。比如对于越靠近高层的被领导者，与之相对应的领导者级别越高，且在领导过程中涉及的工作越具有宏观指导性；而越靠近基层的被领导者，与之相应的领导者级别相应要低，在领导过程中涉及的工作则越具有具体指导性。此外，对于不同层级的领导过程，对领导者的能力素质要求不同，领导过程中适用的具体方法也有所不同。

（3）系统性

领导过程是一个动态的系统性过程，在这个过程中领导者、被领导者、领导情境、领导方法等要素都至关重要，同时，这些因素之间有很大的关联性，它们相互作用、相互联系、相互影响、密不可分。因此，要抓住领导过程的系统性规律，根据领导的规律建立科学的领导体系，以实现领导者与被领导者之间的协调，领导活动与领导情境之间的协调，从而共同推动领导目标的实现。在这个系统中，某一因素的变化会引起其他因素的变化，甚至可能延缓整个过程的进程。

5.2.3 领导过程的阶段

（1）调查研究阶段

组织的有效进行，有赖于领导制定出明确的目标和正确的决策。为此，领导要做的首要工作就是调查研究、掌握情况，做到胸中有数。毛泽东早就说过：你对于那个问题不能解决吗？那么，你应当去调查那个问题的现状和它的历史吧！你完全调查明白了，你对那个问题就有了解决的办法了。陈云也指出：领导机关制订政策，要用百分之九十以上的时间作调查研究工作。现代社会是信息社会，各种新情况、新问题、新矛盾层出不穷，不注意调查研究，就会在不断发展着的新形势面前茫然不知所措。只有坚持调查研究，并利用新技术、新手段及时地、大量地获得各种信息，才能做出正确的决策。

（2）决策阶段

通过调查研究，在了解大量信息的基础上，领导应重点做好两方面的工作。一是对所获得的信息进行加工处理，即进行筛选，去粗取精，去伪存真，由此及彼，由表及里，提高信息的质量。二是在对信息进行加工处理的基础上，经过认真地思考，提取出对组织最有意义的信息，并以此确定组织的总目标并做出科学决策。确定目标、做出决策，是领导的最基本的职责，也是领导过程中的关键阶段和中心环节。

（3）制作方案阶段

决策做出以后，就要根据决策所规定的组织总目标和具体目标，制定实施方案。方案的制定是一个具体的、细致的过程，必须考虑到实现组织目标中可能出现的问题和困难，在方案中对这些问题和困难应有所防范并有相应的对策。

制定方案的过程实际上也是方案的选择过程。作为领导应充分发扬民主、广开言路，让组织成员提出各种不同方案，从中加以比较、分析，并最终选择出最佳方案。

方案的选择和形成过程，实际上也是进行可行性研究的过程。也就是说，对每个成员选择的方案，要逐一进行可行性研究，从多方面探讨每一种方案实现的可能性，分析每种方案实现过程中所需的各种主客观条件，使最终选择出来的方案是一种经济的、可行的和科学的方案。

（4）施行方案阶段

领导在制定方案以后，就要把方案付诸行动，从而使领导过程进入执行阶段。领导为实施方案，在这个过程中，既有解释方案的工作，又有思想教育工作。在实施方案过程中，领导还必须进行具体的、个别的指导，及时组织经验交流；还要及时进行奖惩，使整个方案在实施过程中不会出现大的问题。

（5）检查和总结阶段

在方案的实施过程中，不仅要分阶段、分部门地进行检查，还要对单项工作进行检查和总结。加强总结可以了解工作进行的情况，把握实施过程中的经验，以便及时推广，及时地解决在实施过程中碰到的问题，补充、完善实施方案并适当地修正组织目标等。

在实际的领导工作中，领导过程的阶段性呈现出许多特殊性。但就一般的领导过程来说，都必须经历以上几个阶段。每个阶段，互相联结、环环紧扣，构成一个连续不断的动态过程。领导者要做好领导工作，不仅要掌握领导过程的一般规律，更重要的是要确定在各项实际工作中具体过程的特殊规律。做到具体问题具体分析，用不同的领导方法去解决不同的问题。

5.3 领导方法

5.3.1 领导方法的含义和特征

领导方法，就是领导者为达到一定的领导目的，按照领导活动的规律而采取的各种方式、办法、手段、措施、步骤等的总和。因为领导工作是认识活动和实践活动的统一，因此，简单地说，领导方法就是领导者从事领导活动所运用的方式和手段。作为实现领导目标的手段和方法，领导方法有其自身的规定性，在领导实践中，领导者对这些规定性的认识、把握和运用的能力和技巧会影响领导行为达到预期目标的程度。

（1）客观性

领导方法的客观性是领导方法的所有规定性之中最为首要的。因为客观事物和方法自身的客观性是不可改变的，但是领导活动中的主体却是领导者，最终实现领导目标的程度取决于领导自身对待和运用领导方法的态度和技巧，因此领导方法的客观性在领导实践当中主要落实在领导者的主观态度的客观性方面。

（2）动态性

领导系统的不断发展变化，会自然地影响领导者对领导方法的选择和应变，即"随时而变，因俗而动"，不断适应变化了的新的时空条件下的领导系统。就是在同一个领导系统发展过程中的不同阶段，也要及时采用不同的领导方法。这就是领导方法的动态性。

领导方法的动态性使领导活动协调和谐，最大限度地、最有效地实现领导目标。缺乏动态性的领导方法，会最终失去对环境的应变能力，导致领导活动的失效。当然，领导方法的动态性并不排斥它在某些方面、环节和特定历史阶段的相对稳定性。它要求领导者通过动态的领导方法来实现领导活动的稳步进行。领导者对这种动态性的把握以及运用的感悟能力体现了领导科学同个人魅力与风格融合之后的艺术性质。

（3）条件性

领导方法的条件性是指领导方法的产生与使用要受一定条件的影响和制约，如：领导者本身的特点，被领导者的状况，客观物质条件，环境因素等。一个知识内容丰富、知识结构合理、领导经验广博的领导者与一个知识贫乏、结构失衡、经验不多的领导者，共同面对一个对象，使用相同的领导方法，其效果是大不一样的。

领导方法的条件性，表明有些方法所作用的对象相似时，它们之间可以通用，或稍加改造而相互适用。这种条件性，要求领导者不能生搬硬套，要具体问题具体分析，灵活变通，综合运用。

（4）目的性

领导方法要为一定的领导目标服务，要达到一定的目的。这就是领导方法的目的性。领导方法的选择取决于领导目的。具体表现为领导者使用某种领导方法的自觉性；很少有人不知所以然地使用某种方法。在相同的条件下，领导者选用这种而不是那种方法，表明领导方法的目的性通过人们使用它的自觉性体现出来。但是，要注意，领导方法一般都是综合运用或几种方法相互配合使用。因此，实现同一目标可以有多种方法，同一方法可以实现多种目标。这也说明不存在一种十全十美的万能的领导方法。

（5）时效性

如果用经济学上的术语来说，这是指一种领导方法的边际效益。新的方法的采用往往会在最初的实施过程中取得较大的成果，但是这种效果会随着时间的推移呈下降的趋势。例如在领导方法中，经常会采用奖酬激励的方法来激发下属人员的积极性。最初实施这种奖酬的时候，人们会产生一定的积极性，工作的热情和业绩也自然会提高。但是当这成为一种常规时，就逐渐失去了对人们的激励作用。并且，在奖酬数量不断增加的情况下，人们所提升的热情和取得的工作业绩与奖酬的提升呈反比。这就是说，领导方法往往存在时间上的"保鲜期"，因此"方法供给"在领导活动中也是一个至关重要的因素。

5.3.2　领导方法的重要性

方法是完成任务的手段。在任何工作的过程中，要完成一项任务，办好一件事情，都必须采用一定的方法。毛泽东曾经用过河要有桥或船的生动形象的比喻，深刻说明了领导方法的极端重要性。他指出："我们不但要提出任务，而且要解决完成任务的方法问题。我们的任务是过河，但是没有桥或没有船就不能过。不解决桥或船，过河就是句空话。不解决方法问题，任务也只是瞎说一顿。"无数实践证实，凡属正确领导，总是同运用正确的工作方法相联系。从一定意义上说，能不能实施正确有效的领导，取决于领导者有没有运用正确的工作方法。

在领导工作中，领导者无不自觉或不自觉地运用这样那样的方法去解决问题，只不过有的领导方法好，有的不好，有的是科学的，有的是不科学的罢了。领导方法不同，其工作效果就不同。方法不对头，事与愿违；方法得当，事半功倍。

5.3.3　领导方法的基本原理

5.3.3.1　领导特性理论

特性理论是最古老的领导理论。管理学家长期地进行了对领导者特性的研究。他们关注领导者个人性格，并试图确定能够造就伟大管理者的共同特性。这实质上是对管理者素质进行的早期研究。

管理学家的研究主要集中在三个方面：第一，身体特征，如领导者的身高、体重、体格健壮程度、容貌和仪表等；第二，个性特征，如领导者的魅力、自信心和心理素质等；第三，才智特征，如领导者的判断力、语言表达才能和聪慧程度等。

尽管一些杰出的领导者的特性差异很大，很难确定几条完全统一的公认特性，但到 20 世纪 90 年代，特性理论研究者还是提出了一些反映有效领导者特性的个性特点：

第一，努力进取。成功的领导者必须具有对成功的强烈欲望，勇于进取，奋斗不息。

第二，领导动机。有强烈的权力欲望，在领导他人取得成功的过程中获得满足和自我激励。

第三，正直。领导者必须胸怀正义，言行一致，诚实可信。

第四，自信。面对挑战与困境，领导者都能充满自信，并能坚定其下属的信心。

第五，业务知识。高水平的领导必须有很高的业务素质。

第六，感知别人的需要与目标，并具备善于有针对性的调整自己领导方式的能力。

5.3.3.2　领导行为理论

领导行为理论认为，领导者最重要的方面不是领导者个人的性格特征，而是领导者实际在做什么。主要的理论有坦南鲍姆和施米特的领导行为连续统一体理论、利克特的四种管理模式、美国俄亥俄州立大学的研究人员的领导行为四分图理论、布莱克和穆顿的管理方格理论、PM 型领导行为理论（P、M 分别是 Performance-Directed 与 Maintenance-Directed 的首写字母，代表两种典型的领导方式）等。下面主要介绍领导行为连续统一体理论和管理方格理论。

（1）领导行为连续统一体理论

该理论是由坦南鲍姆和施米特提出来的。这一理论认为，领导方式是一个连续变量，从"独裁式"的领导方式到极度民主化的"放任式"领导方式之间存在着多种的领导方式，不能抽象地讲某一种领导方式好而另一种不好。好与不好只是相对而言的，具体要取决于各种客观的因素。这一理论从"独裁式"的领导方式到极度民主化的"放任式"领导方式之间列举出了七种有代表性的模式，分别是：经理做出决定并宣布；经理说服下级接受决定；经理提出计划，但征求意见；经理提出初步的决策方案，同下级交换意见；经理提出问题，征求意见，然后做出决定；经理规定界限，请小组做决定；经理允许下级在上级规定的界限内行使职权。

上述这些模式不能简单抽象地认准哪一种模式好或不好，而应根据具体情况来选用。

（2）管理方格理论

该理论是由布莱克和穆顿提出来的。这一理论采用两种因素的不同组合来表示领导者的行为。这两种因素分别是对生产的关心程度和对人的关心程度。将这两种因素用二维坐标来表示，横坐标表示对生产的关心程度，纵坐标表示对人的关心程度，作图后就形成了管理方格图。这张方格图有 81 种领导方式，其中最具代表性的有五种。具体见图 5.1。

①1.1 型，放任式领导。这种领导方式对生产和人的关心程度都很小，领导仅仅扮演一个"信使"的角色，即把上级的信息单纯地传达给下级。

②9.1 型，任务式领导。这种领导方式对生产和工作的完成情况很关心，但是很少

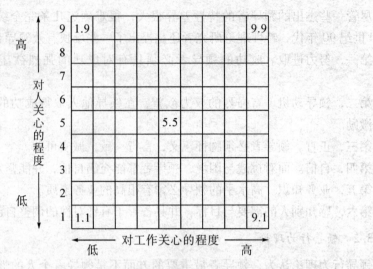

图5.1 管理方格理论

重视下属的心理、情绪和发展状况。

③1.9型，关系式领导。这种领导方式只注重去创造一种良好的人际关系环境，让组织中的每一个人都感到轻松、友好和快乐，很少去关心其工作和任务的完成情况及存在的问题。

④5.5型，中庸式领导。这种领导方式对人和生产都有中等程度的关心，其目的是维持正常的生产效率和人际关系。

⑤9.9型，集体式领导。这种领导方式无论对于人员还是生产都表现出最大可能的献身精神，通过协调、综合等活动来提高生产和组织士气。布莱克和穆顿认为，只有这种领导才是真正的"集体的管理者"，他们能够把企业的生产需要同个人的需要紧密地结合起来。

5.3.3.3 权变理论

权变理论又称情景理论，是在特性理论与行为理论的基础上发展起来的，反映了现代管理理论发展的重要趋势。权变理论认为，世界上不存在一种普遍适用、唯一正确的领导方式，只有结合具体环境，采取因时、因地、因事、因人制宜的领导方式，才是有效的领导方式。有影响力的权变领导理论主要有：菲德勒的随机制宜领导理论、罗伯特·豪斯的途径—目标理论、阿吉利斯的不成熟—成熟理论、科曼的领导生命周期理论、赫塞和布兰查德的情景领导理论。下面主要介绍菲德勒的随机制宜领导理论。

菲德勒的随机制宜领导理论认为各种领导方式都可能在一定环境内有效，这种环境是多种外部与内部因素的综合作用的结果。

菲德勒将权变理论具体化为三个方面，即职位权力、任务结构和上下级关系。所谓职位权力是指领导者所处的职位具有的权力的大小，或者说领导的法定权、强制权、奖励权的大小。权力越大，群体成员遵从指导的程度越高，领导的环境也就越好；反之，则越差。任务结构是指任务的明确程度和部下对这些任务的负责程度。如果这些任务越明确，而且部下责任心越强，则领导环境越好；反之，则越差。上下级关系是指下属乐于追随的程度。如果下级对上级越尊重，并且乐于追随，则上下级关系越好，领导环境也越好；反之，则越差。

菲德勒认为环境的好坏对领导的目标有重大影响。对低 LPC（Least-Preferred Co-Worker，最难共事者）型领导来说，比较重视工作任务的完成。如果环境很差，他将首先保证完成任务；当环境较好时，任务能够完成，这时他的目标将是搞好人际关系。对于高 LPC 型领导来说，比较重视人际关系。如果环境较差时，他将把人际关系放在首位；如果环境较好时，人际关系也比较融洽，这时他将追求完成工作任务。

菲德勒模型认为，领导者的风格是不能改变的，一旦领导风格与情景发生冲突，可以采取的措施是：更换领导者或改变情景以适应领导者。

某一领导风格，不能简单地区分优劣，因为在不同条件下都可能取得好的领导绩效。换言之，在不同情况下，应采取不同的领导方式。

5.3.4 现代科学方法在领导方法中的运用

（1）系统论方法

系统论是研究系统的模式、原则和规律，并对其功能进行数学描述的一门科学。系统论方法是在唯物辩证法指导下，把领导工作看作由多个要素相互作用相互影响而组成的一个系统。领导者做工作要从整体出发，从整体与要素、要素与要素的相互联系、相互作用中系统地思考；要考虑系统内外各种相关因素的影响，系统内部结构、功能变化的规律与特点。系统论方法的基本原则是整体性原则、相关性原则、有序性原则和动态性原则。领导者要辩证地、灵活地将这些原则运用于领导工作之中，才能应对各种复杂局面，处理各种复杂问题。

（2）信息论方法

信息论是研究信息的本质并用数学方法研究信息的计量、传递、变换、储存和利用的一门学科。信息论认为，信息是普遍存在的，是事物存在和表现的一种普遍形式。任何系统都处在自身及其与外界的信息交换中，没有信息和能量的交换，系统就不能获得发展。信息论方法，就是运用信息论的观点，把系统看作借助于信息的获取、传递、加工处理和反馈而实现其有目的运动的一种研究方法和工作方法。

信息论方法为做好领导工作提供了重要基础和先进手段。一般来说，信息论方法包括如下几个相互联系的环节：信息输入、信息加工、信息输出、信息反馈。领导者运用信息论方法时，要注意信息工作的基本要求，即敏锐、迅速、准确、及时、有用。同时，要建立并逐步完善信息工作系统，重视信息在领导工作中的地位，充分发挥其基础作用。

（3）控制论方法

控制论方法，就是把人的行为、目的以及生理基础即大脑与神经的活动同电子、机械运动联系起来，在信息和信息反馈原理的基础上，解决控制与被控制的矛盾，使事物的发展按照事先规定的功能目标得以稳定地进行。控制论方法的主要依据是信息反馈原理，就是指由控制系统输送出去的信息，作用于被控对象以后，将产生的结果再输送回来，并对信息的再输出发生影响。在领导工作中运用控制论方法，要求领导者从领导对象发展的各种可能性中选择某种状态作为目标，并通过对领导对象施加主动的、积极的影响，使领导对象不断克服偏离目标的运动，沿着既定的或更新的目标发展。

（4）现代定量分析方法

由于客观事物的运动和变化以及它们之间的相互关系反映为各种数量特征与数量关系，所以要运用定量分析的方法，较为精确地研究事物内部结构和事物之间相互联系的复杂关系，给人们提供认识客观事物的可靠数据，做到胸中有"数"。

在现代市场经济条件下，由于社会生活和经济活动比以往的时代更加发达、更加复杂，简单的统计计量已不能满足实际需要，所以许多新的精确化和非精确化定量分析方法不断出现。例如：线性规划、动态规划、多目标规划，对等论、排队论、网络方法、决策模型、模拟决策方法、概率统计、抽样调查等。

（5）危机领导法

危机领导法就是领导者如何处理例外事件或突发事件的方法。

所谓突发事件，必须同时具备以下三个条件：一是突发性，即这一事件必须是突然发生、难以预料的；二是关键性，即这一事件包含的问题非常重要，关系组织的安危，必须及时处理；三是首发性，即这一事件必须是首次发生，无章可循。这三个条件缺一不可。美国著名经济学和决策科学家西蒙把处理突发事件的实质体现为非程序化的决策。但是，正是这种无章可循的突发性事件，对领导者加强自己的权威基础提供了具有挑战性的机遇，而领导者处理突发性事件的方法也就被称为危机领导法。

领导者如何化危机为安全，使危机成为重塑领导者和组织形象的积极力量呢？

第一，从领导者的心态上说，绝对不能逃避危机事件。领导者应该勇于面对突发事件，处变不惊，把突如其来的危机视为创造和展现形象的契机。这样才有利于增强领导者处理突发事件和危机的自信心。

第二，领导者要准确判断危机事件的影响程度，并找到危机的症结所在。

第三，注重打破常规，勇于决策。首先采取应急措施控制组织内部以及外部民众的心理。其次是付出一定代价以换取组织内外的支持。再次是将克服危机的积极措施通过各种渠道传播，以重塑组织和领导者的积极形象。最后是切断产生危机的根源，标本兼治。

（6）运筹领导法

组织动员下属去实施决策绝非易事，并非一声令下就能奏效，更非领导者自己亲临现场、冲锋陷阵、事必躬亲就能解决问题。领导者需要全面系统地运筹，对涉及实施决策的种种复杂因素，如内外因素、现实因素、潜在因素、精神因素、物资因素等，即人、财、物、信息和时间等资源进行科学运筹，对内外部资源进行有效整合，让每种资源都能相互作用，成为实现组织战略目标的有效资源。

领导运筹的基本原理包括以下几点：

第一是系统原理。领导运筹活动中的每一个对象，都不是孤立的，它既在自己系统之内，又与其他各系统发生联系。因此，为了实现目标，必须运用系统理论对领导活动进行系统分析。领导者的最大作用就是整合组织内外资源，使资源产生最佳效益。

对于领导运筹来说，必须坚持整体性的原则，而不能头痛医头，脚痛医脚，更不能拆东墙、补西墙。

第二是整分合原理。在决策实施过程中，最重要的是落实任务，把总任务变为几十人、几百人甚至成千上万人的协同行动。这一从整体到部分，再到整体的过程，就是领导运筹中的整分合原理。这一原理要求领导者：一是对任务要有一个整体的了解，从整体上把握组织目标。二是对任务进行分解。领导者把总任务层层分解，变成各个部门、各个层次以及个人在不同阶段的具体任务。三是进行强有力的组织管理。领导者将任务分解之后，必须进行强有力的组织管理，使各个环节同步协调，使人、财、物、时间、信息得到有效合理的利用。

第三是反馈原理。反馈就是由控制系统把信息输出去，又把其作用和结果返送回来，并对信息的再输出发生影响，起着控制的作用。有效的领导绝不是一个封闭的流程，而是一个从不间断的信息交流过程，其中反馈控制是极为重要的。

第四是能级原理。能级原理要求领导者应根据每一个单元能量的大小使其处于恰当的地位，以此来保证结果的稳定性和有效性。现代领导的一个重要任务就是建立一个合理的能级。

首先，能级的确定必须保证领导结构具有最大的稳定性。最高层次是决策层，它确定组织系统的发展方向和大政方针；其次是管理层，它运用各种管理技术来实现组织决策目标；再次是执行层，它贯彻执行命令，直接调动组织的人、财、物、信息和时间等资源；最低层次是操作层，它从事操作以完成各项任务。任何组织内部都包含着这种能级化的等级结构。

其次，不同能级应有不同的权利、物质利益和精神荣誉。能级原理不仅将人或机构能级合理组织起来，而且还规定了不同能级的不同目标。下一能级的目标就是达到上一能级目标的手段，只有下一能级圆满达到自己的目标，才能保证上一能级顺利达到自身的目标，从而保证整体目标的实现。因此，上一能级对下一能级有一定的要求和一定的制约，而下一能级对上一能级也就负有一定的责任。简言之，能级原理要求领导者在运筹过程中，要保证每个人能在其位、谋其政、行其权、尽其责、取其酬、获其荣、惩其误。

（7）目标领导法

目标是领导活动的一个基本要素。确定目标是实施引导功能、推动组织发展的先决条件。能否确定正确的发展目标，实现组织发展的恰当定位，是考察领导者预测能力高低和分析能力强弱的重要指标。确定目标是领导活动的起点，它为决策的制定和实施提供了重要的依据。目标错，势必铸成大错，"目标定得好，领导工作就成功了一半"。

领导者如何实行目标领导法？

首先，要保持目标的导向功能。领导者要善于将"目标"贯穿到整个领导层次努力的方向，使组织目标与个人价值相结合，把个人理性和集体理性统一到组织目标之中，以保持最高目标的导向功能，这是目标领导法的核心。

其次，"纵向到底、横向到边"的目标分解。所谓"纵向到底"，就是从总目标开始，一级一级从上向下，从组织总目标到次级组织目标，再到更次一级的组织目标，最后是组织成员个人要达到的目标。这一层层展开的过程，是以延伸到每一个人作为终点的。所谓"横向到边"，是指在目标的横向分解中，每一个相关的职能部门都要相应地设立自己的目标，不能出现"盲区"和"失控点"。

使下属接受组织目标并将其转化为自己的目标是领导活动成功开展的关键。从目标领导法的角度看，领导者如何使组织目标转化为下属自己的目标呢？一是要让下属参与目标的制定。目标领导法的精髓就在于实现了组织目标与个人目标的完美结合，而其中最关键的一环就是请下属参与目标的制定。因为在共同制定目标的过程中，领导者可以洞察到目标的确立应遵循的原则，有效防止领导者所提出的目标高高在上，"不合民意"或"有悖于民意"，不为下属所认同。同时在下属参与目标确定的过程中，正确的意见可得到阐述，偏执的意见也会得到修正，这实质是一种有效的教育、说服和动员下属的过程。

思考题

1. 领导类型按风格不同可分为哪几类？
2. 领导的作用主要有哪几种？
3. 领导过程可分为哪几个阶段？
4. 领导方法有哪几个特点？
5. 运用到领导方法中的现代科学方法主要有哪些？

6 激励

6.1 激励概述

6.1.1 激励的内涵

6.1.1.1 激励的定义

激励是内心受到鼓舞的活动状态。它有激发动机,推动并引导人们的行为,使其发挥内在潜力,朝着组织预定目标迈进的作用。通常认为,激励的本质是激发动机。而动机是引起、维持并引导某种行为去实现一定目标的主观原因。心理学家一般认为,人的一切行为都是由动机支配的,动机是由需要引起的,行为的方向是寻求目标、满足需要。动机的根源是人内心的紧张感,这种紧张感是因人的一项或多项需求没有得到满足而引起的。动机驱使人们向满足需求的目标前进,以消除或减轻内心的紧张感。

在组织中,管理者所做出的决策,最终要通过组织执行者来执行,管理者首先要让执行者按照确定的工作目标去开展工作,还要保证在执行者选择了正确的工作目标以后,以一个积极的态度去开展工作。我们都知道,一个人全身心地对待一项工作的效率,和以消极怠工的态度对待工作所取得的效率的差异是巨大的。这就是激励要解决的基本问题。

激励过程就是一个由需要开始,到需要得到满足为止的连锁反应。当人产生需要而未得到满足时,会产生一种紧张不安的心理状态,在遇到能够满足需要的目标时,这种紧张不安的心理就转化为动机,并在动机的驱动下向目标努力。目标达到后,需要得到满足,紧张不安的心理状态就会消除。随后,又会产生新的需要,引起新的动机和行为。这就是激励的过程。可见,激励实质上是以未满足的需要为基础,利用各种目标激发产生动机,驱使和诱导行为,促使实现目标、满足需要的连续心理和行为过程。

人们满足需要的目标,并非每次都能实现。在需要没有得到满足、目标没有实现的情况下,人会产生挫折感。所谓挫折,是指人们在通向目标的道路上所遇到的障碍。对挫折的反应是因人而异的。根据心理学家的研究,当一个人遇到挫折时,他可能会采取一种积极适应的态度,也可能会采取一种消极防范的态度。一般来讲,最常见的防范态度有:撤退、攻击、取代、补偿、抑制、退化、投射、文饰、反向、表同、固执等。总之,人们在遇到挫折时,心理上和生理上的紧张状态是不能持续下去的,自身会采取某种防范措施,以缓解或减轻这种紧张状态。激励在一定程度上,就是要鼓励他人走出挫折，产生一种正向推动，改变人的消极情绪，调整他人的心理状况，激发其积极性。

组织中的每一个人都需要自我激励，同时也需要得到来自同事、组织方面的激励。激励可以表现为将外界施加的吸引力和推动力激发成自身的推动力，使组织目标变为个人目标，从而产生一种自动力，由消极的"要我做"转化成积极的"我要做"。

6.1.1.2 激励的类型

激励的类型是指对不同激励方式的分类，从激励内容的角度可以将激励分为物质激励和精神激励，从激励作用的角度可分为正向激励和负向激励，从激励对象的角度可分为他人激励和自我激励，从激励产生的原因的角度可以分为外附激励和内滋激励。

（1）物质激励和精神激励

物质激励和精神激励有不同的内涵，可以满足人们不同的需要及不同人的需要，如奖金可以满足人们的物质需要，但不能满足人们的荣誉感，而职位晋升可以满足人们的成就感，但不能满足人们的物质需要。

（2）正向激励和负向激励

正向激励是一种通过强化积极意义的动机而进行的激励，负向激励是通过采取措施抑制或改变某种动机。负向激励也是一种激励，是通过影响人们的动机来影响人们的行为，使人们从想做某种事转变为不想做某种事。

（3）他人激励和自我激励

他人激励是调整他人动机。自我激励是对自己进行激励，是调整自己的动机。自我激励也应从需要、目标着手，通过分析自己的需要，选择合理的目标并实现这些目标。

在大多数激励过程中，被激励者是受到外在力量控制的，即必须接受他人的控制或鼓励。很显然，在这样的情况下，要使受激励者能产生持续的积极性，就应该不断地施加激励举措。然而，这种靠不断激励而产生的积极性，与更高的目标和实现目标的自觉性相比较，无疑会有它的局限性。实际上，真正的动力绝不是来自外力，而是依靠自身，即自我激励。因为，"人是不可能真正地被其他人激励的"，人的行为是由他们自己控制的，"他们需要在能使他们自我激励、自我评价和自信的环境中工作，而不是外界的激励"。

（4）外附激励和内滋激励

美国管理学家道格拉斯·麦克雷戈把激励分为外附激励和内滋激励两类。外附激励是指掌握在管理者手中，由经理运用，对被激励者来说是外附的一种激励。以下几种外附激励的方式是行之有效的：① 赞许。这是一种常用的激励方式，当面称赞、当众夸奖、通报表扬等都属于赞许，即客观上对受赞许者的行为给予肯定，因而有强化其动机的作用。②奖赏。奖赏也是一种赞许和鼓励，但它的激励作用要大得多。奖赏既可以是物质的，也可以是精神的，还可以物质奖赏和精神奖赏同时并用。③竞赛。一般人都有好胜的心理，特别是有高度成就感的人，其好胜的心理更为强烈。因此，竞赛有激励上进的作用。但必须注意竞赛要事先公布评比的标准，使大家明白争夺的目标以及胜败的后果，标准要具有可比性，竞赛的结果要公布，许诺的奖励要兑现。④考试。对职工的录用、选拔、晋升等采用考试的办法，有较好的激励作用，而且可以在一定程度上避免拉关系、走后门的弊端；评定职称，学位、职衔以及其他技术职称的授予，已经成为一种国际现象，相当多的人正在为之奋斗。如果引导得法，评定合理，可以产生重要的激励作用。

内滋激励，是指被激励对象自身产生的发自内心的一种激励力量，包括学习新知识和技能、责任感、光荣感、成就感等。内滋激励有助于员工"开发自己"，使自己始终保持"一种良好的舞台激情"。主要表现在以下两个方面：认同感，一个人对组织目标有了认同感以后，就会产生一种肯定性的感情和积极态度，从而迸发出一种为实现组织目标而奋斗的驱动力。义务感，这是人们的一种内在要求。人们往往把自己愿意承担的种种义务，看成是"应该做的"，因此义务感就能对自己的行为产生一种自觉的精神力量。

6.1.2　激励的作用

激励作为一种内在的心理活动过程或状态，虽不具有可以直接观察的外部形态，但可以通过行为的表现及效果对激励的程度加以推断和测定。人们的行为表现和行为效果很大程度上取决于他们所受到的激励程度，激励程度越高，人们的行为表现越积极，行为效果也就越大。

现代管理高度重视激励问题。一个管理者如果不懂得激励员工，是无法胜任其工作的。激励在组织管理中具有十分重要的作用。

（1）有利于激发和调动职工的积极性。

激励的核心在于调动人的积极性。积极性是职工在工作时一种能动的、自觉的心理和行为状态。这种状态可以促使职工的能力得到充分发挥，并产生积极主动的行为，如提高劳动效率、超额完成任务、良好的服务态度等。

（2）有助于将职工的个人目标与组织目标统一起来，提高其工作的主动性、自觉性和创造性。

动机能使个体的行为指向某一目标，是人的行为的驱动力，个人目标及个人利益是职工行为的基本动力。它们与组织的目标有时是一致的，有时是不一致的。当二者发生背离时，个人目标往往会干扰组织目标的实现。激励的功能就以个人利益和个人需要的满足为前提，引导职工把个人目标统一于组织的整体目标，提高其主人翁意识，激发和推动职工为完成组织目标做出贡献，从而促使个人目标与组织整体目标的共同实现，使成员的自觉性及主动性、创造性得到充分发挥。

（3）有助于增强组织的凝聚力，促进内部各组成部分的协调统一。

任何组织内部都有各种个体、工作群体及非正式群体存在。为保证组织整体能够有效、协调地运转，除了必需的良好的组织结构和严格的规章制度外，还要通过运用激励的方法，分别满足他们的物质、精神等多方面的理性需要，以鼓舞员工士气、协调人际关系，进而增强组织的凝聚力和向心力，促进各部门、各单位之间的密切协作。

（4）有助于开发人力资源潜力。

受到激励的人力资源团队，会充分发挥其潜在才能，不断提高其工作效率，创造新的工作业绩。从心理学的角度讲，一个人的潜力是巨大的。美国哈佛大学的心理学家威廉·詹姆士在对职工的研究中发现，按时计酬的职工其能力仅能发挥20%-30%；而受到激励的职工，由于思想和情绪处于高度激发状态，其能力可发挥80%-90%。这50%-60%的差异是激励产生的。也就是说，同样一个人在通过充分激励后所发挥的作用相当于激励前的三四倍。

6.2　激励理论

自20世纪二三十年代以来，国外许多管理学家、心理学家和社会学家从不同的角度对怎样激励人的问题进行了研究，并提出了相应的激励理论。通常我们把这些理论分为三大类，即内容型激励理论、过程型激励理论和行为改造型激励理论。

6.2.1　内容型激励理论

动机是推动人的行为的原因。内容型激励理论着重研究需要的内容、结构及如何推动人们行为的理论。它是激励的起点和基础，研究从需要开始，通过满足需要进行激励，其中有代表性的理论有：需要层次理论、双因素层次理论和成就需求激励理论等。

6.2.1.1　需要层次理论

需要层次理论是美国著名心理学家和行为学家亚伯拉罕·马斯洛提出来的。他认为，人是有需要的"动物"，需要是激励人们工作的因素。马斯洛把人类的需要归为五大类。这些需要之间相互紧密联系。需要层次理论按照需要的重要性及其先后顺序排列成需要层次图，如图6.1所示。

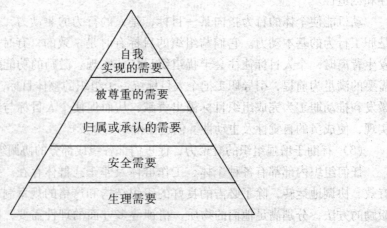

图 6.1　需要层次理论

　　从图中可以看出：马斯洛把人的需要从低至高划分为五个层次，即：生理需要、安全需要、归属或承认的需要、被尊重的需要和自我实现需要。

　　第一层次的需要是生理需要。这是维持人类自身生命的基本需要，如食物、水、衣着、居住和睡眠等。马斯洛认为，在这些需要还没有达到维持生命之前，其他的需要都不能让人受到激励。

　　第二层次的需要是安全的需要。这是有关人类避免危险、减少侵害的需要。如生活要得到基本安全保障，避免人身伤害，有秩序的环境和相对稳定的职业，不会失业，生病和年老时有保障等。

　　第三层次的需要是归属或承认的需要，又叫社交需要。当生理及安全需要得到一定程度的满足后，归属或承认方面的需要便开始占据主要地位。因为人是有感情、有社会活动的动物，愿意与别人交往，希望与同事保持良好的关系，希望得到别人的友爱，以使自己在感情上有所寄托和归属。总之，人们希望归属于一个团队以得到关心、爱护、支持、友谊和忠诚，并为达到这个目的而积极努力。虽然友爱和归属的需要比前两种需要更难满足，但对大多数人来说，这是一种更为强烈的需要。

　　第四层次的需要是被尊重的需要。根据马斯洛的理论，人们一旦满足了归属的需要，就会产生新的需要，即自尊和受到别人的尊重。自尊意味着"在现实环境中希望有实力、有成就、能胜任和有信心，以及要求独立和自由"；受人尊重是指"要求有名誉或威望，并把它看成别人对自己的承认、赏识、关心、重视或高度评价"。一般情况下，被尊重的需要的满足会使人产生一种自信，觉得自己在这个世界上有价值、有实力、有能力。而这些需要得不到满足，就会使人产生自卑感、软弱感、无能感。

　　第五层次的需要是自我实现的需要。马斯洛认为，在他的需要层次理论中，这是最高层次的需要。它具体指一个人需要从事自己最适宜的工作，发挥最大的潜力，成就自己所希望实现的目标等。它是一个人的人生信念及价值观的充分表达，是想做一些有益于社会的事情的一种需要。如科学家、艺术家等往往把自己的工作当作是一种创造性的劳动，竭尽全力去做好它，为社会做出贡献，并从中体现个人价值。

　　马斯洛认为，一般的人都是按照这个层次从低级到高级，一层一层地去追求并使自己的需要得到满足的。不同层次的需要不可能在同一层次内同时发挥激励作用，在某一特定的时期内，总有某一层次的需要在起着主导的激励作用。处于第一层级需要的人们，基本的吃、穿、住是激励他们的最主要的因素。这一层次的需要得到满足后，它就不再是人们工作的主要动力和激励因素，人们就会追求更高一层次的需要。这时，如果管理者能根据各自的需要层次，善于抓住有利时机，用人们正在追求的那级层次的需要来激励他们，将会取得极好的激励效果。

6.2.1.2　双因素理论

　　激励因素—保健因素理论是美国的行为科学家弗雷德里克·赫茨伯格提出来的，又称双因素理论。赫茨伯格曾获得纽约市立学院的学士学位和匹兹堡大学的博士学位，在美国和其他30多个国家从事管理教育和管理咨询工作，是犹他大学的特级管理教授。他的主要著作有：《工作的激励因素》（1959，与伯纳德·莫斯纳、巴巴拉·斯奈德曼合著)、《工作与人性》(1966)、《管理的选择：是更有效还是更有人性》(1976)。双因素理论是他最主要的成就，在工作丰富化方面，他也进行了开创性的研究。

20世纪50年代末期，赫茨伯格和他的助手们在美国匹兹堡地区对200名工程师、会计师进行了调查访问。访问主要围绕两个问题：在工作中，哪些事项是让他们感到满意的，并估计这种积极情绪持续多长时间；又有哪些事项是让他们感到不满意的，并估计这种消极情绪持续多长时间。赫茨伯格以对这些问题的回答为材料，着手去研究哪些事情使人们在工作中感到快乐和满足，哪些事情造成不愉快和不满足。通过调查发现，对本组织的政策、管理、监督系统、人际关系、薪金、地位和职业安定以及个人生活所需等，如果得不到基本的满足会导致人们的不满，如果得到满足则没有不满。赫茨伯格把这类和工作环境或工作条件相关的因素，或者说与人的不满情绪相关的因素称为保健因素。而将与工作愉快、成就、赏识、艰巨的工作以及工作内容紧密相连的因素，或者说与人们的满意情绪有关的因素称为激励因素。赫茨伯格认为，保健因素不能直接起到激励人的作用，但能防止人们产生不满情绪。作为管理者，首先必须确保满足职工保健因素方面的需要。要给职工提供适当的工资和安全保障，要改善他们的工作环境和条件；对职工的监督要能为他们所接受，否则，就会引起职工的不满。但是，即使满足了上述条件，也不能产生激励效果，因此，管理者必须充分利用激励方面的因素，为职工创造工作条件和机会，丰富其工作内容，增强职工的责任心，使其在工作中取得成就，得到上级的赏识，这样才能促使其不断进步和发展。

保健因素的满足对职工产生的效果类似于卫生保健对身体健康所起的作用。保健能消除有害于健康的事物，它不能直接提高健康水平，但有预防疾病的效果；它不是治疗性的，而是预防性的。保健因素包括公司政策、管理措施、人际关系、物质工作条件、工资、福利等。当这些因素恶化到人们可以接受的水平以下时，就会使人们产生对工作的不满意。但是，当人们认为这些因素很好时，它只是消除了不满意，并不会导致积极的态度，这就形成了某种既不是满意、又不是不满意的中性状态。

那些能带来积极态度、满意和激励作用的因素就叫作激励因素，这是那些能满足个人自我实现需要的因素，包括：成就、赏识、挑战性的工作、增加的工作责任以及成长和发展的机会。如果这些因素具备了，就能对人们产生更大的激励。从这个意义出发，赫茨伯格认为传统的激励假设，如工资刺激、人际关系的改善、提供良好的工作条件等，都不会产生更大的激励；它们能消除不满意，防止产生问题。这些传统的激励因素即使达到最佳程度，也不会产生积极的激励。按照赫茨伯格的意见，管理当局应该认识到保健因素是必需的，不过它达到一定的程度后，就不能产生更积极的效果。只有激励因素才能使人们有更好的工作成绩。

赫茨伯格及其同事以后又对各种专业性和非专业性的工业组织进行了多次调查，他们发现，由于调查对象和条件的不同，各种因素的归属有些差别，但总的来看，激励因素基本上都是属于工作本身或工作内容的，保健因素基本都是属于工作环境和工作关系的。但是，赫茨伯格注意到，激励因素和保健因素有若干重叠现象，如赏识属于激励因素，基本上能起到积极作用；但当没有受到赏识时，又可能起到消极作用，这时又表现为保健因素。工资是保健因素，但有时也能产生激励职工的结果。

赫茨伯格的双因素理论同马斯洛的需要层次论有相似之处。他提出的保健因素相当于马斯洛提出的生理需要、安全需要、归属或承认需要等较低级的需要;激励因素则相当于受人尊敬的需要、自我实现的需要等较高级的需要。当然,他们的具体分析和解释是不同的。但是,这两种理论都没有把"个人需要的满足"同"组织目标的达到"这两点联系起来。

有些西方行为科学家对赫茨伯格的双因素理论的正确性表示怀疑。有人做了许多试验,也未能证实这个理论。赫茨伯格及其同事所做的试验,被有的行为科学家批评为是他们所采用方法本身的产物:人们总是把好的结果归结于自己的努力而把不好的结果归罪于客观条件或他人身上,问卷没有考虑这种一般的心理状态。另外,被调查对象的代表性也被质疑,事实上,不同职业和不同阶层的人,对激励因素和保健因素的反应是各不相同的。实践还证明,高度的工作满足不一定就产生高度的激励。许多行为科学家认为,不论是有关工作环境的因素还是有关工作内容的因素,都可能产生激励作用,而不仅是使职工感到满足,这取决于环境和职工心理方面的许多条件。

但是,双因素理论促使企业管理人员注意工作内容方面的因素的重要性,特别是它们同工作丰富化和工作满足的关系,因此是有积极意义的。赫茨伯格告诉我们,满足各种需要所引起的激励深度和效果是不一样的。物质需求的满足是必要的,没有它会导致不满,但是即使获得满足,它的作用往往是很有限的、不能持久的。要调动人的积极性,不仅要注意物质利益和工作条件等外部因素,更重要的是要注意工作的安排,量才录用,各得其所,注意对人进行精神鼓励,给予表扬和认可,注意给人以成长、发展、晋升的机会。随着温饱问题的解决,这种内在激励的重要性越来越明显。

6.2.1.3 成就需要激励理论

自 20 世纪 50 年代以来,美国哈佛大学心理学家戴维·麦克利兰对成就需要这一因素做了大量的调查研究,提出了"成就需要激励理论"。它主要研究生理需要得到基本满足以后,人还有哪些需要。麦克利兰认为,人们在生理需要得到满足以后,还有三种基本的激励需要,即:

(1) 对权力的需要。这是影响或控制他人且不受他人控制的欲望。具有较高权力欲望的人对施加影响和控制表现出极大的关心。这样的人一般寻求领导者的地位,健谈、好争辩、直率、头脑冷静、善于提出要求、喜欢演讲、爱教训人。

(2) 对社交的需要。这是建立友好亲密的人际关系的愿望。喜欢社交的人能从人际交往中得到快乐和满足。作为个人,他往往喜欢保持一种融洽的社会关系,享受亲密无间和相互谅解的乐趣,随时准备安慰和帮助困难中的伙伴,并喜欢与他人保持友善的关系。

(3) 对成就的需要。这是达到标准、争取成功的愿望。有成就需要的人对工作的胜任和成功有强烈的要求。他们乐于接受挑战,往往为自己树立有一定难度但又不是高不可攀的目标。对风险有准备,不怕承担责任。对正在进行的工作情况,希望得到明确而又迅速的反馈。他们一般喜欢表现自己。

麦克利兰的研究表明,对主管人员来说,成就需要比较强烈。因此,这一理论常常应用于对主管人员的激励。同时，成就需要可以通过培养来提高。他指出，一个组织的成败，与其所具有高成就需要的人的数量有一定关系。

6.2.2 过程型激励理论

过程型激励理论着重研究人们选择其所要进行的行为的过程。即研究人们的行为是怎样产生的，是怎样向一定方向发展的，如何能使这个行为保持下去，以及怎样结束这个行为。它主要包括弗鲁姆的期望理论和亚当斯的公平理论。

6.2.2.1 期望理论

期望理论是美国心理学家弗鲁姆于 1964 年在《工作与激励》一书中提出来的。它是通过考察人们的努力行为与其所获得的最终奖酬之间的因果关系，来说明激励过程的。这种理论认为，当人们有需要，又有实现目标的可能时，其积极性才会高。即员工工作的积极性取决于个体对完成工作任务及接受预期奖赏的能力的期望。

期望理论认为：激励水平（激励 M）取决于期望值（E）和效价（V）的乘积。即：

$$M = EV$$

激励水平的高低，表明动机的强烈程度、被激发的工作动机的大小，也就是为达到高绩效而努力的程度。

期望值是指职工对自己的行为能否取得想得到的绩效和目标（奖酬）的主观概率，即主观上估计达到目标、得到奖酬的可能性。

效价是指职工对某一目标（奖酬）的重视程度与评价高低，即职工在主观上，认为这奖酬的价值大小。

这个公式的直观解释是：当一个人面对一项具体工作时，其工作积极性与他对工作可能给他带来的回报的重视程度及他对完成任务的可能性的估计成正比。效价越高，期望值越大，激励水平也就越高。如果一个人对达到某一目标漠不关心，那么效价是零。而当一个人不想要达到这一目标时，那么效价为负，激励水平当然为零或负值。同样，期望值如果为零或负值时，一个人也就无任何动力去达到某一目标。组织中员工对待工作的态度显然与努力实现目标的可能性、达到工作绩效获得奖赏的可能性及奖赏对员工的重要性有联系。因此，为了激励员工，管理者应当一方面提高职工对某一成果的偏好程度，另一方面帮助职工实现其期望值。

6.2.2.2 公平理论

公平理论是美国心理学家亚当斯在 1965 年首先提出来的，又称社会比较理论。亚当斯认为，激励中的一个重要因素是个人认为报酬是否公平。一个人对所得到的报酬是否满意是通过公平理论来说明的。生活中个人总是主观地将自己的投入（包括诸如努力、经济、教育等许多因素）同别人的相比，看自己的报酬是否公平或公正。公平理论可用公式来说明：

$$\frac{\text{个人所得的报酬}}{\text{个人的贡献}} = \frac{\text{（作为比较的）另一个人所得的报酬}}{\text{（作为比较的）另一个人的贡献}}$$

在一个组织里，大多数人往往喜欢与他人进行比较，并对公平与否做出判断。从某种意义上说，工作动机激发的过程，实际上就是人与人之间进行比较、判断并据以指导行动的过程。如果人们觉得自己所获得的报酬不公平，就可能产生不满，降低工作的积极性，或者离开这个组织；如果人们觉得报酬是公平的，他们可能继续保持同样的工作积极性；如果人们认为个人的报酬比别人的报酬要大，他们可能更加努力地工作。值得指出的是，职工的某些不公平感可以忍耐一时，但是时间长了，一桩明显的小事也会引起强烈的反应。

公平理论的不足之处在于员工本身对公平的判断是极其主观的，这种行为对管理者施加了比较大的压力。因为人们总是倾向于过高估计自我的付出，而过低估计自己所得到的报酬，对他人的估计则刚好相反。因此管理者在应用此理论时，应当注意实际工作绩效与报酬之间的合理性，并注意对组织的知识吸收和积累有特别贡献的个别员工的心理平衡。

6.2.3　强化激励理论

强化理论是由美国心理学家斯金纳首先提出来的。该理论认为，人的行为因外部环境的刺激而调节，也因外部环境的刺激而控制，改变外界刺激就能改变行为。所谓强化是指通过不断改变环境的刺激因素来达到增强、减弱或消除某种行为的过程。人类的行为可以用过去的经验来解释，人们会通过对过去行为和行为结果的学习，来影响将来的行为。人们会凭借以往的经验来"趋利避害"，这就是强化。

6.2.3.1　强化行为的种类

（1）积极强化（正强化）。在积极行为发生后，管理者立即用物质上或精神上的鼓励来肯定这种行为。在这种刺激作用下，个体感到对自己很有利，从而增加行为反应的频率，这叫积极强化。通常积极强化的措施有表扬，赞赏，增加工资、奖金及奖品，分配有意义的工作等。

（2）惩罚。当员工出现那些不符合组织目标的行为时，采取惩罚的办法，可以迫使这些行为少发生或不再发生。与正强化鼓励所希望的行为更多地出现并维持下去不同，惩罚是力图使所不希望的行为逐渐削减，甚至完全消失。惩罚的手段包括经济方面的，如减薪、扣奖金或处以罚款，以及非经济方面的，如批评、处分、降级、撤职或免除其他可能得到的好处等。根据所发生行为的性质及严重程度不同，惩罚可以间隔地或者连续地进行。连续性惩罚是每次发生不希望的行为时都及时给予惩罚处理，这样可以消除人们的侥幸心理，减少直至完全消除这种行为重复出现的可能性。

（3）消极强化（负强化），又称逃避性学习。对那些不符合组织目标的行为进行惩罚，以使这些行为被避免、削弱甚至消失。消极强化的措施可以是扣发奖金、批评、开除等。一个特定的能够避免产生个人所不希望的结果的强化，叫作消极强化。在消极行为发生以后，管理者采取适当的惩罚措施，以减少或消除这种行为，就叫作惩罚。当某种管理者不希望看到的行为发生后，管理者视而不见，听而不闻，既不进行积极强化，也不给当事者以惩罚。那么，职工可能会感到自己的行为得不到承认，慢慢地这个行为也就消失了。

（4）忽视，也就是自然消退。就是对原先可接受的某种行为强化的撤销，由于在一段时间内不再予以强化，行为就会必然下降并逐渐消退，因此在管理上就是对已出现的行为"冷处理"，达到"无为而治"的效果。

6.2.3.2 强化理论的原则

强化理论讨论环境与行为的关系，因此有以下原则应用于管理实践中：

（1）经过强化的行为趋向于重复发生。强化就是通过肯定或称赞某种行为的后果，使某种行为在将来重复发生的可能性增加的一种行为方式。例如，当某种行为的后果受人称赞时，受称赞的人就会重复这种行为。

（2）应该依照强化对象的不同而采取不同的强化措施。人们的年龄、性别、职业、学历、经历不同，需要就不同，强化方式也应该不一样。比如，有的人重视物质奖励，有的人重视精神奖励，因此，在管理实践中应区分情况，采用不同的强化措施。

（3）分阶段设立目标，并对目标予以明确规定和表述。按照强化理论，对人的激励首先要设立一个明确的、鼓舞人心而又切实可行的目标，只有目标明确而具体时，才能进行衡量并采取适当的强化措施。同时还要将目标进行分解，分成许多小目标，对完成的每个小目标都及时给予强化，这样不仅有利于目标的实现，而且通过不断地激励还可以增强其信心。

（4）及时反馈。所谓及时反馈，就是通过某种形式和途径，及时将工作结果告诉员工。要取得好的激励效果就应该在行为发生以后尽快采取适当的强化措施。当员工进行某种行为以后，即使是管理者简单地给予了诸如"已注意到你们的这种行为"的反馈，都能起到正强化的作用；如果管理者对这种行为不予注意，这种行为重复发生的可能性就会减少以至消失。

（5）正面强化比负面强化更有效。所谓正面强化，主要是指结果让员工感到满意的强化方式，包括正强化、负强化，而负面强化主要是指结果让员工感到不满意的强化方式，包括惩罚和忽视。在强化手段的运用上，应以正面强化为主，必要时也要对不好的行为给予惩罚，做到奖惩结合，但要注意使用负强化的条件。长期采用惩罚等负面强化方式来管理员工会造成员工的冷漠。

6.2.3.3 对强化理论的评价

强化理论的应用非常广泛，它为管理实践提供了切实有效的管理手段，受到了管理者的普遍好评，但还是有以下一些批评意见：

（1）依据强化理论，管理者应该很清楚他们能有什么样的资源来奖励或者惩罚员工，但在现实生活中，环境可能根本无法提供管理者用于强化的资源，因此管理者可能无法实施对员工行为的强化。

（2）依据强化理论，管理者要确认哪些员工的行为是值得表扬的，哪些行为是应该调整的，而且不同员工的行为目标和思想均不相同，因此管理者要确定一种通用的管理策略是非常困难的。对于不同民族或不同性别的员工，管理者的行为策略可能会得到不同的效果，这加大了管理者采用通用管理策略的难度。

（3）一旦员工的行为发生了变化，管理者就要努力维持这种行为，而要让员工持续一种行为通常也是很困难的。

（4）相比较于其他理论，强化理论认为个人的工作努力完全取决于环境对员工行为的刺激，而与员工的内在动机没有任何关系，这就意味着为了保持员工的高工作水平，管理者必须随时审视外界环境的变化，而这种对环境的审视通常也是非常困难的。

对一般的管理者来说，以上的每一种情况都是非常困难的，所以批评者认为，这种理论要完全转化为现实管理手段是很困难的。但无论如何，强化理论为管理者提供了迄今为止最为现实可行的管理策略。

6.3 激励方法

在介绍了各种激励理论之后，大家可能会问，它们对管理人员有什么重大意义？管理人员又该如何利用这些理论去激励人呢？或者说管理人员能够采用的激励手段和激励方法有哪些呢？虽然激励是如此的复杂且因人而异，也不存在固定的最佳方案，不过还是可以找到一些基本的激励原则和方法的。

6.3.1 激励的原则

（1）目标结合原则

在激励机制中，设置目标是一个关键环节。目标设置必须同时体现出组织目标和员工需要的要求。

（2）物质激励和精神激励相结合的原则

物质激励是基础，精神激励是根本。在两者结合的基础上，逐步过渡到以精神激励为主。

（3）引导性原则

激励措施只有转化为被激励者的自觉意愿，才能取得激励效果。因此，引导性原则是激励过程的内在要求。

（4）合理性原则

激励的合理性原则包括两层含义：其一，激励的措施要适度。要根据所实现目标本身的价值大小确定适当的激励量。其二，奖惩要公平。

（5）明确性原则

激励的明确性原则包括三层含义：其一，明确。激励的目的是需要做什么和必须怎么做。其二，公开。特别是分配奖金等大量员工关注的问题时，更为重要。其三，直观。实施物质奖励和精神奖励时都需要直观地表达它们的指标，总结授予奖励和惩罚的方式。直观性与激励影响的心理效应成正比。

（6）时效性原则

要把握激励的时机，"雪中送炭"和"雨后送伞"的效果是不一样的。激励越及时，越有利于将人们的激情推向高潮，使其创造力连续有效地发挥出来。

（7）正激励与负激励相结合的原则

所谓正激励就是对员工的符合组织目标的期望行为进行奖励。所谓负激励就是对员工违背组织目标的非期望行为进行惩罚。正负激励都是必要而有效的，不仅作用于当事人，而且会间接地影响周围其他人。

（8）按需激励原则

激励的起点是满足员工的需要，但员工的需要因人而异、因时而异，并且只有满足最迫切需要（主导需要）的措施，其效价才高，其激励强度才大。因此，领导者必须深入地进行调查研究，不断了解员工的需要层次和需要结构的变化趋势，有针对性地采取激励措施，才能收到实效。

6.3.2 常用的激励方法

6.3.2.1 物质激励

物质激励往往基于经济假设，这一观点认为人是"经济人"，是受经济利益激励的，而经济利益是受企业控制的。所以人在企业里处于被动地位，激励的主要手段是"胡萝卜加大棒"，即运用奖励和惩罚两种手段，通过物质刺激来激发员工的行为。在物质激励中，最突出的就是金钱。金钱虽不是唯一能激励人的力量，但金钱作为一种很重要的激励因素是不可忽视的。无论是工资、奖金、优先认股权、红利还是其他鼓励形式，金钱都是重要的因素。金钱是许多激励因素的反映。有时，金钱往往比金钱本身更有价值，它可能意味着地位和权力。金钱的经济价值使其成为能满足人们的生理需要和安全需要的一种重要工具；金钱的心理价值对许多人来讲，又是满足较高的社会需要和尊重需要的一种工具，它往往象征着成功、成就、地位和权力。

对不同的人来讲，金钱的激励作用是有区别的。对那些抚养一个家庭的人来说，金钱是非常重要的；而对那些已经功成名就的、对金钱的需要已不那么迫切的人来说，金钱就不那么重要。金钱是获得最低生活标准的主要工具，这种标准随着人们生活水平的提高而日渐提高。

当组织中各类管理人员的薪金收入大体相同时，金钱的激励作用往往会有所削弱。要使金钱成为一种有效的激励工具，必须使薪金和奖金能够反映出个人的工作业绩，否则，即使支付了奖金，也不会有很大的激励作用。并且，只有当预期得到的报酬远远高于目前的个人收入时，金钱才能成为一个强有力的激励因素。

6.3.2.2 精神激励

精神激励往往基于社会人假设，这一观点认为人是社会人，是受社会需要激励的，如果能得到社会的承认和认可，就会激发潜力。精神激励与物质激励往往是密不可分的，目前企业常用的精神激励方法主要有：

（1）目标激励法。目标是企业及其成员一切活动的总方向。企业目标有物质性的，如产量、品种、质量、利润等；也有精神性的，如企业信誉、形象、文化以及职工个人心理的满足等。

（2）环境激励法。据调查发现，如果一个组织中的员工缺乏良好的工作环境和心理氛围，人际关系紧张，他们就不能不安心工作；相反，如果使企业成为一个人人相互尊重、关心和信任的工作场所，保持职工群体人际关系的融洽，就能激励每个员工在企业内安心工作，积极进取。

（3）领导行为激励法。有关研究表明，一个人在报酬引诱及社会压力下工作，其能力仅能发挥60%，其余的40%有赖于领导者去激发。

（4）榜样典型激励法。人们常说榜样的力量是无穷的。绝大多数人都是力求上进而不甘落后的。如果有了榜样，职工就会有方向、有目标，从榜样的成功事迹中得到激励。

（5）奖惩激励法。奖励是对职工某种良好行为的肯定与表扬，以使职工获得新的物质上和心理上的满足。惩罚是对职工某种不良行为的否定和批评，以使职工从失败和错误中汲取教训，以克服不良行为。奖励和惩罚使用得当，将有利于激发职工的积极性和创造性，所以有人把批评或惩罚看作是一种负强化的激励。

6.3.2.3 职工参与管理

所谓职工参与管理，是指让职工或下级不同程度地参与组织决策及各级管理工作的研究和讨论。让职工参与管理，可以使职工或下级感受到上级主管的信任、重视和赏识，能够满足归属和受人赏识的需要，从而认识到自己的利益同组织的利益及发展密切相关，增强责任感。同时，主管人员与下属商讨组织发展，会给下属以成就感和被尊重感。参与管理会使多数人受到激励，既是对个人的激励，又为组织目标的实现提供了保证。

目标管理是职工参与管理的一种很好的形式。目标管理鼓励下属参与目标的制定工作，是一种在组织政策或有关规定的范围内，自己决定达到目标的最佳方法。目标管理要求下属发挥自己的想象力，创造性地工作，这可以使下属人员产生独立感和参与感，激发他们完成目标的积极性。

合理化建议是职工参与管理的另一种形式。鼓励下属人员积极提出改进工作和作业方法的建议，也能起到激励作用。据美国一家公司统计，它们在生产率的提高方面有20%得益于工人提出的建议，其余80%来自于技术的进步。该公司的经理认为，如果把精力集中于那80%上就大错特错了。如果不是首先征询工人的建议并使整个公司在生产率提高问题上形成一致的认识，公司的生产率就绝不会有任何改变。当然，鼓励下属参与管理，并不意味着主管可以放弃自己的职责。相反，主管人员必须在民主管理的基础上，努力履行自己的职责，需要由主管决策的事情，主管必须决策。

6.3.2.4 工作丰富化

工作丰富化，即使工作具有挑战性且富有意义。这是一种有效的激励方法，不仅适用于管理工作，也适用于非管理工作。工作丰富化和赫茨伯格的激励理论有密切的关系，在这一理论中，诸如挑战性、成就、赏识和责任等都被视为真正的激励因素。工作丰富化的目的，就是试图为员工提供富有挑战性和成就感的工作。

工作丰富化不同于工作内容的扩大。工作内容的扩大是企图用工作内容有更多变化的办法，来消除因重复操作而带来的单调乏味感。工作内容的扩大，只是增加了一些类似的工作，并没有增加责任。工作丰富化则试图使工作具有更高的挑战性和成就感，它通过赋予多样化的内容使工作丰富起来。可以用下列方法使工作丰富起来：

（1）在工作方法、工作程序和工作速度的选择等方面给下属以更大的自由度，或让他们自行决定接受还是拒绝某些材料或资料。

（2）鼓励下属参与管理，鼓励人们相互交往。

（3）放心大胆地任用下属，以增强其责任感。

（4）采取措施以确保下属能够看到自己为工作和组织所做的贡献。

（5）最好是在基层管理人员得到反馈以前，把工作完成的情况反馈给下属。

（6）在改善工作环境和工作条件方面，如办公室或厂房、照明和清洁卫生等，要让职工参加并让他们提出自己的意见或建议。

6.3.2.5　股权激励

股权激励是指给予员工部分企业的股权，允许他们分享利润绩效，使之分享组织的物质成果的同时，提高主人翁意识，增强责任感。

6.3.2.6　工作日程弹性化

工作日程弹性化是指取消对员工固定的工作制限制，使职工可以在一定限度内自由选择工作的时间和内容。这就消除了员工因长期从事某种工作而导致的枯燥和单调，也使员工可以调整自身状态，选择在热情与精力最饱满的时候开展工作，有效避免诸如"出工不出力"等现象。

思考题

1. 什么是激励？其与领导职能的关系是怎样的？
2. 激励在管理中有哪些重要作用？
3. 简述马斯洛的需要层次理论。
4. 简述双因素理论的基本观点。
5. 常用的激励方式有哪些？

7 沟通

7.1 沟通概述

7.1.1 沟通的定义

沟通是指为达到一定的目的，将信息、思想和情感在个人或群体间进行传递与交流的过程。沟通有四大要素：

（1）沟通主体，又称为信息沟通的发送者。在一个沟通的过程中，总有一方是信息的主动发送者。

（2）沟通对象，又称为信息的接受者，即在信息沟通过程中处于被动地接受信息的一方。不过，在沟通的不断循环过程中，信息的发送者和信息的接受者的身份会不断改变，特别是在双向沟通中，无论是哪一方，都既要充当信息的发送者，又要充当信息的接受者。

（3）沟通内容。在沟通的过程中，所传递的信息包含的内容是多种多样的，可分为：事实、情感、价值观、意见、观点等。

（4）沟通渠道。渠道是由信息发送者选择的，借以传递信息的媒介物。不同的沟通渠道沟通效果是不同的，不同的信息内容应当选用不同的沟通渠道。

7.1.2 沟通的目的

组织中的沟通目的是信息分享，使组织的所有行为在既定目标上保持一致。随着组织内外部环境的变化，组织必须迅速、准确、及时地掌握组织内外部的各种信息，在充分分析的基础上，重新思考和确定组织的使命和战略目标等，并且在组织内进行激励和部署，并使得每名员工都能够分享，并转化和落实到日常工作中，保证组织内部的所有行动与活动与组织的使命和目标保持一致。还要对组织中的各种活动结果等信息进行测量、监控，为采取纠正措施和改进等决策提供依据。显然组织成员对组织目标了解得越是清楚，越能够采取正确的行动，如果没有组织内外畅通的沟通和信息分享是难以实现的。

7.1.3 沟通的作用

（1）沟通是管理者正确决策的前提和基础

管理者是根据汇总的信息做出决策的，而及时、有效、全面的真实的信息能够极大地改进管理者获取信息的数量、质量和速度。因此我们可以得出结论，成功的信息沟通可以提高管理者的决策能力。

（2）协调组织行动，解决冲突，建立良好的人际关系

沟通的目的之一就是解决冲突。冲突广泛存在于组织中的各项活动中，影响和制约着组织和个体的行为倾向和行为方式，影响着组织目标的实现。通过沟通，个体能够了解组织、了解形势、认识到只有实现了组织目标，个人目标才能全面的实现，从而引导个体使自己的行为与组织的目标相一致。

（3）有效沟通可以提高组织效率，促进组织的变革、创新

领导者的决策要得到及时地贯彻、执行，必须通过沟通将决策的意图完整地传达到执行者那里。信息传递不及时，执行者不能正确理解决策意图，就会影响决策执行的效果，人与人之间，部门与部门之间的有效沟通同样可以促进效率的提高。

此外，组织变革方案需要通过沟通传递给基层群众，取得群众的支持并促进变革的成功；同样，基层的一些好的想法和建议，也需要通过沟通传达给有关领导，取得领导认可并得以实现。

7.1.4 沟通的类型

在组织内部，沟通的方式和类型多种多样，按照不同的标准可以划分出不同的类型。

7.1.4.1 按沟通的组织系统划分

按沟通的组织系统划分，可以分为正式沟通和非正式沟通。

（1）正式沟通

它是以正式组织系统为沟通渠道的信息沟通。如组织中各层次之间的联系，横向协作关系进行的沟通。正式沟通是组织内部信息传递的主要方式。大量的信息都是通过正式沟通渠道传递的。正式沟通的优点是：沟通严肃、可靠、约束力强、易于保密、沟通信息量大，并且具有权威性。缺点是：沟通速度一般较慢。

正式沟通的方式主要有上行沟通、下行沟通、平行沟通。正式沟通依赖于正式沟通网络来进行。正式沟通网络是根据组织结构、规章制度来设计的，用以交流和传递与组织活动直接相关的信息的沟通途径。正式沟通有五种基本的信息沟通网络形式，分别为：

①链式沟通。这种模式发生在一种直线型的层级结构中，沟通只能向上或向下进行，且每一个上级只有一个下级向他报告，而每一个下属也只能接受一个上级的指示。在这种模式下，信息层层传递，路线长，速度慢，且容易发生信息的篡改和失真。

②轮式沟通。在这种模式下，多个下属都向同一个上级报告，但下属之间不能沟通。这种模式，由于结构层次少，因此信息传递速度快且不容易发生信息失真。组织集中程度高，但下属可以沟通的渠道只有一个，成员满意度较低，组织士气低落。

③圆周式沟通。此种模式中，组织成员只能与相邻的成员沟通，而不能与其他人交流，即沟通只能发生在同一部门成员之间或直接上下级之间，不能跨部门沟通，也

不能越级沟通。在这种模式下，组织成员往往可以达到比较一致的满意度，组织士气高昂；但由于信息也是层层传递的，因此速度较慢并且容易出现信息失真。

④全通道式沟通。这是一种开放型的模式。在这种模式下，每一个组织成员可以自由地与其他成员沟通，因此沟通快；但由于沟通渠道太多，易造成混乱并降低信息的准确度。这种模式组织集中化程度低，成员士气旺盛，合作精神强，适合人才聚集的高新技术企业。

⑤Y式沟通。这也是一种只能纵向沟通的模式，表示信息层层传递。在这种模式下，信息传递速度慢且信息容易失真。这种组织的权力集中度高，解决问题快，但成员士气一般。

上述各种沟通网络形式都有其优缺点和适用条件（如表7.1所示）。作为领导者应该根据组织的特点和需要选用适当的形式，并扬长避短，进行有效的沟通，不断提高组织的管理水平。

表 7.1　　　　　　　　　　五种沟通网络形式的比较

沟通网络形式 评价标准	链式	轮式	Y式	圆周式	全通道式
集中性	适中	高	较高	低	很低
速度	适中	①快（简单任务） ②慢（复杂任务）	快	慢	快
正确性	高	①高（简单任务） ②低（复杂任务）	较高	低	适中
领导能力	适中	很高	高	低	很低
全体成员满意	适中	低	较低	高	很高
示例	命令链锁	主管对四个部属	领导任务 繁重	工作任务 小组	非正式沟通 （私密消息）

（2）非正式沟通

非正式沟通是指以组织中的非正式组织体系或以个人为渠道的信息沟通。非正式沟通的主要功能是传播员工所关心的和与他们有关的信息，它取决于员工的社会地位和个人兴趣、利益，与正式组织的要求无关。由于非正式沟通不必受到规定程序或渠道的种种限制，因此这种沟通途径非常繁多并且无定式。在美国，这种途径常常被称为"葡萄藤"（grapevine），用以形容它枝繁叶茂、随处延伸的特点。

与正式沟通相比，非正式沟通有以下特点：

①信息传递速度快。由于非正式沟通传递的信息都是与员工的利益相关的或是他们比较感兴趣的，再加上没有正式沟通那种机械的程序，信息传播速度就大大加快了。

②信息量大、覆盖面广。非正式沟通所传递的信息几乎是无所不包，组织中各个层次的人都可以由此获得自己需要的或感兴趣的信息，而且容易及时了解到正式沟通难以提供的"内幕新闻"。

③沟通效率较高。非正式沟通一般是有选择的针对个人的兴趣传播信息，正式沟通则常常将信息传递给不需要他们的人。

④可以满足员工的部分需要。由于非正式沟通是出于员工的愿望和需要自愿进行的，因而，员工在正式沟通中不能获得满足的需要常常可以由此而得到满足，这些需要包括员工的安全需要、社交需要和尊重需要等。

⑤有一定的片面性。非正式沟通传递的信息常常被夸大、曲解，容易失真，难以控制；可能导致小集团、小圈子，影响组织的凝聚力和稳定性，因而需要慎重对待。

7.1.4.2 按沟通中信息流动的方向划分

按沟通中信息流动的方向可分为：

（1）上行沟通

上行沟通是指下级向上级进行的信息传递。如下级向上级请示汇报工作、反映意见等。上行沟通是领导了解实际情况的重要途径。

（2）下行沟通

下行沟通是指上级向下级进行的信息传递。如一个组织的上级管理者将工作计划、任务、规章制度向下级传达。下行沟通是组织中最重要的正式沟通方式。组织通过下行沟通才可以使下级明确组织的计划、任务、工作方针和步骤。

（3）平行沟通

平行沟通是指正式组织中同级部门之间的信息传递。平行沟通是在分工的基础上产生的，是协作的前提。做好平行沟通工作，在规模较大、层次较多的组织中尤为重要，它有利于及时协调各部门之间的工作，减少矛盾。

（4）斜向沟通

斜向沟通指的是发生在组织内部既不属于同一隶属关系的，又不属于同一层级之间的信息沟通。这样做可以加快信息的交流，谋求相互之间必要的通报、合作和支持，这种沟通往往带有协商性和主动性。

7.1.4.3 按沟通所使用语言的方式划分

按沟通所使用语言的方式可分为：

（1）口头沟通

口头沟通是指采用口头语言进行的信息沟通。口头沟通是最常用的沟通方式。其优点：沟通过程中，信息发送者与信息接受者当面接触，有亲切感，并且可以运用一定的体语、手势、表情和语气等增强沟通的效果，使信息接受者能更好地理解、接受所沟通的信息。其不足之处在于：沟通范围有限；沟通过程受时间和空间的限制；沟通完成后缺乏反复性；对信息传递者的口头表达能力要求比较高。

（2）书面沟通

书面沟通是指采用书面文字形式进行的沟通，如各种文件、报告等。其优点是：严肃、准确、具有权威性、不易被歪曲；信息接受者可以反复阅读以增强理解，信息传递者对要传递的信息所采用的语言可以仔细推敲，以便用最好的方式表达出来。不足之处是：应变性较差，只能适应单向沟通。

（3）书面口头混合沟通

它是指在沟通过程中，即有书面表达的信息，同时又以口头沟通的方式加以阐述、强调，以使信息接受者加强理解。如一些重要会议中，报告人的报告既以书面形式印发给与会者，报告人又亲自做口头报告，同时还召开有报告人参加的座谈会，以加强信息沟通。书面口头沟通方式兼顾了口头沟通与书面沟通的优点。其不足之处是沟通费用较高，只有一些特别重要的信息，才采用这种沟通方式。

7.1.4.4 按沟通过程中信息发送者与信息接受者的地位是否改变划分

按沟通过程中信息发送者与信息接受者的地位是否改变可分为：

（1）单向沟通

这是指信息的发送者与接受者的地位不发生改变的沟通，在这种沟通中，不存在信息反馈。其优点是沟通比较有秩序，速度较快。不足之处是接受者不能进行信息反馈，容易降低沟通效果。

（2）双向沟通

这是指在沟通过程中信息的传递与接受者经常换位的沟通。在这种沟通中，存在着信息反馈，发送者可以及时知道信息接受者对所传递的信息的态度，理解程度，有助于加强协商和讨论，提高沟通效果。但双向沟通一般费用较高，速度慢，容易受干扰。

7.2 沟通过程

沟通过程的六个环节（如图7-1所示）：

（1）发送者，即信息来源。

（2）编码，指信息发送者将信息转化为可以传递的某种信号形式，即传递中信息存在的形式。

（3）沟通渠道，即媒介。

（4）解码，指接受者将接收到的信号翻译成可以理解的信息形式，即接受者对信息的理解和解释。

（5）接受者，即接受信息的人。

（6）反馈，若接受者对收到的信息有什么异议或不理解，可以返回到发送者那里，进行核实或修正。

信息沟通过程就是：信息源（发送者）将要传递的信息转化为可传递的信号形式（编码），通过媒介物（沟通通道）进行解码，传递至接受者，最后由接受者对收到的信号进行解释、理解，反馈给发送者。

从中可以看出，每一次信息沟通至少包括三个基本要素：信息发送者、要传递的信息和信息接受者，而编码、沟通通道的选择和译码是沟通过程获得成效的关键环节。

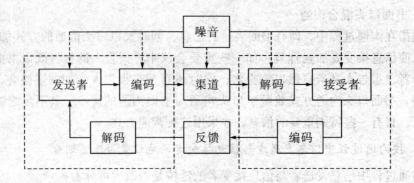

图 7-1 沟通过程六个环节

7.3 沟通方法

7.3.1 沟通障碍

阻碍沟通的因素是十分复杂的，但大致可以分为以下几个方面：

（1）环境方面的沟通障碍

这是指自然环境方面的某些要素可能会减弱或阻断信息的发送或接受。例如，信息传递的空间距离较远、传递中的噪声与干扰、所用沟通工具的运行故障等。

（2）制度方面的沟通障碍

这是指在管理沟通观念、领导方式、沟通体制与制度、与沟通相关的权限、职责设置等方面影响沟通的因素。例如，一位专制型、独裁的管理者是很难与下级进行很好的沟通的。

（3）心理方面的沟通障碍

沟通主体与沟通对象在个性、心理等方面的因素也会影响管理沟通的顺利进行。例如，一位对管理者心存排斥和偏见的下级就是很难接受管理者的正常沟通信息。

（4）语言方面的沟通障碍

语言是管理沟通中最基本的工具。信息发送者如果口齿不清，词不达意或者字体模糊，就难以把信息完整地、准确地表达出来；如果使用方言、土语，会使接受者无法理解。在不同国籍的人之间的交流中这种障碍更明显。受主观理解的影响，接受者在接受信息时，会根据自己的知识经验去理解，按照自己的需要对信息进行选择，从而可能会使许多信息内容被丢失，造成信息的不完整甚至失真。

7.3.2 有效沟通的原则

（1）信息传递要贯彻多快好省的原则

所谓"多"，是就数量而言的，即在单位时间内传递的信息数量要多；"快"是就速度而言的，即信息传递要迅速、及时，一条很有价值的信息，如果传递速度过慢，就可能变得毫无价值；"好"是就质量而言的，即要消除信息传递中的种种干扰，保持信息的真实性；"省"是就效益而言的，要求在较短的时间内，花较少的费用，达到良好的沟通效果。在信息传递中，这几方面互相联系，互相制约，要加以协调。

（2）传递信息要区分不同的对象

这一方面是指在传递信息时的目的性，另一方面又指信息传递的保密性。信息是有价值的，但是，价值的大小却因人而异，同一信息对不同的人价值不同。因此，要研究不同对象的不同需要，要注意信息传递的目标，确保信息的效用。此外，在提高信息传递的针对性时，也要注意信息的适用范围，考虑到信息的保密度，防止信息大面积扩散，给员工造成不必要的心理负担，影响组织成员士气。

（3）要适当控制信息传递的数量

在管理中，由于各级主管部门的角色不同，每个组织成员所考虑的问题不同，因此，在信息传递时，要适当注意量的控制。这就是说，应该让下级知道的信息必须尽快传递，适用范围有限的信息则力求保密。在这方面，要注意两种倾向：一是信息过分保密的倾向。同行各企业、各部门或同班组的员工之间相互保密，妨碍了彼此了解和相互协调。有些本应共有的信息材料，没有向下级部门及时传达，从而使信息阻塞，出现了无端猜疑，影响了个人社会需求的满足。二是随意扩散信息的倾向。在传递信息时，不考虑信息的保密程度，不选择信息传递的对象，将所收集的信息随意扩散，导致信息混乱。对于管理者来说，也要注意信息的审查与清理，不能将所有信息全部发布到会议上，增加会议负担，引起心理疲劳。总之，这两种倾向都会导致谣言和小道消息，不利于组织的团结，影响团队士气和工作效率。

（4）要控制使用越级传递

所谓越级传递，是指撇开管理信息系统的层级关系，使沟通双方直接交流。在管理中，不能过多采用这种方式，但在某些特殊情况下可以控制使用。比如：上级想了解下属的情况；为了迅速处理管理中的重大问题；由于上级主管部门官僚主义严重，会妨碍时效；时效性特别强的信息需要立即向决策者汇报；涉及个人隐私，需要保密的材料；等等。例如，有些企业设立总经理接待日、总经理信箱等就是为了了解下属的情况，减轻沟通者的心理压力，以便对信息传递进行控制。

（5）合理利用非正式沟通

非正式沟通对于组织活动有有利的一面，也有不利的一面。在一些情况下，非正式沟通往往能够达到正式沟通难以达到的效果，但是，它也可能成为散布谣言和小道消息的渠道，产生副作用。对于非正式沟通，管理者应合理利用，实施有效的控制。例如，组织重要决策要使用正式渠道传递，不能用非正式渠道传递，否则会造成混乱；而宣传理念、相互了解等则可以充分利用非正式渠道。

（6）在信息加工处理过程中也需要信息反馈

这是确保信息准确性的一条可靠途径。这种反馈要求是双向的，即下级主管部门经常给上级领导提供信息，同时接受上级领导的信息查询；上级领导也要经常向下级提供信息，同时对下级提供的信息进行反馈，从而形成一种信息循环流。一般来说，无论什么信息，在加工处理后，都需做出反馈，只是方式可以不同。有实际价值的信息可以进行决策，采取行动；没有实际价值或暂时用不上的信息必须及时答复，加以反馈。一条简单有效的控制办法是要把信息加工处理的情况定期反馈给信息提供者。这样做，一方面可以提高针对性，减少信息提供部门的盲目性；另一方面可以加强信息发送者和接收者之间的心理沟通，提高团队士气，调动员工参与管理的积极性。

7.3.3 有效沟通的方法

7.3.3.1 选择合适的沟通方式

根据沟通的内容和特点，选择不同的沟通方式。如果所要沟通的内容是上级的命令、决策或者是规章制度，则适宜选择正式沟通和书面沟通。若沟通内容属于规章制度以外的问题，或属于组织成员的琐碎小事，则选择非正式沟通或口头沟通的效果可能更好。有些人看重制度和程序，与这些人进行沟通，最好选择正式的和书面的沟通方式。而有的人比较注重目的和结果，如能达到目的，可以不顾制度和程序的约束，这些人在进行沟通时，倾向于采取非正式和口头的沟通方式。

7.3.3.2 有效沟通的行为准则

在长期的管理实践中，成功的管理者为我们提供有效沟通的行为法则，主要有：

（1）自信的态度。成功的领导者，他们不随波逐流或唯唯诺诺，有自己的想法与作风，但却很少对别人吼叫、谩骂，甚至连争辩都极为罕见。他们对自己了解相当清楚，并且肯定自己，他们的共同点是自信，日子过得很开心，有自信的人常常是最会沟通的人。

（2）体谅他人的行为。这其中包含"体谅对方"与"表达自我"两方面。所谓体谅是指设身处地为别人着想，并且体会对方的感受与需要。在与人交流的过程中，当我们想对他人表示体谅与关心时，唯有我们自己设身处地为对方着想。由于我们的了解与尊重，对方也相对体谅你的立场与好意，因而做出积极而合适的回应。

（3）适当地提示对方。产生矛盾与误会的原因，如果出自于对方的健忘，我们的提示正可使对方信守承诺；反之若是对方有意食言，提示就代表我们并未忘记事情，并且希望对方信守诺言。

（4）有效地直接告诉对方。一位知名的谈判专家分享他成功的谈判经验时说道："我在各个国际商谈场合中，时常会以'我觉得'（说出自己的感受）、'我希望'（说出自己的要求或期望）为开端，结果常会令人极为满意。"其实，这种行为就是直言不讳地告诉对方我们的要求与感受，若能有效地直接告诉你所想要表达的对象，将会有效帮助我们建立良好的人际网络。但要切记"三不谈"：时间不恰当不谈、气氛不恰当不谈、对象不恰当不谈。

7.3.3.3 学会积极倾听

积极主动的倾听可以帮助人们在沟通过程中获取重要的信息；可以掩盖自身的弱点；善听才能善言；可以使人们获得友谊和信任。所以在倾听时，要注意以下几点：

（1）鼓励对方先开口。第一，倾听别人说话本来就是一种礼貌，倾听表示我们愿意客观地考虑别人的看法，这会让说话的人觉得我们很尊重他的意见，有助于建立融洽的关系，彼此接纳。第二，鼓励对方先开口可以降低谈话中的竞争意味。我们的倾听可以培养开放的气氛，有助于彼此交换意见。说话的人由于不必担心竞争的压力，也可以专心掌握重点，不必忙着为自己的矛盾之处寻找遁词。第三，对方先提出他的看法，你就有机会在表达自己的意见之前，掌握双方意见一致之处。倾听可以使对方更加愿意接纳你的意见，让你再说话的时候，更容易说服对方。

（2）使用并观察肢体语言。当我们在和人谈话的时候，即使我们还没开口，我们内心的感觉，就已经通过肢体语言清清楚楚地表达出来了。听话者如果态度封闭或冷淡，说话者很自然地就会特别在意自己的一举一动，比较不愿意敞开心胸。从另一方面来说，如果听话的人态度开放、很感兴趣，那就表示他愿意接纳对方，很想了解对方的想法，说话的人就会受到鼓舞。而这些肢体语言包括：自然的微笑，不要交叉双臂，手不要放在脸上，身体稍微前倾，经常看对方的眼睛，并时时点头示意。

（3）非必要时，避免打断他人的谈话。善于听别人说话的人不会因为自己想强调一些细枝末节、想修正对方谈话中一些无关紧要的部分、想突然转变话题，或者想说完一句刚刚没说完的话，就随便打断对方的话。经常打断别人说话就表示我们不愿意听人说话、个性激进、礼貌不周，很难和人沟通。虽然说打断别人的话是一种不礼貌的行为，但是如果是"乒乓效应"则是例外。所谓的"乒乓效应"是指听人说话的一方要适时地提出许多切中要点的问题或发表一些意见和感想，来响应对方的说法。还有一旦听漏了一些地方，或者是不懂的时候，要在对方的话暂时告一段落时，迅速地提出疑问之处。

（4）反应式倾听。反应式倾听指的是重述刚刚所听到的话，这是一种很重要的沟通技巧。我们的反应可以让对方知道我们一直在听他说话，而且也听懂了他所说的话。但是反应式倾听不是像鹦鹉一样，对方说什么你就说什么，而是应该用自己的话，简要地陈述对方的重点。比如说"你说你住的房子在海边？我想那里的夕阳一定很美"。反应式倾听的好处主要是让对方觉得自己很重要，能够掌握对方的重点，让对话不至于中断。

（5）弄清楚各种暗示。很多人都不敢直接说出自己真正的想法和感觉，他们往往会运用一些叙述或疑问，百般暗示，来表达自己内心的看法和感受。但是这种暗示性的说法有碍沟通，有时他们话中的用意和内容往往被他人所误解，最后就可能会导致双方的失言或引发言语上的冲突。所以一旦遇到暗示性强烈的话，就应该鼓励说话的人再把话说得清楚一点。

（6）暗中回顾，整理出重点，并提出自己的结论。当我们和他人谈话的时候，我们通常都会有几秒钟的时间，可以在心里回顾一下对方的话，整理出其中的重点所在。我们必须删去无关紧要的细节，把注意力集中在对方想说的重点和对方主要的想法上，并且在心中熟记这些重点和想法。

（7）接受说话者的观点。如果我们无法接受说话者的观点，那我们可能会错过很多机会，而且无法和对方建立融洽的关系。尊重说话者的观点，可以让对方了解，我们一直在听，而且我们也听懂了他所说的话，我们还是很尊重他的想法。即使说话的人对事情的看法与感受，甚至所得到的结论都和我们不同，他们还是坚持自己的看法、结论和感受，我们也应该理解他们。若是我们一直无法接受对方的观点，我们就很难和对方彼此接纳，或共同建立融洽的关系。除此之外，也能够帮助说话者建立自信，使他更能够接受别人不同的意见。

思考题

1. 什么是沟通？沟通在管理中具有什么作用？
2. 简述沟通的过程及其包含的要素。
3. 简述何为有效沟通？影响有效沟通的障碍包括哪些因素？
4. 简述如何实现有效沟通。

8 控制

8.1 控制概述

8.1.1 控制的概念

控制是管理的一项重要职能,它与计划、组织、领导工作是相辅相成、互相影响的,它们共同被视为管理的四个环节。计划提出了管理者追求的目标,组织提供了完成这些目标的结构、人员配备和责任,领导提供了指挥和激励的环境,而控制则提供了有关偏差的知识以及确保与计划相符的纠偏措施。所谓控制就是指为了实现组织目标,以计划为标准,由管理者对被管理者的行为活动进行检查、监督、调整等的管理活动过程。

控制的概念主要包括以下三点内容:

(1) 控制有很强的目的性,即控制是为了保证组织中的各项活动按计划进行;

(2) 控制是通过"监督"和"纠偏"来实现的;

(3) 控制是一个过程,是管理者对被管理者的行为活动进行检查、监督、调整的管理活动过程。

8.1.2 控制的作用和目的

(1) 控制的作用

①控制是完成计划任务,实现组织目标的保证

计划是对组织未来行动的谋划和设计,是组织在未来一段时间内需要执行的行动规划。为了使计划及时适应变化了的环境和条件,推动组织目标的实现,必须通过控制及时了解环境变化的程度、原因、趋势,并据此对计划目标和计划过程做出适当的调整,使计划更加符合实际。控制对计划任务完成和组织目标实现的作用,可以归纳为两个方面:一是及时纠正计划执行过程中出现的各种偏差,督促有关人员严格按照计划的要求办事;二是检查计划对实际情况所做预见的准确性,发现计划中不符合实际的内容,及时进行调整、修正,保证计划的适用性,同时确保修正后的计划得到准确执行。

②控制是及时改正缺点,提高组织效率的重要手段

控制的这一作用同样表现在两个方面:一是对当前管理过程而言,控制有利于组织少走弯路,降低失误对组织效率的负面影响;二是对今后的管理实践而言,帮助管

理者积累经验，提高未来管理工作的效率。

③控制是组织创新的推动力

控制是一种动态的适时的信息反馈过程。它不是简单地对受控者进行管、压、卡，而是控制者与受控者之间交流信息、沟通情况的行为和过程，是一种积极主动的管理活动。由于现实环境千变万化，现代管理越来越强调控制中良好的反馈机制和弹性机制。在控制中，控制者和被控制者都可以及时发现一些新问题，促使管理者推陈出新，在推动管理工作动态适应环境的过程中创新。

（2）控制的目的

对于经常发生变化的迅速而又直接影响组织活动的"急症问题"，控制应随时将计划的执行结果与标准进行比较，若发现有超过计划允许范围的偏差，则及时采取必要的纠正措施，使组织内部系统活动趋于相对稳定，实现组织的既定目标。对于长期存在着的影响组织素质的"慢性病症"，控制要根据内外环境变化、组织新的要求和组织不断发展的需求，打破执行现状，重新修订计划，确定新的管理控制标准，使之更先进、更合理。

8.1.3　有效控制的原则

管理者所采取的控制方法必须根据预计的对象和具体任务来加以设计，有效的控制一般要遵循如下原则：

（1）关键性原则

控制工作不可能事无巨细，也不可能在对组织活动的方方面面进行控制时投入相同的精力，如果这样就会影响到控制工作的实效。因此，在实际的控制工作中，一般只针对一般项目的关键控制点和关键项目进行控制，只有当这些关键点和关键项目出现偏差且超过了一定限度，足以影响目标的实现时才予以控制纠正。关键性原则就是抓住活动过程中的关键和重点进行局部的和重点的控制。

由于组织和部门职能的多样化、被控制对象的多样性以及政策和计划的多变，几乎不存在有关选择关键和重点的普遍原则。但一般的，在任何组织中，目标、薄弱环节和例外是管理者控制的重点。管理者对目标、薄弱环节和例外情况投放的控制力量越多，控制就越有效。

（2）准确性和客观性原则

控制系统产生的信息必须是准确客观的。否则，管理者将会在需要时无法采取措施，或对一个并不存在的问题做出反应。例如，销售人员在估计销售量时数据模棱两可，以随时迎合上级主管的看法；生产车间的管理人员为了达到上级指定的目标隐瞒生产成本的上升；一些管理者为了取得领导的青睐虚报成绩等。这些都有可能会使上层管理者收到错误的信息，从而使不深入了解情况的高层管理人员采取不适当的行动。

并且，控制系统提供的信息应尽可能地客观。虽然在管理中难免有许多主观因素，但是，在评定一个人的工作是否良好时，应尽可能地客观。当然要解释清楚什么是客观的控制并非易事。当两个基层人员在汇报其部门人员情况时，一个汇报说："成员的士气没问题，发牢骚也就是这些人，职工的离职情况已受到控制。"而另一个汇报说：

"职工缺勤率为 0.4%，今年记录在案的投诉人次为 16 人（相对去年为 24 人），职工的离职率为 12%。"这两份汇报哪一份更有用是不言自明的。

当然，数字的客观性也不能代表一切，管理人员在做决策时还应看到数字背后的真正含义。

（3）时效性原则

实际情况千变万化，控制不仅要准确，而且要及时，一旦丧失时机，即使提供再准确的信息也是徒劳的。只有高效的控制系统才能迅速发现问题并及时采取纠正措施。时效性原则要求控制系统及时准确地提供控制所需的信息，避免时过境迁，使控制失去应有的效果。同时，还要求能够随时采取纠偏措施以适应变化了的环境。

及时是指当决策者需要时，控制系统能适时地提供必要的信息。组织环境越复杂、越动荡，决策就越需要及时地控制信息。同时，要尽可能地采用前馈控制方式或预防性控制措施，一旦发生偏差，就对以后的情况及时进行预测，使控制措施能够针对未来，较好地避免时滞问题。

（4）灵活性原则

灵活性是有效控制系统的又一个重要原则。它要求控制系统在适应环境的变化上应具有灵活性。当形式要求控制系统变化时，控制系统必须因时因地灵活地调整，否则就会因为与环境不相适应而失败。这就要求管理者制定多种应付变化的方案和留有一定的后备力量，并采用多种灵活的控制方式和方法来达到控制的目的。控制应保证在发生某些未能预测到的事件，如环境突变、计划疏忽等情况下，控制依然有效，因此要有弹性和替代方案。控制应当从现实出发，采用各种控制方法达到控制的目的，不能仅仅依赖正规的、传统的控制方法，如预算等。它们虽然是有效的控制工具，但也有不完善之处。数据、报告、预算又会同实际情况有很大差别。过分依赖它们有时会导致指挥失误、控制失误，因此也要采用一些能随机应变的控制方式和方法。

（5）经济性原则

控制系统的建立要充分考虑组织规模的大小。一般说来组织规模越复杂越大，要求的控制系统也会越复杂，控制所需支出也就越多；组织规模越小越简单，控制系统也相对简单。控制系统越全面控制效果一般也越好，然而控制费用也越高。因此，各组织在建立控制系统时要对控制所取得效果与所需费用进行比较，只有所取得的效果大于所花费用时才是合理的，才可以采用，否则就失去了控制的意义。这就是有效控制的经济性原则的本质。

另外，有效控制的原则还有可理解性、指示性等原则。

8.1.4 控制的类型

8.1.4.1 按控制信息获取的时间划分

控制职能可以按照活动的位置，即侧重于控制事物进程的哪一阶段而划分为三种类型：前馈控制、现场控制、反馈控制。

（1）前馈控制

事先识别和预防偏差的控制称为前馈控制，有时也称为预备式控制或预防式控制。前馈控制旨在获取有关未来的信息，依此反复认真地进行预测，将可能出现的执行结果与计划要求的偏差预先确定出来，或者事先察觉内外环境可能发生的变化，以便提前采取适当的处理措施预防问题的发生。这种控制把重心放在流入组织的人力、物料和财务资源上，其目的在于保证高质量的投入。

前馈控制是控制的最高境界。通常意义上的控制都是指在管理活动中不断收集、整理、分析各种信息，再根据信息处理结果提出解决问题的措施。由于信息的获得和处理、有效措施的出台等活动都需要时间，因此，控制在信息反馈和采取纠正措施时经常发生时间延迟，丧失了纠正失误的时机。管理人员更需要能够在事故发生之前就采取有效的预防措施，能防患于未然。

在实践中，管理人员一般依靠总结过去发生的事件中包含的一般规律和预测事物未来发展变化趋势来制订计划。制订计划应留有余地，事先确定可能出现的变化和相应的计划修改措施。不断地对未来做出预测，并根据预测的结果对未来的工作提出调整意见是前馈控制的关键。例如，某化肥生产企业考虑到未来一年化肥市场的整体走势和季节变化，提出全年计划销售量和销售平均价。同时提出，考虑到化肥市场具有季节性特征，在旺季，月销售量和销售单价应当高出全年月均销售量和价格一定的比例；在淡季，则可以低于一定的比例，而且不同月份可以进一步有所区别。

（2）现场控制（又称为及时控制）

现场控制是指在某项活动或者工作过程中，管理者在现场对正在进行的活动或工作给予必要的指导、监督，以保证其按照规定的程序和要求进行的管理活动。这是种同步、实时的控制，要求在活动进行的同时就加以控制。管理者亲临现场进行指导和监督是一种最常见的现场控制活动。现场控制是一种面对面的控制活动，有效的现场控制需要具备如下条件：

①较高素质的管理人员。在现场控制中，管理者没有足够的时间对问题进行深入仔细的思考，也很少有机会和他人一起分析讨论，常常依靠自身的知识、能力和经验，甚至是"直觉"，及时发现并解决问题，及时做出准确的判断，并果断提出处理意见。

②下属人员的积极参与。现场发生的问题常常是程序化的，多数操作性较强，注重问题的细枝末节。管理者在按照计划对下属实施控制的过程中，必须多听下属人员尤其是一线工作人员的意见和建议。

③适当的授权。在现场控制过程中，管理人员必须及时发现问题、解决问题，不应当也不能事事都向上级请示，以免造成工作中断，错过时机。所以，担负现场控制责任的管理人员应当拥有相应的职权。

④层层控制，各司其职。一般而言，现场控制是上级管理者对下级人员的直接控制。一个组织中，可能同时存在多个管理层级，有效的现场控制必须由最熟悉情况的管理人员实施，这样才能保证全面而深入地了解问题并提出最为切实可行的解决方案，还可以避免多头控制和越级管理。因此，由熟悉第一手情况的直接管理者实施现场管理最为有效。

现场控制可分为两种：一是驾驭控制，比如驾驶员在行车当中根据道路情况使用方向盘来把握行车方向。这种控制是在活动进行过程中随时监控各方面情况的变动，一旦发现干扰因素介入立即采取对策，以防执行中出现偏差。二是关卡控制，它规定某项活动经过既定程序或达到既定水平后才能继续进行下去。

（3）反馈控制

反馈控制是在活动完成之后，通过对已取得的工作结果的测定发现偏差和纠正偏差，或者是在内外环境条件已经发生了重大变化，导致原定标准和目标脱离现实时，采取措施调整计划。反馈控制又称事后控制或产出控制，其控制重心放在组织的产出结果上，尤其关注最终产品和服务的质量。

反馈控制有一个致命的弱点即滞后性，很容易贻误时机，增加控制的难度，而且损失往往已经发生了。因此，反馈控制要求反馈的速度必须大于控制对象的变化速度，否则，系统将产生震荡，处于不稳定状态。管理中使用最多的反馈控制有财务报告、标准成本报告、产品质量控制报告和工作人员成绩评定等。

总之，前馈控制是建立在能够评测资源的属性与特征基础上的，其纠正行动的核心是调整与配置即将投入的资源，以影响未来的行动。现场控制的信息来源于执行计划的过程，其纠正的对象也是执行计划的过程。反馈控制是建立在计划执行最终结果的基础上的，其所要纠正的不是测定出的各种结果，而是执行计划的下一个过程的资源配置与执行计划的活动。

8.1.4.2 按控制的目的和对象划分

按控制的目的和对象可以把控制划分为正馈控制和负馈控制两种类型。

（1）负馈控制

负馈控制可以使执行结果符合控制标准的要求，为此需要将管理循环中的实施环节作为控制对象，这种控制的目的就是缩小控制目标与实际情况的偏差。

（2）正馈控制

正馈控制可以使控制标准发生变化，以便更好地符合内外现实环境条件的要求。这种控制主要作用在管理循环中的计划环节，也就是这种控制的对象包括了控制标准本身，这种控制的目的就是使控制标准产生动荡和变动，使之与实际情况更接近。

正馈控制和负馈控制应该配合使用，但现实中要处理好这两方面控制工作的关系并不容易。增强适应性的正馈控制，有时很容易被用来作为无视"控制"的借口。而这样做的结果就是导致系统的不稳定、不平衡。但是，平衡不应该是静态的平衡。现代的组织面临复杂多变的环境，环境条件变了，计划的前提也变了，如果还僵硬地抱着原先的控制标准不放，不做任何调整，那么组织很快就要衰亡。现代意义下的控制，应该是一种动态的平衡，应在促进被控制系统朝向目标方向前进的同时适时地根据内外环境条件做出调整，妥善处理好适应性和稳定性。

正馈控制和负馈控制这种既相互对立又往往需要统一的关系，正是现代组织控制的难点。

8.1.4.3 按问题的重要性和影响程度划分

按问题的重要性和影响程序可以把控制划分为任务控制、绩效控制和战略控制三种类型。

（1）任务控制

任务控制也称业务控制，是针对基层生产作业和其他业务活动而直接进行的控制。任务控制多采用反馈控制法，其目的是确保有关人员或机构按既定的质量、数量、期限和成本标准完成所承担的工作任务。

（2）绩效控制

绩效控制是一种财务控制，即利用财务数据来观测组织的经营活动状况，以此考评各责任主体的工作成绩，控制其经营行为。这种控制也称为责任预算控制或以责任发生制为基础进行的控制。

（3）战略控制

战略控制是对战略计划和目标实现程度的控制。战略控制站在更高的角度看待问题，而不像低层次的控制活动那样仅局限于矫正眼前的、内部的具体工作。为适应战略变化的复杂性，组织将按一定标准对战略控制责任进行划分，形成若干责任中心，如可把公司划分为销售、成本、利润和投资等不同中心。对不同的责任中心采取相应的控制方法，关键要处理好责任中心与上层管理者、责任中心与责任中心之间的合作协调。

8.1.4.4 按采用的手段不同划分

按采用的手段不同可以把控制划分为直接控制和间接控制两种类型。

直接控制是控制者通过与被控制对象直接接触进行控制的形式；间接控制是控制者与被控制对象之间并不直接接触，而是通过中间媒介进行控制的形式。

8.1.4.5 按控制源划分

按控制源可把控制划分为三种类型，即正式组织控制、群体控制和自我控制。

正式组织控制是根据管理人员设计和建立起的一些机构或规定来进行控制，像规划、预算和审计部门是正式组织控制的典型例子；群体控制是建立在群体成员们的价值观念和行为准则基础上的，它是由非正式组织发展和维持的；自我控制是指个人有意识地按某一行为规范进行活动。

8.2 控制过程

8.2.1 控制标准的制定

标准是人们检查和衡量工作及其结果（包括阶段性结果和最终结果）的规范（Norm）。制定标准是进行控制的基础，没有一套完整的标准，衡量绩效或纠正偏差就失去了客观依据。确定标准是实施控制的必要条件。控制的目的是为了保证计划的顺利进行和目标的实现，因此控制标准的制定必须以计划和目标作为依据。然而组织活动的计划内容和活动状况是细微和复杂的，控制工作既不可能也无必要对整个计划和活动的方方面面都制定标准、加以控制，而应找出关键点，对关键点进行控制才符合成本效益的原则。

确定控制标准的具体内容涉及需要控制的对象。那么，企业经营与管理中哪些事或物需要加以控制呢？这是在建立标准之前首先要加以分析和确定的。无疑，经营活动的成果是需要控制的重点对象。控制工作的最初动机就是要促进企业有效地取得预期的活动结果。因此，要分析企业需要什么样的结果。这种分析可以从盈利性、市场占有率等多个角度来进行。确定了企业活动需要的结果类型后，要对它们加以明确地、尽可能定量地描述，也就是说，要规定需要的结果在正常情况下希望达到的状况和水平。要保证企业取得预期的结果，必须在成果最终形成以前进行控制，纠正与预期结果的要求不相符合的活动。因此，需要分析影响企业经营活动的各种因素，并把它们列为需要控制的对象。影响企业在一定时期经营成果的主要因素有：

（1）关于环境特点及其趋势的假设。企业在特定时期的经营活动是根据决策者对经营环境的认识和预测来计划和安排的。如果预期的市场环境没有出现，或者企业外部发生了某种无法预料和不可抗拒的变化，那么原来计划的活动就可能无法继续进行，从而难以为组织带来预期的结果。因此，制订计划时所依据的对环境的认识应作为控制对象，列出"正常环境"的具体标志或标准。

（2）资源投入。企业经营成果是通过对一定资源加工转换得到的，没有或缺乏这些资源，企业经营就会成为无源之水、无本之木。投入的资源不仅会在数量和质量上影响经营活动按期、按量、按要求进行，从而影响最终的物质产品，而且其消耗费用会影响生产成本，从而影响经营的盈利程度。因此，必须对资源投入进行控制，使之在数量、质量及价格等方面符合预期经营成果的要求。

（3）组织活动。输入到生产经营中的各种资源不可能自然形成产品，企业经营成果是通过全体员工在不同时间和空间上利用一定技术和设备对不同资源进行不同内容的加工劳动才最终取得的。企业员工的工作质量和数量是决定经营成果的重要因素，因此，必须使企业员工的活动符合计划和预期结果的要求。为此，必须建立员工的工作规范、各部门和各员工在各个时期的阶段成果的标准，以便对他们的活动进行控制。

确定了控制的主要因素后，针对这些因素制定相对应的控制标准。组织的控制标准可以是定量化的标准，也可以是定性化的标准，但在可能的情况下，控制标准应尽量定量化和数字化，以减少人为因素的影响，增强评价的客观性。在组织中常用的标准主要有以下几种：

（1）时间标准：是指完成一定数量的产品，或做好某项服务工作所限定的时间。

（2）生产率标准：是指在规定的时间内完成产品和服务的数量。

（3）消耗标准：是根据生产货品或提供服务计算出来的有关消耗。

（4）质量标准：是指保证产品符合各种质量因素的要求，或是服务方面需要达到的工作标准。

（5）行为标准：是对职工规定的行为准则。对企业的活动来说，也应建立其业务活动标准。美国通用电气公司在八个主要的成就领域中建立了标准：①获利性；②市场地位；③生产率；④产品的领导地位；⑤人员发展；⑥雇主态度；⑦公共责任；⑧短期目标与长期目标间的平衡。

在服务性行业中，对经理和雇员的仪表、态度一般都有严格的标准，其工作人员必须穿着整洁的工作服，对顾客以礼相待，违反者则要受到纪律处分，在快餐业中，麦当劳规定的服务标准如下：①在顾客到达后 3 分钟之内，95% 以上的人应受到招呼；②预热的汉堡包在售给顾客前，其烘烤时间不得超过 5 分钟；③顾客离开后，所有的空桌需要在 5 分钟内清理完毕等。

组织在制定控制标准时，为了让所制定的标准更合理、更接近实际，应考虑让职工参与标准的制定过程。例如，组织制定工时定额标准时，在参考一线管理人员在该部门工作的实践经验和知识的基础上，应征询一线操作工人的意见。有时还借助于工业工程师的专业知识，用动作研究和时间研究来确定标准定额。组织在制定任何一项具体工作的衡量标准时，都应该有利于组织目标的实现，对任何一项具体工作都应有明确的时间、内容等方面的规定。组织在制定标准时应遵循的原则是：能够量化的尽可能量化，不能量化的尽可能细化。

8.2.2　衡量绩效

控制标准的制定就是为了衡量实际业绩，把实际工作情况与标准进行比较，找出实际工作业绩与控制标准之间的差异，并据此对实际工作做出评估。衡量绩效是控制工作的第二环节。在这个阶段，管理者可以发现计划中存在的缺陷，有什么样及什么程度的偏差，它们是由什么原因引起的，应该采取什么样的纠正措施。企业经营活动中的偏差如果能在产生之前就发现，则可以知道管理者应该预先采取什么样的措施来避免，这种理想的控制和纠偏方式虽然有效，但是其实现可能性不大。在这种限制条件下，最满意的控制方式是能在偏差产生之后迅速采取必要的纠偏行动。为此，要求管理者及时掌握反映偏差是否产生，并能判定其严重程度的信息，用预定标准对实际工作成效和进度进行检查、衡量和比较，就是为了提供这类信息。衡量绩效是控制的中间环节，也是工作量最大的一个环节，这个环节的工作影响着整个控制效果。

为了能及时、正确地提供反映偏差的信息，同时又符合控制工作在其他方面的要求，管理者在衡量工作绩效时应该做的工作如下：

（1）确定适宜的衡量方式

衡量工作成效就是以控制标准为尺度对实际工作加以检验，衡量绩效的目的就是取得控制对象的有关信息，及时、准确地掌握偏差是否发生，并判断偏差的严重程度，从而对控制对象进行纠偏或者调试。为此，在衡量实际工作成效的过程中管理者应该对需要衡量什么、如何衡量、间隔多长时间进行衡量和由谁衡量等做出合理的安排。

①衡量的项目。管理者应针对决定实际工作成效好坏的重要特征项目进行衡量。但是容易出现一种趋向，即侧重于衡量那些容易获取统计数据的项目。比如科研人员的劳动效果常常根据研究小组上交研究报告的数量和质量来判断其工作进展，然而根据这些标准去进行检查，得到的可能是误导信息：科研人员用更多的时间和精力去撰

写数量更多、结构更严谨的报告，而不是将这些精力真正花在科研上。这样就忽视了那些不易衡量但实际相当重要的项目。

②衡量的方法。管理者可通过观察、报表、报告、抽样调查及召开会议等多种方式来获得实际工作绩效方面的资料和信息，衡量利弊。在衡量实际工作成绩的过程中可以多种方法结合使用，以确保所获取信息的质量。衡量的方法应科学，应根据所确立的标准进行，对计划执行中存在的问题，不夸大、不缩小，实事求是反映情况。

③衡量的频度。有效控制要求确定适宜的考核频度，也就是衡量实际绩效的次数或频率。控制过多或不足都会影响控制的有效性。这种"过多"或"不足"，不仅体现在控制对象和标准数目的选择上，还表现在对统一标准的衡量次数或频度上。有效控制要求确定适宜的衡量频度。对控制对象或要素的衡量频度过高，不仅会增加控制的费用，还会引起有关人员的不满，影响他们的工作态度，从而对组织目标的实现产生负面影响；但是衡量和检查的次数过少，则有可能造成许多重大的偏差不能被及时发现，不能及时采取纠正措施，从而影响组织目标和计划的完成。

适宜的衡量频度取决于被控制活动的性质、控制活动的要求。例如，对产品的质量控制常常需要以小时或以日为单位进行，而对新产品开发的控制可能只需以月为单位进行就可以了。需要控制的对象可能发生重大变化的时间间隔是确定适宜的衡量频度所需考虑的主要因素。

④衡量的主体。衡量实际绩效的主体不一样，控制工作的类型也就形成差别，这也会对控制效果和控制方式产生影响。例如，目标管理之所以被称为是一种"自我控制"方法，就是因为工作的执行者同时也成了工作成果的衡量者和控制者。相比之下，由上级主管或职能人员进行的衡量和控制则是一种强加的、非自主的控制。

（2）建立有效的信息反馈系统

对实际工作情况进行衡量的目的，是为了给控制工作提供有用的信息，为纠正偏差提供依据。因此，这种信息反馈的速度、准确性直接影响到控制指令的正确性和纠偏措施的准确性，因此，必须建立有效的信息反馈系统，使反映实际工作情况的信息适时地传递给管理者，使之能及时发现问题。有效的信息反馈系统还可以及时将偏差信息传递给控制对象有关的部门和工作人员，使他们准确及时地知道自己的工作状况，以促进其不断改进自己的工作。信息反馈系统的建立要抓住两点：一是确定与控制有关的人员在信息传递过程中的任务与责任。二是明确信息的收集方法、传递程序和时间要求。有了畅通的信息反馈系统，控制工作才能卓有成效地开展下去。

（3）通过衡量绩效，检验标准的客观性和有效性

衡量工作成效是以预定的标准为依据来进行的。如果偏差在执行中出现问题，那么需要纠正执行行为本身；如果是标准本身存在问题，则要修正和更新预定的标准，这样利用预定标准去检查各个部门、各个阶段和每个人工作的过程，同时也是对标准的客观性和有效性进行检验的过程。

检验标准的客观性和有效性，是要分析通过对标准执行情况的测量能否取得符合控制需要的信息。在为控制对象确定标准的时候，人们可能只考虑了一些次要的因素，或者只重视了一些表面的因素，故利用既定的标准去检查人们的工作，有时并不能达

到有效控制的目的。比如，衡量职工出勤率是否达到了正常水平，不足以评价劳动者的工作热情、劳动效率或劳动贡献。因此，衡量过程中的检验就是要辨别并剔除那些不能为有效控制提供必需的信息，以及容易产生误导作用的不适宜的标准，以便根据控制对象的本质特征制定出科学合理的控制措施。

8.2.3 分析鉴定偏差并采取纠偏措施

纠正偏差是控制过程的第三个环节，在此之前必须分析鉴定偏差，明确其是否存在，如果存在，就要追根溯源，准确地找出其产生的原因。只有这样才能对症下药，采取的纠偏措施才得当。

8.2.3.1 鉴定和分析偏差

通过对实际业绩和控制标准之间的比较，确定两者之间是否有偏差。若无偏差则按原计划进行；若有偏差，那么首先要了解偏差是否在标准允许的范围之内。如果在标准允许的范围之内，则工作继续进行，但也要分析其产生的原因，以便改进工作，将问题消灭在萌芽状态；如果偏差超出了标准允许的范围，就应该及时深入地分析偏差产生的原因。

找出偏差的原因是进一步采取纠偏措施的前提。分析偏差首先要确定偏差的性质和类型。产生偏差的原因是多种多样的，主要有：

（1）因标准本身是基于错误的假设和预测，从而使该标准无法达成。

（2）从事该项工作的职工不能胜任此项工作，或者是由于没有给予适当的指令。

（3）和该项工作有关的其他工作发生了问题。

（4）从事该项工作的职工玩忽职守。

偏差有正偏差和负偏差之分。正偏差是指实际业绩超过了计划需求，而负偏差是指实际业绩未达到计划要求。负偏差固然引人注目，需要分析。正偏差同样需要进行原因分析。如果是由于环境变化导致的有益的正偏差则需要修改原计划以适应变化了的环境。

在进行偏差分析时，必须以冷静客观的态度来进行，以免影响分析的准确性。同时应抓住重点和关键，从主观和客观两方面做实事求是的分析。

8.2.3.2 采取纠偏措施

对偏差进行分析的目的是为了采取正确的纠偏措施，以保证计划的顺利进行和组织目标的实现。在深入分析偏差产生的原因的基础上，管理者要根据不同的偏差采取不同的措施。一般而言，纠偏措施可以从以下几个方面进行：

（1）改进工作方法

通常来说，在组织内外环境没有发生重大变化的情况下，工作绩效达不到原定的控制标准，工作方法不当是主要原因。特别是在组织中，生产和计划的目标是生产出高质量、符合社会需要的产品。因此生产和计划都是以生产为中心的，而生产技术则是生产过程中的重要一环，在很多情况下偏差是来自于技术上的原因。为此就要采取技术措施，及时处理生产过程中出现的技术问题。

（2）改进组织工作和领导工作

控制职能与组织、领导职能是相互影响的。组织方面的问题主要有两种，一是计划制订之后，组织实施方面的工作没有做好；二是控制工作本身的组织体系不完善，未能及时地对已经产生的偏差进行跟踪和分析。在这两种情况下，都应改进组织工作，如调整组织机构、调整责权利关系、改进分工协作关系等。偏差也可能是由于执行人员能力不足或工作积极性不高而导致的，那么就需要通过改进领导方式来纠正。

（3）调整或修正原有计划或标准

如果偏差较大，就有可能是由于原有计划安排不当导致的；也可能是由于内外环境的变化，使原有的计划与现实状况之间产生了较大的偏差。无论是哪一种情况，都要对原有计划进行适当的调整。需要注意的是，调整计划不是任意地变动计划，调整不能偏离组织总的发展目标，调整的目的归根到底还是为了实现组织目标。在一般情况下，不能以计划迁就控制，任意地根据控制的需要来修正计划。只有当事实表明计划的标准过低或过高，或因环境发生了重大变化使原有计划实施的前提不复存在时，才能对计划或标准进行修改。

8.3　控制方法

8.3.1　预算控制

企业未来的几乎所有的活动都可以利用预算来控制，预算是一种计划技术，是未来某个时期具体的数字化的计划。预算也是一种控制技术，它把预算指标作为控制标准，用来衡量其计划的执行情况，预算是指用货币或其他数量术语编制的财务计划或综合计划。它用财务数字或非财务数字来表明组织的预期结果。预算在组织管理中起着十分重要的作用。

通过预算，企业将计划分解落实到组织的各个层次和各部门，使主管人员能清楚地了解哪些资金由谁来使用，计划将涉及哪些部门和人员，多少费用、多少收入，以及实物的投入量和产出量。主管人员以此为基础进行人员的委派和任务的分配、协调，指挥组织的活动，并在适当的时间将组织的活动结果和预算进行比较，若发生偏差就及时采取纠正措施，以保证组织能在预算的限度内完成计划。同时，预算可使组织的成员明确本部门的任务和权责，更好地发挥主观能动性。因此，预算能从战略和全局的角度保障计划的顺利执行。

（1）预算控制的含义

预算控制是指通过编制预算，然后以编制的预算为基础来执行和控制组织的各项活动，并比较预算与实际的差异，分析差异的原因，然后对差异进行处理的过程。

不同的组织，预算各具特色，即使是一个组织的不同部门，也存在着各种各样的预算，归纳起来，预算主要有以下几种：

①收支预算，又叫经营预算，指组织在预算期内以货币单位表示的收入和经营费

用的预算。

②投资预算，指组织为了更新或扩大生产能力，计划增加组织的固定资产，如新建厂房、添置设备等，在可行性研究的基础上编制组织的预算。它具体反映在何时进行投资，投资多少，资金从何处取得，何时可获取收益，需要多少时间收回全部投资等。

③实物量预算，指以实物为计量单位的预算。

④现金预算，指反映计划期内现金收入、现金支出、现金余额及融资情况的预算。

⑤资产负债预算，指对组织会计年度末期的资产、负债和净值等进行的预算。负债经营是组织保持财务收支平衡的重要措施，包括组织向银行贷款、社会集资、发行股票债券以及向国外筹措资金等。

（2）一般预算

一般预算又称传统预算，指仅针对某一个或几个因素来实施控制，它是以货币以及其他数量形式所反映的有关组织在未来一段时期内局部的经营活动及各项目标的行动计划与相应措施的数量说明。

一般预算的编制有三个步骤：首先以外推法将过去的支出趋势延伸至下一年度；其次将数额适量增加，满足物价上涨因素带来的直接人工成本和原材料成本的提高；最后将数额予以提高，满足修改后所需要追加的预算支出。

（3）全面预算

全面预算是以货币等形式展示未来某一特定时期内组织全部经济活动的各项目标及其资源配置的数量说明。它包括经营预算、财务预算和专门决策预算三个组成部分。

经营预算是企业预期日常发生的基本业务活动的预算。它主要包括销售预算、生产预算、直接材料预算、直接人工预算、制造费用预算、单位产品成本与期末存货成本预算、销售与管理费用预算等。这些预算通常以实物量指标和价值量指标分别反映企业收入与费用的构成情况。

财务预算是反映企业预期现金收支、经营成果和财务状况的预算。它包括现金预算、预计利润表、预计资产负债表和预定现金流量表等。这些预算以价值量指标总量反映企业经营预算和资本支出预算的结果。

专门决策预算是企业为不经常发生的非基本业务活动所编制的预算。如企业根据长期投资决策编制的资本支出预算，根据融资决策编制的筹资预算，根据股利决策编制的股利分配预算等。

由于价值指标可以总体反映经营期决策预算与业务预算的结果，所以财务预算也叫总预算，其他则称为辅助预算或分预算。全面预算的编制应以决策确定的经营目标为出发点，根据市场预测和目标利润，贯彻以销定产的原则，按业务预算后财务预算的顺序编制。

（4）预算的作用及其局限性

由于预算的实质是以统一的货币单位为企业各部门的各项活动编制计划，因此，它使得企业在不同时期的活动效果和不同部门的经营业绩具有可比性。它也使管理者了解企业经营管理的变化方向和组织中的优势部门和问题部门，从而为调节企业活动指明了方向。通过为不同的职能部门和职能活动编制预算，也为协调企业活动提供了依据。更重要的是，预算的编制与执行始终与控制过程联系在一起，编制预算是为企业的各项活动确定财务标准。用数量形式的预算标准来对照企业活动的实际效果，大大方便了控制过程中的绩效衡量工作，使之更加客观可靠。在此基础上，很容易测量出实际活动对预期的偏离度，从而为采取纠正措施奠定了基础。

由于这些积极的作用，预算手段在组织管理中得到了广泛的应用。但是在预算的编制和执行中，也暴露了一些局限性。首先，它只能帮助企业控制那些可以计量特别是可以用货币单位计量的业务活动，而不能促使企业对那些不能计量的企业文化、企业形象、企业活力的改善予以足够的重视。其次，编制预算时通常参照上期的预算项目和标准，从而会忽视本期活动的实际需要，因此容易导致这样的错误，即上期有的但本期不需要的项目仍然使用，而本期必要的但上期没有的项目会因缺乏先例而不能增设。最后，企业的外部环境是不断变化的，这些变化会改变企业获取资源的支出或销售产品实现的收入，从而使预算变得不合时宜，因此，缺乏弹性、非常具体特别是涉及较长时间的预算将会带来负面影响。

8.3.2 质量控制

质量是由产品使用目的书提出的各项使用特性的总称。产品质量特性按一定尺度、技术参数或技术经济指标的规定必须达到的水平，形成质量标准。质量标准是检验产品是否合格的技术依据。

（1）质量控制的含义

质量控制就是以质量标准作为技术依据并作为衡量标准来检验产品质量。为保证产品质量符合规定的标准、要求和满足用户使用的目的，企业需要在产品设计、试制、生产制造直至使用全过程中，进行全员参加的、事后检验和预先控制有机结合的、从最终产品的质量到产品赖以形成的工作质量方面全方位地开展质量管理活动。

质量控制经历了三个阶段，即质量检验阶段、统计质量管理阶段和全面质量管理阶段。质量检验阶段主要在20世纪20-40年代，工作重点在产品生产出来之后的质量检查；统计质量管理阶段主要在20世纪40-50年代，管理人员主要以统计方法作为工具，对生产过程加强控制，提高产品的质量；全面质量管理阶段从20世纪50年代开始，是以保证产品质量和工作质量为中心、全体员工参与的质量管理体系，具有多指标、全过程、多环节和综合性的特征。

（2）产品质量控制

产品质量控制是指产品适合一定的用途，满足社会和人们一定的需要所必备的特性。一般将产品质量特性应达到的要求规定在产品质量标准中。产品质量控制是企业生产合格产品、提供顾客满意的服务和减少无效劳动的重要保证。在市场经济条件下，产品的质量控制应达到两个基本要求：一是产品达到质量标准；二是以最低的成本生产出符合市场需求的质量标准的产品。

进行严格的质量控制，首先是掌握全面的质量管理方法，这是对产品质量监控的行之有效的方法。全面质量管理是指企业内部的全体员工都参与到企业产品质量和工作质量的过程中，把企业的经营管理理念、专业操作和开发技术、各种统计与会计手段方法等结合起来，在企业中建立从研究开发、新产品设计、外购原材料、生产加工，到产品销售、售后服务等环节的贯穿企业生产经营活动全过程的质量管理系统。

全面质量管理强调动态的过程控制。质量管理的范围不能局限在某一个或者某几个环节和阶段，必须是从市场调查、研究开发、产品设计、加工制造、产品检验、仓储管理、途中运输、销售安装、维修调换等整个过程进行全面的质量管理。

全面质量管理的内容主要包括两个方面：一是全员参与质量管理；二是全过程质量管理。

（3）员工工作质量控制

工作质量是指企业为保证和提高产品质量，在经营管理和生产技术工作方面所达到的水平。它可以通过企业各部门、各岗位的工作效率、工作成果、产品质量、经济效益等反映出来。可以用合格品率、不合格品率、返修率、废品率等一系列工作中的质量指标来衡量，是企业为了保证和提高产品质量，对经营管理和生产技术工作进行的水平控制。

（4）产品生产工序质量控制

产品生产工序质量控制是实现产品开发意图，形成产品质量的重要环节，是实现企业质量目标的重要保证。它主要包括技术准备过程、制造过程和服务过程的质量控制。

①技术准备过程的质量控制。目的是使正式生产能在受控状态下进行。质量控制工作必须做好以下四点工作：受控生产的策划工作，过程能力控制，辅助材料、共用设施和环境条件的控制，搬运控制。

②制造过程的质量控制。制造过程控制是指从投入原材料开始到制成产品的整个过程的质量控制，其基本要求是：技术文件控制、过程更改控制、物资控制、设备控制、人员控制、环境控制。

③辅助服务过程的质量控制。包括物资供应的控制和设备的质量控制。

8.3.3 成本控制

（1）成本控制的含义

成本控制就是指以成本为控制手段，通过制定成本总水平指标值、可比产品成本降低率及成本中心控制成本的责任等，达到对经济活动实施有效控制的目的的一系列管理活动与过程。成本控制包括狭义的成本控制和广义的成本控制。

狭义的成本控制指运用各种方法预定成本限额，按限额开支，以实际与限额作比较，衡量经营活动的成绩与效果，并以例外管理原则纠正不利差异，以提高工作效率，实现不超过预期成本限额的要求。

广义的成本控制是成本管理的同义词，它包括一切降低成本的努力，目的是以最低的成本达到预先规定的质量和数量。

（2）原材料消耗费用的控制

原材料消耗费用包括原材料的购买费用、库存费用等，库存费用又可再分为存储费用和订货费用。

当企业订购大量原材料时，其订货费就会降低，但同时却增加了存储费用。企业需要在二者之间进行合理地选择。

此外，还应注意库存的风险成本。例如，存货变质引起的质量风险成本、存货被偷窃引起的数量风险成本、货物过时引起的商业风险成本、原材料或物资在购买后其市场价格下跌引起的价格风险成本。

（3）固定资产折旧费用的控制

固定资产费用由折旧费用和维修保养费用组成。可以将固定资产看作具有一定数量的产品的生产能力，该生产能力是有限的，随着时间的推移，该生产能力逐渐消耗。对于一件固定资产来说，经过使用后，其工作能力无论在数量上还是在质量上都是逐渐下降的。工作能力的下降会产生越来越多的继续保养工作。因此，对于陈旧的机械设备就需要权衡是更新还是继续使用。当增加的成本是固定资产的使用不经济，或更先进的技术使原有的设备无竞争力时，设备的经济寿命就结束了。

固定资产的生产能力可以延续数个会计期间，因此，固定资产的成本应分摊到其所生产的产品中。计算折旧首先要确定设备的使用年限，财务税收制度对各类固定资产的折旧年限和方法做了规定，企业可更具体化这些规定，结合本企业的具体情况，合理确定固定资产使用的年限和方法。

固定资产不是企业的现金流出，企业并没有为谁支出折旧。按会计期间计算利润时，应该把以前固定资产投资的资本支出作为成本加以分期计提。折旧额的多少或计提折旧的快慢并不代表企业实际成本支出的多少或快慢。但这会影响企业的利润总额，也就影响企业实际支付的所得税额。因此，折旧计算方法的不同将影响国家与企业的分配关系。

（4）成本控制的重要性

成本控制是企业增加盈利的根本途径，实现直接服务于企业的目的，无论在什么情况下，降低成本都可以增加企业的利润。即使不完全以盈利为目的的国有企业，如果成本过高，不断亏损，其生存也将受到威胁，而难以在调控经济、扩大就业和改善公用事业等方面发挥作用，同时还会影响政府财政，加重纳税人的负担，对国民生计不利，失去其存在的价值。

成本控制是抵抗内外压力、求得生存的主要保障。企业外有同行竞争、政府课税和经济环境逆转等不利因素，内有职工改善待遇和股东要求分红的压力。企业用以抵御内外压力的武器，主要是降低成本、提高产品质量、创新产品设计和增加产销量。提高销售价格会引发经销商和供应商相应的提价要求和增加流转税的负担，而降低成本可避免这类压力。

成本控制是企业发展的基础，成本降低了，可减价扩销；经营基础巩固了，才有力量去提高产品的质量，创新产品设计，寻求新的发展。

思考题

1. 控制过程包括哪些阶段的工作？如何进行有效的控制？

2. 三种控制类型的概念、适用情况、目的分别是什么？

3. 怎样理解控制工作的重要性？

4. 控制与其他管理职能的关系？

9 创新

组织、领导和控制是保证计划目标的实现所不可缺少的，其任务是保证系统按预定的方向和规则运行，起到维持功能的作用。但是，在动态环境中生存的社会经济组织，仅有维持是不够的，还必须不断调整系统活动的内容和目标，以适应环境变化的要求，这就是管理的创新职能。本章重点介绍创新的含义，创新的分类，创新的内容、过程以及创新的方法等。

9.1 创新概述

9.1.1 创新的含义

创新又称革新或改革。经济学家约瑟夫·熊彼特认为，经济增长最重要的动力和最根本的源泉在于企业的创新活动。创新概念包括以下五种情况：一是采用一种新的产品，也就是消费者还不熟悉的产品，或一种产品的一种新的特征。二是采用一种新的生产方法，这种新的方法不需要建立在科学的新的发展基础上；并且，也可以存在于商业上处理一种产品的新的方式之中。三是开辟一个新的市场，也就是有关国家的某一制造部门以前不曾进入的市场，不管这个市场以前是否存在过。四是掠取或控制原材料或半成品的一种新的供应来源，也不问这种来源是已经存在的，还是第一次创造出来的。五是实现任何一种工业的新组织，或打破一种垄断地位。熊彼特认为，创新就是生产手段的新组合。在他所述的创新活动的五种形式中，第一种、第二种可以视为技术创新，第三种、第四种可视为市场创新，第五种可视为管理创新。

创新是创新主体为了某种目的所进行的创造性活动。创新是一个经济概念。管理体系中的创新者是指那些看到了经济中存在的潜在利益，并敢于冒风险，把新发明引入经济之中，以便取得这种潜在利益的组织管理者。

创新与创造在形式上非常接近，但它与创造又有所区别。一般意义上的创造，范围更宽，可以是无目的的活动。而创新则具有明确的目的性，是通过对各种要素的创造、组合而产生新的有用的东西。创新具有两大特征：一是目的性，即创新特别强调效益的产生，创新更是一个创造财富，创造有用的东西，沿着商业化的目标进行一系列加工、组合、创造的过程。二是独特性。创新要有其独到的方面，或是完全新颖的方法或材料，或是对人熟知的方法和材料进行重新组合而产生前所未有的效果。所以，创新是一个发挥创新主体创造性的过程，是人类财富创造的源泉。

9.1.2 创新的要素

9.1.2.1 推动企业创新的外部要素

（1）市场变化

市场变化是推动企业管理创新首要的外部要素。市场变化主要包括需求的变化、竞争的变化、资本和劳务市场的变化。最重要的市场变化是需求的变化。企业作为市场中的供给方是为满足需求而存在的，企业通过创新，一方面创造需求，也就是满足潜在需求；另一方面是满足现实需求。另一个重要的市场变化是竞争的变化。激烈的竞争往往使企业更倾向于适应市场的创新类型，因为创造市场的创新类型风险会更大。资本和劳务市场的变化也能诱发管理创新。

市场一旦发生变化，企业必须迅速对其做出反应，分析这种变化对企业经营业务可能产生的影响。面对同一市场和行业结构的变化，企业可能做出不同的创新和选择。关键是要迅速地组织创新的行动，至于创新努力的形式和方向则可以是多重的。

（2）行业结构

行业结构主要指行业中不同企业的相对规模和竞争力结构以及由此决定的行业集中或分散度。企业是在一定的行业结构和市场结构条件下经营的，是行业内各参与企业的生产经营共同作用的结果，也制约着这些企业的活动。行业结构发生变化，也要求企业必须迅速对此做出反应。实际上，处在行业之内的企业通常对行业发生的变化不甚敏感，而那些"局外人"则可能更易察觉到这种变化以及这种变化的意义，因而也较易组织和实现创新。所以，对已在行业内存在的现有企业来说，行业结构的变化常常构成一种威胁。

（3）社会政治文化背景

社会政治文化特点决定了价值取向和思维方式，也就决定了管理的方式和特点。同时，一个民族的社会的文化和价值观是不断发展的。随着人们物质的不断丰富，精神追求不断上升。管理要求体现人的自身价值，以人为本的思想。企业管理创新会跟着社会变化的发展而发展。社会、政治、文化的变化对企业的影响，有的是通过市场变化来完成的，有的是直接对企业行为有约束力，如政府的政策、法律等。因此，推动企业管理创新的外部因素，最强有力的因素是市场变化。

9.1.2.2 推动企业创新的内部要素

在企业内部，推动企业管理创新的主要力量是资本、人才和科学技术。

（1）资本

资本问题，在企业外部是筹资和投资问题，体现了经营技巧。企业内部的资本问题主要是成本问题，即资本的投入量。在相同的条件下，资本投入量越少，成本越低，效益越高。企业之间的竞争在某种意义上表现为成本的竞争。在企业内部，管理创新的主要压力，或者说主要驱动力是成本，不断降低成本是企业管理创新永恒的主题。

（2）劳动

劳动的实质是劳动者问题。在相同条件下，劳动者投入的劳动量越多，质量越高，效益就越高。劳动投入的增加可以是劳动时间和劳动强度绝对值的增加，也可以是有效劳动量的增加，还可以是有机劳动量，即创造性劳动量的增加。从"机器人"到"经济人"到"社会人"再到"文化人"，所有以人为对象的管理创新都是为了增加有效劳动和有机劳动，为了使人主动地去增加这种劳动的投入。因此，企业管理归根到底是对人的管理，成本要靠人来控制，技术要靠人来发展和应用，人才在企业管理创新中处于中心位置。

（3）科学技术

科学技术包括自然科学、社会科学。创新观念是企业管理创新的强大推动力。管理创新依赖于科学技术的发展，如机器的使用加强了专业化趋势；数理统计技术促进了质量管理的发展。社会科学对管理创新的作用更为直接，因为管理本身就是社会科学的一个部分。在管理科学和管理实践的发展过程中，不断吸收经济学、社会学、心理学、行为科学和其他社会科学的最新成果，其中特别是经济学和行为科学，它们的每一个成果都直接影响着管理的发展与创新。创新观念是管理创新的最直接的推动力。在科学技术创新领域，无形胜有形，是观念和意愿在调动资本运营，创新观念虽然无形，却是企业的重要资源，是企业管理创新的要素。

企业管理创新的起点永远是市场，企业管理创新的终点也永远是市场，不从市场出发，不经受市场检验的"创新"不可能是真正的创新。企业管理创新的任务，就在于不断整合资本、人才、科技三要素，使其处于最佳组合，最大限度地满足不断变化的市场和社会。

9.1.3 创新的分类

创新可以从不同的角度去分类。

（1）从作为管理职能的基本内容来看，创新可分为目标创新、技术创新、制度创新和环境创新。

目标创新是指企业在一定的经济环境中从事经营活动，一定的环境要求企业按照一定的方式提供特定的产品。一旦经济环境发生变化，要求企业的生产方向、经营目标，以及企业在生产过程中与其他社会经济组织的关系进行相应的调整。

技术创新是一个从新产品或新工艺设想的产生到市场应用的完整过程，它包括新设想产生、研究、开发、商业化生产到扩散等一系列的活动。

制度创新是指对组织的制度做出新安排或对现有的制度安排做出变更。

环境创新是指通过企业积极地创新活动去改造环境，引导环境朝着有利于企业经营的方向转化。

（2）从创新的规模以及创新对系统的影响程度来看，可分为局部创新和整体创新。

局部创新是指在系统性质和目标不变的前提下，系统活动的某些内容、某些要素的性质或其相互组合的方式，系统的社会贡献的形式或方式等发生变动。

整体创新则往往改变系统的目标和使命，涉及系统的目标和运行方式，影响系统的社会贡献的性质。

（3）从创新与环境的关系来看，可分为消极防御型创新和积极攻击型创新。

消极防御型创新是指由于外部环境的变化对系统的存在和运行造成了某种程度的威胁，为了避免威胁或由此造成的系统损失的扩大化，系统在内部展开的局部或全局性的调整。

积极攻击型创新是在观察外部世界的过程中，敏锐地预测到未来环境可能提供的某种机会，从而主动地调整系统的战略和技术，以积极地开发和利用这种机会，谋求系统的发展。

（4）从创新的组织程度上看，可分为自发创新与有组织的创新。

任何社会经济组织都是在一定的环境中运转的开放系统，环境的任何变化都会对系统的存在和存在方式产生一定的影响。自发创新是指系统内部与外部有直接联系的各子系统在接收到环境变化的信号以后，必然会在工作内容、工作方式、工作目标等方面自发进行积极或消极的调整，以应付变化或适应变化的要求。

与自发创新相对应的，是有组织的创新。有组织的创新包含以下两层意思：一是系统的管理人员根据创新的客观要求和创新活动本身的客观规律，制度化地检查外部环境状况和内部工作，寻求和利用创新机会，计划和组织创新活动。二是系统的管理人员要积极地引导和利用各要素的自发创新，使之相互协调并与系统有计划的创新活动相配合，使整个系统内的创新活动有计划、有组织的展开。只有组织的创新，才能给系统带来预期的、积极的、比较确定的结果。有组织的创新也有可能失败，但是，有计划、有目的、有组织的创新取得成功的机会无疑要远远大于自发创新。

9.1.4 创新的内容

9.1.4.1 观念创新

观念是一种生活沉淀下来的惯性。一切创新源于观念的创新。观念是行为的先导，它驱动、支配并制约着行为。行为的创新首先是观念的创新，没有创新的观念就不会产生创新的行为，可以说观念创新是行为创新的灵魂。企业要想进行管理创新，也必须首先实现观念创新。

所谓观念创新，是指形成能够比以前更好地适应环境的变化并能更有效地整合资源的新思想、新概念或新构想的活动，它是以前所没有的、能充分反映并满足人们某种物质或精神需要的意念或构想。对企业管理活动来说，管理观念的创新主要包括以下几种情况：提出一种新的经营方针及经营战略；产生一种新的管理思路并把它付诸实践；采用一种新的经营管理策略；采用一种新的管理方式和方法；提出一种新的经营管理哲学或理念；采用一种新的企业发展方式；等等。

观念创新既包括员工个人的观念创新，也包括整个组织的观念创新。这两个方面的观念创新相互联系、相互影响，个人观念创新服务服从于组织观念创新，并对组织观念创新产生推动或阻碍作用；组织观念创新体现着观念创新的方向，并对个人观念创新产生引导、整合或抑制作用。但是，无论是个人观念创新还是组织观念创新，它们都是对客观环境变化的一种能动反映，是主动适应客观环境变化的结果。由于变化是客观环境的本质特征，所以观念创新也没有止境。

　　根据观念创新与环境变化之间的关系，可以将观念创新简单概括为三种基本类型：一是超前型，即观念创新领先于环境变化，在时间上有一个提前量，能够随时应付环境的变化；二是同步型，即观念创新与环境变化同步，能随着客观环境的变化及时进行观念创新；三是滞后型，即观念创新落后于环境变化，观念落后于时代，少变、慢变或不变。作为管理者，应该自觉地进行观念创新，力求超前，至少同步，绝不滞后。但这并不是说观念创新越超前越好，越新越好。一味超前创新，并非都是好事，轻则会增加创新成本，重则会导致各种传统观念的反对和抵制，反而可能延误创新时机。

　　人的新思想、新观念不是与生俱来的，而是长期学习、积累和塑造的结果，所以只有坚持不断地学习，才能实现观念的不断创新。不仅如此，人的思想观念的形成和发展还受到思维模式的影响和制约，落后的思维模式只能导致观念的僵化，只有创新的思维模式才能带来思想观念的真正解放。因此，要实现观念的不断创新，就必须进行创新思维模式的培养和修炼，只有不断培养提高人们的创新思维能力，才能找到新思想、新观念产生的不竭源泉。

　　观念创新是管理创新的先导。观念创新实际上是一场观念革命，是一个否定自我、超越自我的过程，是一个改变现有利益格局、重构新的利益关系的过程，是一个不断学习、积累和提高的过程。管理创新是永恒的，管理理念永远引导着企业管理者超越自我，超越已有的管理理论、管理经验和管理模式而逐步走向管理的自由王国。

9.1.4.2　目标创新

　　企业是在一定的社会经济环境中开展经营活动的，特定的环境要求企业按照特定的方式提供特定的产品。企业管理目标，是企业管理所要预期达到的结果，也是企业不断发展的动力源泉。企业管理目标必须是根据企业发展规律，从企业内外环境条件和实际出发，权衡有利因素和不利因素，分析和估计现实条件和潜在条件，考虑需要与可能，并经过反复测算和科学论证后确定的。企业管理目标确定后，在一定时期内是相对稳定的，但并不是一成不变的，一旦环境发生变化，企业的生产方向、经营目标以及企业在生产过程中同其他社会经济组织的关系就需要进行相应的调整。企业管理目标调整不应是适应性地消极调整，而应是创造性地目标创新。目标创新要有长远的战略眼光，根据内外环境条件，大胆设想，使其既有实现的可能，又始终具有超前性和挑战性，有利于企业的长远发展和长远利益。同时，目标创新还要具有可分解性和可操作性，使其对企业各层次的人都提出明确要求和挑战，使他们都成为创新主体，并在创新中实现自身价值。不同时期、不同阶段企业所面临的环境各有不同，企业必须适时地根据市场环境和消费需求的特点及变化趋势调整经营思路和策略，整合生产经营资源要素。而企业的每一次调整都是一种创新。目标的创新是企业发展中的一种根本性的、决定全局的管理创新。

9.1.4.3　技术创新

　　技术创新就是为了满足消费者不断变化的需求，提高竞争优势而从事的以产品及其生产经营过程为中心的包括构思、开发、商业化等环节的一系列创新活动。技术创新是企业创新的主要内容，企业中出现的大量创新活动是关于技术方面的，因此，有人甚至把技术创新视为企业管理创新的同义语。技术水平是反映企业经营实力的一个重要标志，企业要在激烈的市场竞争中处于主动地位，就必须顺应甚至引导社会的技术进步，不断地进行技术创新。由于一定的技术都是通过一定的物质载体和利用这些载体的方法来体现的，因此企业的技术创新主要表现在要素创新、要素组合方法创新和产品创新。

（1）要素创新。企业的生产经营过程是一定的劳动者利用一定的劳动手段作用于劳动对象使之改变物理、化学形式或性质的过程。参与这个过程的要素包括材料、设备和企业员工等三类。所以要素创新包括了材料创新、设备创新和人力资源管理创新三个方面。材料创新是指开辟新的材料来源，以保证企业扩大再生产的需要；开发和利用大量廉价的普通材料（或寻找普通材料的新用途）替代量少价高的稀缺材料，以降低产品的生产成本；改造材料的质量和性能，以保证和促进产品质量的提高。设备创新是指通过利用新的设备，减少手工劳动的比重，以提高企业生产过程的机械化和自动化的程度；通过将先进的科学技术成果用于改造和革新原有设备，延长其技术寿命，提高其效能；有计划地进行设备更新，以更先进、更经济的设备来取代陈旧的、过时的老设备，使企业生产经营建立在先进的物质技术基础上。人力资源管理创新既包括根据企业发展和技术进步的要求，不断地从外部取得合格的新的人力资源，也包括注重企业内部现有人力资源的继续教育，用新技术、新知识去培训、改造和发展他们，使之适应技术进步的要求。

（2）要素组合方法创新。利用一定的方式将不同的生产要素加以组合，这是形成产品的先决条件。要素的组合包括生产工艺和生产过程的时间组合和空间组合两个方面。所以，要素组合方式的创新，一是指生产工艺创新，既要根据新设备的要求，改变原材料、半成品的加工方法，也要在不改变现有设备的前提下，不断研究和改进操作技术和生产方法，以求使现有设备得到更充分的利用，使现有材料得到更合理的加工；二是指生产过程的时间和空间组织创新，即企业应不断地研究和采用更合理的空间布置和时间组合方式，以提高劳动生产率，缩短生产周期，从而在不增加要素投入的前提下，提高要素的利用效率。

（3）产品创新。产品是企业的生命，企业只有不断地创新产品才能更好地生存和发展。产品创新一般是指企业根据市场需要的变化，根据消费者偏好的转移，及时地调整企业的生产方向和生产结构，不断开发出用户欢迎的适销对路的产品，即品种创新；或是企业不改变原有品种的基本性能，对现在生产的各种产品进行改进和改造，找出更加合理的产品结构，使其生产成本更低、性能更完美、使用更安全，从而更具市场竞争力，即产品结构的创新。

9.1.4.4 制度创新

组织制度是组织运行方式的原则规定。企业制度主要包括产权制度、经营制度和管理制度。我们研究组织制度创新，是从社会经济角度来分析企业中各成员间的正式关系的调整和变革。组织制度的运行状态和变革、创新的程度从根本上决定了组织的未来发展状况。

（1）经营制度创新。经营制度是有关经营权的归属及其行使条件、范围、限制等方面的原则规定。它表明企业的经营方式，确定谁是经营者，谁来决定企业生产经营资料的占有权、使用权和处置权，谁来确定企业的生产方向、生产内容、生产形式，谁来保证企业的生产经营资料的完整性和增值，谁来向企业生产经营资料的所有者负责及负何种责任。企业经营制度的创新方向应是不断寻求企业生产经营资料最有效利用的方式。

（2）管理制度创新。管理制度是行使经营权、组织企业日常生产经营活动的各种具体规则的总称，包括材料、设备、人员及资金等各种生产经营要素的取得和使用的规定。管理制度涵盖的内容非常广泛，如企业人力资源管理制度、财务管理制度、物资设备管理制度、投资决策管理制度和营销管理制度等。管理制度的创新，要求企业根据内外环境的变化、自身的特点和企业目标的调整，适时地、灵活地完善管理制度，提高企业运行的有效性。在管理制度的众多内容中，分配制度是最重要的内容之一。分配制度涉及如何正确地衡量成员对组织的贡献并在此基础上如何提供足以维持这种贡献的报酬。由于劳动者是企业各种生产经营资源要素利用效率的决定性因素，因此，提供合理的报酬以激发劳动者的工作热情对企业的生产经营有着非常重要的意义。分配制度的创新在于不断地追求和实现报酬与贡献更高层次上的平衡与一致。

总之，企业制度创新的方向是不断调整和优化企业生产经营资料所有者、经营者和劳动者三者之间的关系，使各方面的权力和利益得到充分体现，使组织的成员的作用得到充分的发挥。

9.1.4.5 组织机构和结构的创新

企业组织的正常运行，既要求具有符合企业及其环境特点的运行制度，又要求具有与之相应的运行载体，即合理的组织形式。因此，企业制度创新必然要求组织形式的变革与发展。

从组织理论的角度来考虑，企业组织是由不同的成员担任的不同职务和岗位的结合体。这个结合体可以从结构和机构这两个不同层次去考察。所谓机构是指企业在构建组织时，根据一定的标准，将那些类似的或为实现同一目标有密切关系的职务或岗位归并到一起，形成不同的管理部门。它主要涉及管理劳动横向分工的问题，即把企业生产经营业务的管理活动分成不同部门的任务。而结构则与各管理部门之间，特别是与不同层次的管理部门之间的关系有关，它主要涉及管理劳动的纵向分工问题，即所谓的集权和分权问题。不同的机构设置，要求有不同的结构形式。组织机构完全相同，但机构之间的关系不一样，也会形成不同的结构形式。由于机构设置和结构形式要受到企业活动的内容、特点、规模、环境等因素的影响，因此，不同的企业有不同的组织形式，同一企业在不同的时期，随着经营活动的变化，也要求组织机构和结构不断进行调整。组织机构和结构创新的目的在于更合理地组织管理人员的工作，提高管理劳动的效率。

9.1.4.6 环境创新

企业总是在一定的环境中求得生存和发展的。相同的环境可以对不同的企业产生不同的影响，同样，在不同的环境下，同一企业可能有差异很大的发展历程。因此，环境状况对企业的发展至关重要。环境创新不是指企业为适应外界变化而调整内部结构或活动，而是指通过企业积极的创新活动去引导环境的变化，去改造环境，从而达到使环境的变化朝着有利于企业经营的方向发展。例如，企业通过制度创新、管理方式创新等最终影响国家和地方政府经济体制改革政策的确定；企业通过自身行为，最终影响行业游戏规则的制定；企业通过技术创新，最终影响社会技术进步的方向等。概括地说，企业环境创新，强调企业不是被动地适应环境，对于改变环境显得软弱无力，而是企业能够对环境施加影响，削弱环境对企业管理的限制力量，一定程度上实现对环境变化方向的引导。

对企业来说，环境创新的内容很多，但市场创新是最主要的。市场创新主要是指通过企业的活动去引导消费，创新需求。新产品的开发往往被认为是企业创造市场需求的主要途径。其实，市场创新的更多内容是通过企业的营销活动来进行的，即在产品的材料、结构、性能不变的前提下，或通过市场的地理位置转移，或通过揭示产品新的物理使用价值，来寻找新用户，或通过广告宣传、营业推广等促销手段，来赋予产品以一定的心理使用价值，影响人们对某种消费行为的社会评价，从而诱发和强化消费者的购买动机，增加产品的消费量。

9.1.4.7 管理模式创新

管理模式是一整套相互联系的观念、制度和管理方式方法的总称。管理模式创新就是企业为了适应内外环境的变化而针对管理模式进行的创新。管理模式创新是指基于新的管理思想、管理原则和管理方法，改变企业的管理流程、业务运作流程和组织形式。企业的管理流程主要包括战略规划、资本预算、项目管理、绩效评估、内部沟通和知识管理。企业的业务运作流程有产品开发、生产、后勤、采购和客户服务等。通过管理模式创新，企业可以解决主要的管理问题，降低成本和费用，提高效率，增加客户满意度和忠诚度。挖掘管理模式创新的机会可通过以下措施：和本行业以外的企业进行对比；挑战行业或本企业内普遍接受的成规定式，重新思考目前的工作方式，寻找新的方式方法，突破"不可能""行不通"的思维约束；关注日常运作中出现的问题事件，思考如何把这些问题变成管理模式创新的机会；反思现有工作的相关尺度，如该做什么、什么时间完成和在哪里完成等。持续的管理模式创新可以使企业自身成为有生命、能适应环境变化的学习型组织。

9.1.4.8 管理方法创新

知识经济发展使组织或社会的管理方法从常规管理阶段步入管理创新阶段。变革对组织的生存发展带来挑战，更带来机遇，其核心理念在于创新。改革开放以来，一些科学管理的方法如：全面质量管理、定置管理、物料资源规划、企业资源规划、计算机集成制造系统等都得到了一定程度的应用。结合知识经济所提供的软硬件条件，应在以下几个方面进行管理方法创新。

（1）会议创新。传统会议往往要求在同一时间、同一地点聚集相当数量的人，讨论某一主题，这使会议成为只发表特定人（主要领导）的思想，传达上级精神的工具，人们要为此付出许多时间成本、精力成本甚至精神成本。现在要充分利用计算机网络系统，实现会议无地域、无时间限制。注重会议优化与互补，通过有效的会议管理产生不同层次的创新方略组合，使会议产生较高的效率和效益。

（2）解决问题方法的创新。要通过创造性思维，从一个新的角度和层次来对待各项资源要素，合理运用不同的方法，进行要素、功能及优势之间的重新整合。

管理方法创新要强化首创精神，通过信息技术创新创建共享资源，赢得竞争优势。在管理方法创新上应从消极地适应市场转向积极求变、创新，将企业管理从科学管理推进到科学加艺术的管理新境界。

9.2　创新过程

9.2.1　创新的原则

管理创新本身意味着对某些传统管理原则的突破。这里所说的创新原则只是从管理创新实践中总结出来的一些行之有效的方法，并不等于是管理创新必须要遵循的戒律。

（1）目的性原则

企业的管理创新应该有明确的目的，要回答各种各样的"为什么"的问题：企业的长远目标是什么？这一目标需要调整吗？如何调整？我们是如何做的？这些做法的有效性如何？是否存在改进的余地？通过何种方法来改进？

明确的目的指出了创新的方向，也提出了对创新工作进行检验和评价的标准，这是任何一项管理工作都必须遵守的原则。漫无目的的创新是难以有所成就的，也无法确定对创新的评价和对创新者的奖惩，更不用说能够通过一步一步地创新使企业管理上升至更高的境界。

（2）系统性原则

企业组织是由许多相互联系而又相互作用的要素构成的复杂系统，往往牵一发而动全身。采用新的管理方法之前不仅要考虑实施的成本和可能的效益，而且一定要考虑清楚这个方法的影响范围、影响程度、影响时间，充分考虑可能出现的意外情况，准备应急措施，充分考虑组织文化的适应性，考虑员工的接受程度，因此管理创新特别要强调把管理工作当作一个整体来考虑。

（3）沟通协调原则

组织管理的创新变革要涉及人们的切身利益，改变传统的价值观念和组织惯性，必然会遇到来自个人或组织方面的各种阻力。创新成功的关键在于尽可能消除阻碍创新的各种因素，缩小反对创新的力量，使创新的阻力尽可能降低。一项完美的创新方案如果得不到员工的支持是难以成功的，创新实施过程成败的关键取决于作为组织成员的各方对组织创新目标及实施方式的理解，并在多大程度上达到一致，也取决于组织者的沟通技巧。

（4）反向思维原则

所谓反向思维，是指对一个问题有意识地采取不同的思维方式来考虑，以便找出新的解决之道。比如，某个城市的商业企业降价大战逐步升级的时候，一个中等规模的企业却十分冷静，它没有仓促应战，他想到的是这场混战将如何结束。当这些企业都发现这场战争没有胜利者的时候，开始寻找下来的"台阶"，这家企业及时地出面充当了这个"台阶"——由它出面组织了一次和平谈判。无形之中它的地位由这个行业中的普通一员上升为至关重要的领导者。

5. 综合交叉原则

企业管理创新日益成为一门综合性学科，管理创新必然涉及对其他学科、其他行业、其他企业的做事方法的借鉴，如对企业组织的认识就是如此。

9.2.2 创新的过程

管理创新作为一个过程和一个结果，实际上可以分为四个阶段：寻找机会阶段、创意形成阶段、创意筛选阶段和创意验证实施阶段。

（1）寻找机会阶段

企业的创新，往往是从密切地注视、系统地分析社会经济组织在运行过程中出现的不协调现象开始的。旧秩序中的不协调既可存在于系统的内部，也可产生于对系统有影响的外部。就系统的外部来说，有可能成为创新契机的变化主要有：技术的变化、人口的变化、宏观经济环境的变化、文化与价值观念的转变等。就系统内部来说，引发创新不协调现象的原因主要有：生产经营中的瓶颈、企业意外的成功和失败等。

（2）创意形成阶段，即产生创意的阶段

有创意才会有创新，能否产生创意是关系到能否进行管理创新的根本。创意是由企业中的人或与企业有关的人所产生的。能够产生一些好的创意绝不是容易的事，它受到人的素质、当时各种因素的影响和制约。

（3）创意筛选阶段

产生了许多创意之后，需要根据企业的现实状况、企业外部环境的状况对这些创意进行筛选，看其中哪些有实际操作意义。对创意筛选的人员要有丰富的管理经验、极好的创造性潜能以及敏锐的分析判断能力。

（4）创意验证实施阶段

选择后的创意要通过一系列具体的操作设计，将创意变为一项确实有助于企业资源配置的管理范式，而且确实在企业的管理过程中得到了验证。创意的验证实施是整个创新过程中非常重要的阶段，许多好的创意往往由于找不到合适的具体操作设计，而导致这一创意最终无法成为创新。因此，将创意转化为具体的操作方案实施，是管理创新的困难所在，也是管理创新成功的要求。

9.3 创新方法

9.3.1 头脑风暴法

头脑风暴法是美国创造工程学家 A. F. 奥斯本在 1940 年发明的一种创新方法。这种方法是通过一种别开生面的小组畅谈会，在较短的时间内充分发挥群体的创造力，从而获得较多的创新设想。当一个与会者提出一个新的设想时，这种设想就会激发小组内其他成员的联想。当人们卷入"头脑风暴"的洪流之后，各种各样的构想就像是燃放鞭炮一样，点燃一个，引爆一串。

这种方法的规则有：不允许对别人的意见进行批评或反驳，任何人不做判断性结论。鼓励每个人独立思考，广开思路，提出的改进设想越多越好，越新越好。允许相互之间的矛盾。集中注意力，针对目标，不私下交谈，不干扰别人的思维活动。可以补充和发表相同的意见，使某种意见更具说服力。参加会议的人员不分上下级，平等相待。不允许以集体意见来阻碍个人的创造性设想。参加会议的人数一般为 10~15 人，时间一般为 20~60 分钟。

这种方法的目的是创造一种自由奔放的思考环境，诱发创造性思维的共振和连锁反应，产生更多的创造性思维。讨论 1 小时能产生数十个乃至几百个创造性设想，适用于问题较简单，目标较明确的决策。

随着这种方法在运用中的发展，出现了"反头脑风暴法"，其做法与"头脑风暴法"相反，对一种方案不提肯定意见，而是专门挑毛病、找矛盾。它与"头脑风暴法"一反一正可以相互补充。

9.3.2 逆向思考法

这种方法是顺向思维的对立面。逆向思维是一种反常规、反传统的思维。顺向思维的常规性、传统性，往往导致人们形成思维定势，是一种从众心理的反映，因而往往成为人们的一种思维"框框"，阻碍着人们创造力的发挥。这时如果转换一下思路，用逆向法来考虑，就可能突破这些"框框"，取得出乎意料的成功。

逆向思考法由于是反常规、反传统的，因而它具有与一般思考不同的特点，其具体特点如下三点：

（1）突破性。这种方法的成果往往冲破传统观念和常规，常带有质变或部分质变的性质，因而往往能取得突破性的成就。

（2）新奇性。由于思维的逆向性，改革的幅度较大，因而必然是新奇、新颖的。

（3）普遍性。逆向思维法应用范围很广，适用于绝大多数的领域。

9.3.3 检核表法

这种方法适用于绝大多数类型与场合，因此又被称为"创造方法之母"。它是用一张一览表对需要解决的问题逐项进行核对，从各个角度诱发各种创造性设想，以促进创造发明、革新或解决工作中的问题。实践证明，这是一种能够大量开发创造性设想的方法。

检核表法是一种多渠道的思考方法，包括以下一些创造技法：迁移法、引入法、改变法、添加法、替代法、缩减法、扩大法、组合法和颠倒法。它启发人们缜密地、多渠道地思考问题和解决问题，并广泛运用于创造、发明、革新和企业管理。它的要害是一个"变"字，而不把视线凝固在某一点或某一方向上。

9.3.4　类比创新法

类比就是在两个事物之间进行比较，这个事物可以是同类的，也可以是不同类的，甚至差别很大，通过比较，找出两个事物的类似之处。然后再据此推出它们在其他方面的类似之处，因此，类比创新法是一种富有创造性的发明方法，它有利于发挥人的想象力，从异中求同，从同中求异，产生新的知识，得到创新性成果。类比方法很多，有拟人类比法、直接类比法、象征类比法、因果类比法、对称类比法、综合类比法等。

9.3.5　模仿创新法

模仿创新是企业管理中最为普遍、投入少、成本低、速度快、成效好的创新策略，也是向自主创新转化的必然过程。所谓模仿创新，又叫后发者创新，是指企业管理创新者以首创者的创新经验为基础，以首创者的创新成果为示范和版本，结合本企业实际，进行创新的过程。

一方面，模仿创新以模仿为基础，这决定其具有跟随性。不断追踪最新的管理创新经验和成果，并在"跟"中学，通过对首创者创新的观察、评判、选择以及总结其经验和教训、学习相关知识等，把握和模仿其可取之处。

另一方面，模仿创新又落脚于创新，这决定其具有创造性。在学习首创者的创新经验和成果的同时，必须结合本企业实际，创造性地把首创者的经验和成果"移植"到本企业中来。

企业要采取模仿创新策略，首先必须不断追踪最新的创新经验和成果，及时把握和了解最新的创新动态和趋势。其次必须具有较强的学习、分析和理解能力，经过"分解研究"和"黑箱破译"等，理解、把握和消化吸收首创者的创新理论基础、管理方式方法等。最后必须具有再创新的勇气和能力。企业对首创者创新的模仿，不是简单地照搬照抄，而是借鉴首创者的可取的方面，剔除不可取或不适合的方面，结合企业自身实际，以创新的勇气和精神，进行再创新、再创造。

思考题

1. 创新的要素有哪些？
2. 创新的内容有哪些？
3. 创新可以从哪些方面进行分类？具体包括哪些内容？
4. 创新过程包含了哪几个阶段？
5. 创新的方法有哪些？

第二部分
案例篇

第二猎犬

案例四

10　决策案例

案例1　三问哲学：看马化腾如何做决策

"每进入一个新的市场领域，我都会问自己三个问题：这个新的领域你是不是擅长？如果你不做，用户会损失什么吗？如果做了，在这个新的项目中自己能保持多大的竞争优势？"

——马化腾

一、战战兢兢地进入陌生领域

有人做成了一件事，就以为也能做成另一件事，甚至是什么事都能做成。马化腾不是这样，他就像一只胆怯的小狐狸一样，发现一只猎物之后，总是左顾右盼地打量着周围的环境，看看有没有陷阱和危险；然后试探性地嗅嗅猎物，看看是不是已经腐烂变质，能不能吃，吃了会不会闹肚子；然后再小心地撕开猎物一点点，品尝一下；当发现猎物鲜美可口时，马化腾和他的团队就会迅速地将猎物据为己有，形成独家垄断的态势。

2002年，腾讯决心进入游戏市场。马化腾认识到："那个时候大型网游常常都要收费，收入很高，10万人在线就可能意味这一个月收入1 000万元，这个市场是不容忽视的。如果你在这边一点都没有位置，或者没有任何收入的话，你未来要做一些基础性研发会缺少现金流。"

不仅如此，网络游戏还消耗了用户很多使用时间，过去网民在网吧玩的是QQ，后来玩网络游戏的却越来越多。"你会感觉到用户消耗的时间事实上超过即时通讯了，这是一个无形资产上的威胁。"

网游很多人都想做，但不是想做就能做的。下决心容易，如何进入是个问题。马化腾不像史玉柱那样拿着两个亿直接往里砸。在一个虚拟的世界里，几万人同时互动，存在诸多变数和可能，如何保证速度，如何保证顺畅，怎样承载那么多人同时在线，这些都需要耐心研究和积累经验。

（一）代理失败

对于上马网游，腾讯的高层内部有不同意见。"其实最大的问题是离我们当时的能力很远，几个创始人没干过，不懂，然后周围也没有这样一个经理人。"马化腾回忆说。

当敲定进入网游的决策之后，马化腾率团去上海拜访陈天桥，到美国观摩 E3 游戏展会，通过综合研判，腾讯还是选择了比较保守的策略：从韩国引进游戏先代理运营。之后，腾讯从韩国以 30 万美元签下了《凯旋》。由于游戏自身缺陷，加之腾讯缺乏网络游戏运营经验，《凯旋》变成了"卡旋"，经营效果应该说是失败的。

（二）自主研发高开低走

《凯旋》失败之后，公司里反对网游的声音又大了起来。负责腾讯网游互动娱乐业务的执行副总裁任宇昕回忆说："有质疑的声音，就是腾讯做棋牌类游戏的平台比较合适，做大型网游离 IM 太远了。我们是不应该进入那个领域的。"

吸取《凯旋》的教训，马化腾抽调了最核心的技术骨干投入游戏研发，开发出一款休闲游戏《QQ 堂》。QQ 堂一开始也不行，摸索了半年，经过不断改善后才逐渐好转起来。但是，《QQ 堂》这类游戏只是小打小闹，与盛大的《传奇》不是一个量级，不能为腾讯带来巨额收入。努力的结果是，到 2005 年腾讯终于推出了第一款自主研发的大型网游《QQ 幻想》。

《QQ 幻想》开局很好，公测一开始就赢得了 66 万用户，创造了国内网游的纪录，这让腾讯网游团队很兴奋。但是好景不长，由于《QQ 幻想》比较简单，不少人很快就全部过关，而且陈天桥、史玉柱大打免费游戏牌，《QQ 幻想》成了网游收费模式的末班车，结果是这款游戏成了一款高开低走的作品，不能说是失败，但也不是很成功。

不过，值得欣慰的是，经过不断地折腾，这时候的腾讯对于网游已经不再是门外汉了，从人才到经验都已经具备，只是等待厚积薄发的那个时刻。

（三）拿来主义，本土改造

腾讯在网络游戏市场所经历的诸多挫折证明了一个问题：庞大用户平台的推广只是腾讯多元化成功的一个必要条件，却并非充分条件。

2008 年，马化腾再次祭出腾讯最为熟悉的跟随策略，选择了两款在韩国被证明成功、但是在中国尚未运营成功的游戏：《地下城与勇士》与《穿越火线》，结果，这两款游戏最后都突破了 100 万人同时在线的大关。

至此，腾讯的网游业务方才拨云见日，马化腾选择游戏的标准是："以务实的角度去考虑选哪些类型的游戏，去选前人已经跑开，证明能够成功的种类。""为了填补那一个最可能成功的细分领域，就专门去找，或者是去投资。"然后把"细分领域做到很透，做到极致"。

从用户需求出发，针对用户的细分需要开展服务，这正是拥有海量用户的腾讯的拿手好戏。腾讯在代理国外网游的同时，也介入到对所代理产品的研发中。

马化腾说："我们不是简单一个运营商，是运营商再加上一些合作，包括联合研发，只有这样才能真正获得成功。"比如《穿越火线》就根据中国用户的体验和反馈进行了很多修改与调整。国外成功游戏产品的本土化改造使腾讯在网游领域逐渐站稳了脚跟。

（四）修成正果

腾讯在网络游戏领域的多年耕耘终于得到回报。在 2009 年的第二季度，腾讯网络游戏收入达到 12.41 亿元，从而超过盛大成为国内第一，而且网游收入占据了腾讯总收入的半壁江山。

可以看出，进入网游领域，马化腾采取了颇为保守的三步走策略。

第一步，代理大型网游。尽管这次合作不算成功，但是却锻炼了腾讯的游戏研发和运营队伍。

第二步，选择进入相对比较简单的棋牌类休闲游戏，"棋牌类游戏开发成本比较低，而且关联度比较大。比较简单，可以整合。"最初，腾讯只是投入 4 个人进行了棋牌类游戏的研发，结果很快获得了"意想不到的成功"。

第三步，在找到了网游的感觉之后，腾讯才开始加大投入力度，自主研发与国外引进并举，直到大型网游《QQ 幻想》、《地下城与勇士》以及《穿越火线》相继出笼。

应该说马化腾在进入游戏市场的时候，他的手里"不差钱"，正是春风得意的时候。但是，可以看出，马化腾和他的团队仍然战战兢兢，如履薄冰，像一个小学生一样，试探着去敲网络游戏市场的门。这种在"第一桶金"成功光环下仍能保持谦虚谨慎的心态，正是企业得以永续经营的保障。

二、小心翼翼地问自己三个问题

希腊哲学家对"卓越"与"自负"有一个非常发人深省的观念，他们相信每一个人都有责任把自己的潜能发挥得淋漓尽致，但同时，人的内心应有一个信条：不能自欺地认为自己具有超越实际的能力。

如果一个人因为一点点小的或者意外的成功，就系统性地夸大自我能量，就认为自己无所不能，那么，在自我膨胀、自以为是的幻象中，很可能会陷入必然失败的陷阱。

（一）马化腾：问自己三个问题

当初在腾讯陆续进入网络游戏、门户网站等领域时，有人怀疑这种扩张方向有多大的合理性。马化腾笑着回应说："每进入一个新的市场领域，我都会问自己三个问题：这个新的领域你是不是擅长？如果你不做，用户会损失什么吗？如果做了，在这个新的项目中自己能保持多大的竞争优势？"而这"三问"准确地揭示了马化腾的经营哲学理念。

1. 这个新的领域你是不是擅长？

有的人做企业、做产品先算算应该投多少钱、赚多少钱，唯一不算的是用户是不是需要，自己是不是擅长。而马化腾真正擅长的就是准确把握用户的需求，用近乎偏执的兴趣和近乎狂热的工作热情做产品，极端专注于技术开发和提升用户体验，当然能高出对手一筹。

2. 如果你不做，用户会损失什么吗？

如果不做，用户有损失或者用户的问题得不到解决，那就说明这件事应该做，只有维护了用户的利益才能维护自己的利益。做软件工程师的经历使马化腾明白，开发软件的意义就在于为用户带来价值，如果用户有需求，自己有能力做就应该去做，而且要专注地去做，不要过于关注其他人的评论与指手画脚。

3. 如果做了，在这个新的项目中自己能保持多大的竞争优势？

马化腾保持自己竞争优势的诀窍就是"专注"，马化腾的专注在业界是出了名的，他说，"最初有几家有实力的企业都在做与我们类似的事，可只有我们一家公司专注于做即时通讯服务，专注使我们在技术上有了积累。其他公司多采用外包形式开发，不是自己去做；我们与他们不同，我们在后端做的工作更多，难度也更大。"这样确保了产品的不断改善与用户体验，也就始终保持了腾讯产品的口碑与竞争优势。

（二）"三问"的启示

面对新业务，马化腾很少从眼前利益而是从长远的角度进行思考：未来 5 年这项业务是否会持续增长？用户的需求会不会转向其他地方？是否有新生产业对此构成威胁？随着网民数量的增长放缓和结构变化，如何应对获得新增用户的成本提升，以及产品如何更贴近不断变化的用户群？

在决定某项新业务于何时推出的时候，马化腾考虑的是如何将企业自身的学习周期与该产业的生命周期进行协调，以形成一个比较稳妥的扩张节奏，保证企业始终在金牛型业务与种子业务之间建立一种平衡。腾讯的新产品学习周期与其他互联网企业相比，显得谨慎而缓慢。正是这种理性的态度，使马化腾对某项业务的盈利与否保持着比较冷静的心态。

马化腾的理性思维与"三问"哲学，饱含着深刻的哲理和远谋。而不少企业和创业者缺少的常常正是"三问"这种严谨、务实的科学态度和作风。有的人在成功掘取"第一桶金"之后，便自信地飘然起来。他们过分地相信自己的感觉、能力和判断，而忽视了今非昔比、一切都在变化之中；过分地依赖自己成功经验的总结和继承，过分地迷恋自己成功的往事和历史。这种过度自信以至自负，往往把来之不易的成功瞬间带入万劫不复的泥潭。

马化腾谨小慎微地对待前行的每一步，这种态度无疑是很多企业与企业家需要学习的。腾讯从做一款单一的即时通讯软件，到游戏、门户、邮箱、视频、微博、财付通、微信，到今天成为中国互联网最大的平台型公司，尽管也出现过诸如进入搜索、电子商务领域的挫折，但正是马化腾对所涉足的每一个领域都小心翼翼地认真选择，才确保了腾讯这只互联网大船一直乘风破浪、稳健前行。

三、用德鲁克的经典"三问"指点迷津

看到马化腾的"三问"，不免联想到现代管理之父德鲁克的经典"三问"。德鲁克认为，企业如果不了解自己是什么，代表着什么，自己的基本概念、价值观、政策和信念是什么，它就不能合理地改变自己。

只有明确地规定了企业的宗旨和使命，才可能树立明确而现实的企业目标。企业的宗旨和使命是确定优先顺序、战略、计划、工作安排的基础。德鲁克提醒创业者和企业经营者，在开始或者拓展企业业务时，要问自己三个问题：

（一）我们的事业是什么？

这个问题的答案只能从外部去寻找。也就是从客户与市场的观点来回答这个问题，由顾客来定义企业，而不是由企业自己拍脑袋来定义，即必须从顾客的事实、状况、行为、期望及价值着手。

围绕顾客，我们必须要问：谁是我们的顾客？顾客在哪儿？顾客购买什么？顾客认定的价值是什么？以此厘清企业、产品、服务的定位，这也是企业之所以存在的理由。

马化腾和他的腾讯从创业的一开始，就牢牢地抓住了这个"牛鼻子"，"一切以用户体验与用户价值为依归"，创业的前半期提出了"满足用户一站式网络生活"的经营战略，后半期提出了"经营互联网生态"的战略构想。

（二）我们的事业将是什么？

企业和企业家必须思考目前供给的商品与服务，是否能满足顾客的那些需求和欲望。而且预期未来五年或十年内，市场有多大？在环境中已有什么可以看得出的变化，可能对我们企业的特点、使命和宗旨发生重大的影响？哪些因素可能促成或阻碍企业目标与预期的实现？尤其必须从人口统计学角度着手，人口的变动是唯一的可能进行有把握预测的因素。德鲁克告诫企业家们，必须把人口统计分析作为最扎实、最可靠的基础。

马化腾对于"我们的事业将是什么"有着惊人的洞察和预见，他每天在网上游荡的目的就是不断地为腾讯寻求未来的答案。他深知人口统计学对于 QQ 的发展意味着什么，不断推动 QQ 与时俱进，持续满足新一代 QQ 用户以及不断长大了的 QQ 用户的需求。

（三）我们的事业应该是什么？

企业和企业家必须审时度势，要问：有什么机会正在出现，或者，可以创造什么机会以跨入不同事业而实现企业的目的与使命。从 PC 版的 QQ，到移动 QQ，再到微信，马化腾以非凡的商业洞察力获得了移动互联网的"站台票"。

德鲁克教导我们，界定企业目的与使命是件困难、痛苦且极具风险的工作。但是唯有如此，企业才能设定目标、制定策略、集中资源，有所作为，有所不为。也唯有这样，企业才能获得生存以及可持续发展的机会。

四、用做科学的方法做企业

月星集团董事长丁佐宏认为，在管理已经升级的今天，部分企业依然执行"三拍决策"——老板拍脑袋、高层拍胸膛、下属拍屁股（走人）。这样的决策习惯可以使企业在早期一夜暴富，但目前如果企业再这样干，非破产不可。

一贯谨慎的马化腾喜欢使用"渗透"这个词汇来代替进攻。这份谨慎使得腾讯在过去十多年里几乎没有犯过大错，同时代的中国互联网大佬，大都曾经因为冒进而吃过苦头，包括盛大陈天桥的"盒子"、马云收购雅虎中国等。马化腾的"三问"不仅与德鲁克的"三问"异曲同工，而且，更用自己的实践与腾讯的成长验证了做企业的一个道理：大胆假设，小心求证。

"大胆假设，小心求证"，是胡适对实验主义方法论的经典概括，也是他一生反复强调的科学方法。胡适认为，"假设不大胆，不能有新发明；证据不充足，不能使人信仰。"

"大胆假设"和"小心求证"是相辅相成的。如果没有"大胆假设"，就不能在思维上有所突破，无法进行前瞻性思考，不能洞察商业机会；但"大胆假设"要落到实处，又离不开"求证"，而且是非常"小心"地求证，只有这样才能准确研判是不是机会，并进行决断。

被誉为中国 IT 业教父的柳传志是一个坚定的现实主义者，其"三不干铁律"成为抑制中国企业多元扩张冲动的泻火良药，柳传志的投资秘诀是：没有钱赚的事不能干；有钱赚但投不起钱，或者投得起但赔不起的事不能干；有钱赚、也有钱投、也能赔得起，但没有合适的人去做，这样的事也不能干。

马化腾其实也是一个"三不干"主义者，创立腾讯之初就曾想做门户网站，但在资金有限、人才缺乏的情况下还是放弃了。但他一直没有忘记这个想法，而且在腾讯已经拥有了雄厚财力之后，他还是经常计算，一个两三百人的编辑队伍需要多少成本，腾讯是否承受得起，当确认有十足把握之后才开始招兵买马。

在目前这个比较浮躁的社会心态中做企业，尤其需要强调的是企业家"小心求证"的决策态度，这种实事求是、严谨认真的务实精神，才是企业永续经营的根基。

资料来源：http：//www. managershare. com/post/191564

思考题

1. 腾讯为何能在网络游戏领域取得突破？
2. 结合案例，谈谈马化腾的"三问"与德鲁克的"三问"的异曲同工之处。

案例 2 七匹狼闯网

这是一场迟到而匆忙的思维变革。在电子商务渐兴狂潮时，与所有传统服装品牌一样，七匹狼也是后知后觉，但它在不经意间结出了果子。

2013 年"双十一"，七匹狼 18 000 件时尚轻薄多彩羽绒服成为七匹狼的"爆款"，遭到"哄抢"的同时，也带动了其他品类和款式的畅销。这一天七匹狼单日销售额达到了 1.2 亿元，居男装品牌类目第二位。而在 2008 年，七匹狼电商一天最多营收不过千元。这五年，互联网发生了什么？七匹狼到底做了什么？

当整个服装行业库存愈发沉重，猛然间线上服装品牌已渐渐崛起，在悄然间把市场蚕食。而且，在消费口味频繁转变的情况下，传统品牌笨重的供应链显得更加迟钝。七匹狼最初打算建造工厂店，用折扣和特价来消化库存。而互联网电商让库存找到了更好的消化渠道。

这些年，互联网思维在深化：以用户为中心、快速反应、整合与跨界、大数据与云端。传统企业的转变则是匆匆忙忙、马马虎虎，B2C还没做好、O2O刚有眉目，C2B就已经启动……传统品牌能够热烈拥抱互联网渠道，却难以用互联网思维来彻底驾驭自己——他们得其形却尚未得其神。

传统品牌一旦嫁接互联网，是不是就会迸发出比网络品牌更巨大的能量？七匹狼是一个样本，一个探索互联网渠道与互联网思维的样本。它有既定的压力，也有意外的成功，有大胆的尝试，也有不可触及的理想。

一、受益 B2C，库存下水道？

要不要做电子商务？现在看来这是传统企业无谓的困扰。时间痛快地做出了回答，当前通过官网、第三方平台来开展电商业务，已成为一个企业的标配。把产品拿到网上销售，这是传统企业对互联网最简单的接触。

七匹狼并不是电商业务先行者。2008年，金融海啸让国内外需求骤减，服装以及运动用品产业在急剧扩张后要重新考虑未来。这年6月，七匹狼在淘宝开办旗舰店，正式启动电商业务。其实七匹狼的产品早就在线上扎了营，此前三年，是淘宝网崛起的黄金期，有许多小店在销售七匹狼男装。店主多为七匹狼线下经销商或是他们的亲朋，商品正是滞销的库存。

市场庞杂无序，假货尾货泛滥不可避免，统一价格和质量都无从谈起。在线上，七匹狼既有的口碑与形象并没有产生相应的销售效果。"竞争"下的七匹狼旗舰店，一天最多营收不过千元。

无论线上线下，一个有序的销售体系是渠道规模化的先决条件。最初，七匹狼先对未授权的店铺施压，强迫他们关闭。但是这里是互联网，开店成本低，违规成本低。适用于线下渠道的管理秩序并不适合这里，关掉一批后又再起一批。折腾一年后，七匹狼才意识到对于线上商业力量，与其围堵剿杀，不如因势利导为我所用。

从2010年开始，打压变为招安。通过谈判，七匹狼给规模较大的店主授权，并按照线下经销制度管理他们，引导他们订期货。例如线下店员的培训规则变成线上客服标准，线下形象设计变成线上装修，而线下经销商返点和激励政策，也开始适用于线上。到这年年底，七匹狼有7家分销商脱颖而出，其分销量逐渐从微乎其微发展到50%的比重，基本能与直营店相抗衡。

随后，七匹狼又完善了一系列线上销售制度：包括店面形象、经营法则、推广方法、品类结构的相应规范。然后，线上分销商再照此标准进行改良。但换个旗帜，名义上服从并不意味着合力形成，各个网络经销商之间仍有利益博弈。整合过程中，在品类、价格等方面，七匹狼要求各经销商和而不同：遵守共同准则，培养各自的侧重点。线上经营模式肯定不是对线下的复制。

由于空间消费距离的限制，不同地区的线下店面可以有一定价格弹性，而不给其他店面带来影响。但线上价格是透明的，一旦有分销商使用低价款产品来引流，就容易伤害其他线上经销商的利益，让价格体系变得混乱。

为此，七匹狼按照不同用户族群，让经销商们进行品类与款式的差异化区分，各自发挥自己所长，分别侧重新品推广、品类聚焦和尾货处理等不同领域。比如，个别经销商可以将裤装作为主营产品，提前享有裤装优先选货、拿货的待遇，而且它还会单独享受公司对裤装品类的返点，这让分销商也具备了成本比较优势。在一定程度上，这些策略削弱了经营的同质化程度，让七匹狼产品体系有了稳定的价格空间。

B2C 时代，七匹狼网络渠道整合的最大意义，是使线上经销商身份得到承认。他们可以自主投放广告、购买流量、与会员互动、打击侵权等。分销商的积极性得到提升，销售潜力得以释放，销量开始攀升，七匹狼的 B2C 业务开始有序运行。

在 2013 年年底，七匹狼线上业务销售额约有 3.5 亿元，预估可占总销售额的 7%。但是七匹狼电商渠道的主要功能还是消化库存，当时网店中 90% 的货品是库存。

二、浅尝 O2O，线下藏阻力

梳理线上秩序只是电商业务的入门，如何协调线上线下的利益格局，才是考验企业互联网思维的难题。

当线上分销商之间的秩序梳理清楚之后，其销量迅速放大，线上线下的冲突便强烈起来。线上特价和折扣十分凶猛，许多引流款产品的价格甚至低于线下分销商的进货价。在市场环境与线上"倾销"的压迫下，不少分销商关掉线下实体店。另外，越来越多的经销商也涌入线上，使线上销售失控。

在授权线下部分大经销商往线上发展的同时，为了保证所有线下经销商的利益，七匹狼在价格方面，实行线下和线上相对统一。

在品类上，线上经销商有更大的选择余地：可以推网络专供品，推其他不同型号；可以预售新货，也可以卖线下库存，也可以推限量版的产品。特殊之处在于，线上渠道的专供品需要引流品来吸引人气，七匹狼就开发了对线上渠道的专供品。这些专供品多为基本款，款式简洁，少做或不做细节化处理，没有线下品类的暗纹和暗扣，做低价引流时也不会给线下渠道带来影响。

这只是规避矛盾的手段，有没有方法使线上线下形成合力，在根本上消除两者的利益冲突？七匹狼想做一个打通线上线下的交易平台，对线上线下的资源进行统一调度。线下的产品、促销信息可以在线上发布；线上分销商的配货，可以从线下调配。"七匹狼电商渠道的融合趋势会越来越明显"，七匹狼董事长周少雄的底气正是基于线上线下的优势互补。

目前，七匹狼电商主要用几个专用的线上中转中心进行配货，再搭配使用全国各大重点区域的仓库，前提是保证相应的线下分销商的毛利。这个交易平台的理想情况是，在所有仓库之间可以调拨货品，所有订单可以就地配货，全国的仓库都可以成为电商的分仓。

如果线上用户有退货要求，用户可在线升级为线下渠道的 VIP 客户，就近到实体店享受退换货服务，其退换货政策与线上相同。这种做法看似给线下实体店带去麻烦，实则将线上的用户输送给了线下，继而刺激线下二次销售。

用户权益在放大，体验在提升，O2O 的操作模式也在形成。以用户为中心，线上线下无缝对接，为用户进行无差别的服务——把渠道问题放在以用户为中心的前提下考虑，才是互联网思维下的整合。七匹狼的想法是，未来会员在线下实体店购买七匹狼商品，所积累的积分可以在线上的各个平台使用，即所有的积分可以在所有渠道等价使用，获得线上、线下一致的消费体验。

从卖库存到卖新品，从简单的官网到各大电商平台旗舰店，从松散的山寨网店到系统的线上供应商体系，七匹狼整合线上线下资源，铺就了一个全渠道的O2O体系。

在2013年上半年，七匹狼电子商务部门升级为独立公司。它包含商品部、渠道部、运营部、市场部等部门，这些部门又与集团公司相应部门专人对接。电商公司可以按照流程提出各种需求，统一并入公司从开发到销售的各个流程。看似独立而不失融合的架构，使七匹狼O2O业务得到自主的空间和体系的支撑。但是，电商业务仍是定位为线下零售的一个补充。

三、慎言 C2B，只是个萌芽

B2C 的本质，是具备大规模、流水线、标准化、低成本的工业化生产特点，但销售的实现借助了新渠道，高库存是它与生俱来的风险。而 O2O 模式，则是对传统行业电子商务化问题的解决，是更具整合性和立体化的销售模式。它们属于互联网思维的范畴，是对部分商业元素进行调整的概念与工具，却不能够对商业模式带来彻底的改变。

2013 年 7 月，七匹狼为中国大运会代表队赞助了一套定制服装，并刻意在设计与细节上做了处理，比如在西服内衬、男士领带与女士丝巾上设计了中国元素的格纹。这次品牌公关活动并无特殊之处，唯一的亮点是引出了"定制"概念。早在 2012 年的中国国际时装周，七匹狼便首次推出了"名士高级定制"业务。

这种高端定制，有别于工业化生产的、个性化设计甚至手工缝制的"高端定制"。虽然它也有以用户为中心、快速反应、平台思维等互联网特质，却缺少"合理性价比的消费体验"，更缺少规模化生长的潜力。

未来的定制与此不同，它会是相对大规模的定制。互联网思维下的 C2B 定制，并不抵制工业化生产。相反，它一定要借力工业化生产来实现规模化定制。C2B 需要企业的品牌内涵和文化，更需要以用户为中心的服务思维、高科技的手段和丰富的数据库。

所幸，七匹狼也具备了定制生产的技术条件。通过 3D 人体测量系统，七匹狼可以获得顾客的人体数据，并根据客户的喜好进行修改，确定电子订单后，进行服装设计，制版，最终进行生产。整个过程，从获取数据到成衣的完成需时 2~3 天，定制生产的周期大大缩短了。当前，七匹狼具备定制生产的技术及虚拟试衣系统，却没有 C2B 生产的模式。

在 C2B 商业模式下，整个制造业的供应链也必须因为 C2B 而转型。简单而言，C2B 模式是消费者根据自身需求定制产品和价格，或主动参与产品设计、生产和定价，产品、价格等彰显消费者的个性化需求，生产企业进行定制化生产。其核心是消费者角色的变化，变为真正的决策者，企业则彻底回归服务角色。

未来，可能不会有单一的巨额订单，各种订单会被各种需求切割成小批量的定制，柔性制造则会大行其道。当前,一批立足于互联网的中小服装企业正在向 C2B 模式演进,消费者参与的模块化定制是其关键要素。个性化定制并不是完全按需生产。一件衬衫可以分解为领口、袖子、版型等几个模块,让用户按照流行样式自主搭配、定制消费。用户只需提供身高等体型信息,系统就会基于存储的会员数据,自动生成适合用户的产品数据。后端与供应商衔接时,再把产品的数据发给供应商,供应商采用相应的原材料即可生产。

但是,用户需求的把握、小额订单的海量采集、个性化商品的退货处理,都是 C2B 模式的难点所在。七匹狼这种大体量的传统生产企业,供应链、管理模式、营销模式都将面临巨大的转型成本。

回到现实,对于七匹狼来说,除了现有已采购的三维人体测量系统之外,要真正实现三维数字化,数据信息的采集和分析至关重要,这是一个漫长的系统工程。七匹狼的计划是:在线下终端配备 3D 扫描仪,用以采集目标客户群体的体型数据,以开发出更适合主要目标客户群体的版型。

四、再向供应链,快速度与低成本

2013 年上半年,76 家鞋服上市公司存货合计超过 700 亿元。当时,七匹狼的存货为 6.62 亿元,包括 5.8 亿元的库存商品。传统预订货模式下,有的服装企业季末库存量甚至会达到总供货量的 50%,其中 15% 在门店,15% 在代理商,20% 在企业总库。

高库存的根本原因是:服装行业在过去的几年里,以粗放型加盟方式过度扩张,巨大的渠道规模再辅以预定货模式,库存问题不断扩大。同时,服装企业的供应链又不能快速地随需而动,不能对市场趋势做出快速反应。从终端零售商发现热销款,然后汇报到总代理加单,总代理再汇报到企业总部,企业再统计全国订单量汇总到供应商下单生产,整个过程最少需要 30~45 天。

七匹狼的内部供应链整合是对物流、信息流、资金流和业务流的整合,以追求低成本和高速度。通过物流实时跟踪,让生产、运输、销售与内部之间实时整合,使七匹狼内部的不同功能连接形成紧密无缝的流程。

在外部,七匹狼则是针对客户和供应商进行整合。客户整合主要包括企业与主要客户的沟通,企业为主要客户建立快速的订货系统,对客户进行跟进,并与之共享市场信息、销售信息、需求信息、库存信息及生产计划信息等。

供应商整合则是帮助供应商改善流程,参与选择及管理。供应商参与七匹狼的采购和生产,参与产品设计。七匹狼的信息化系统力争做到最大限度的开放,企业与主要供应商之间共享需求预测信息、生产计划信息、生产能力信息和库存信息等。

当经销商下单后,他们可以清楚地知道订单状态:运输途中、总部审批中、工厂生产中……而供应商可以即时掌握原料供给和 OEM 产品的销售情况,并可按照预设的补货阈值与补货条件进行及时补货,保证供应链的高效与及时。

这样上下游串在一起,以高效的信息流动,加快各环节决策速度,提升供应链反应灵敏度,让加单周期可以压缩到原来的 1/3~1/2 的时间,也降低了高库存带来的资金积压风险。

五、互联网思维力有未逮

国内商务休闲男装行业中，七匹狼是最早实现上市的品牌。在卖方市场时代，它又最早推行专卖店营销和代理商模式，开创了渠道营销的先河。到了互联网时代，它又是相对成功的探索者。

未来，人们可以线下购物，也可以是 PC 购物，或是手机等智能终端购物。企业通过满足消费者的需求来创造价值，企业就是要充分利用各个渠道，用最舒适的购物体验，完成价值创造的过程。也就是说，线上渠道是为消费者创造价值的通道，企业必须建立这样的渠道以靠近用户。

但七匹狼对互联网思维的应用并不彻底，B2C 业务日渐成熟，O2O 业务正在尝试，C2B 则是八字还没一撇。那么以七匹狼为代表的传统企业，不能完全应用互联网思维的关键在哪里？

目前，包括七匹狼在内的多数中端服装品牌，代理商铺货仍是主流操作模式，代理商一般是 3.5 折左右拿货，在服装销售环节利润拿大头。而互联网思维是以用户为中心，扁平化，信息透明，致力于消除代理商环节——他们致力于价值分配而不是价值创造，只会增加交易成本，增加企业为用户创造价值的成本。

代理商机制是制约七匹狼发展的关键。而当七匹狼自身不具备足够的开店资金和强大的物流系统，它也不能一下子摆脱赖以成功的代理商模式，于是七匹狼只能维持产品的高价以满足代理商，也就有了"三线品牌二线价格"的争议。归根到底，传统服装企业的高库存，一方面是快速扩张与供应链的问题，另一方面是品牌、性价比得不到市场的认可的问题。

传统企业的电商业务，其本质是：把企业产品的性价比和品牌问题，企图用新渠道的方法来解决，用低价"倾销"来解决。在信息更透明的互联网渠道，与其说它在催生低价，不如说它是在让价格回归价值，然后顺便让攫取中间费用的线下渠道变得狼狈不堪。

从 B2C 到 O2O，再到 C2B，电子商务的形态在逐渐深化，更贴近用户价值。B2C 和 O2O 涉及了企业的销售或者业务层面，C2B 模式也已经进入商业模式层面。他们在各个层面都折射出互联网思维的特质。而对传统服装企业七匹狼而言，互联网思维是还不够强韧的缰绳，远不能勒住一路狂奔的传统模式，使它强行转向。当前，互联网思维对它的改造只是停留在表层。

资料来源：丁保祥. 七匹狼闯网 [J]. 商界（评论），2014（2）：34-39.

思考题

1. 结合案例分析七匹狼转向互联网渠道，其优势有哪些？
2. 作为一家服装企业，七匹狼闯网决策带给我们什么启示？

案例 3　长城汽车坚持 SUV 战略

2016 年第一季度，长城汽车总计销售了 205 723 辆新车，同比增长了 6.9%。其中哈弗 SUV 车型占据了主导地位，销量较去年同期上涨 9.6% 至 192 357 辆，依旧保持增速，单一车型哈弗 H6 占据了 60% 的销量份额，起到了决定性作用。对此，长城汽车董事长魏建军在接受采访时表示，哈弗 H6 要打造明星车型系列，并针对不同的细分市场，保证绝对的领先地位。

与此同时，长城依旧聚焦 SUV 战略，暂时不会考虑推出轿车产品。对此，长城汽车董事长魏建军表示："大家都在质疑，长城放弃轿车，聚焦到 SUV 上，是不是有很大风险？假如我们有更多的品类，比如轿车、SUV、MPV、商务车，那在竞争中将不占据任何优势。我们把全身心的精力、资源孤注一掷，用专注、专业、专家的态度，聚焦SUV 战略。"

一、关于品牌价值：品牌价值和高中低端品牌应该区别开来，产品创造不了利润的情况下，品牌就没有价值

魏建军：我认为品牌价值和高中低端品牌应该区别开来。在去年，英国品牌价值咨询公司 Brand Finance Plc 根据对品牌价值和品牌内容的考量发布《2015 年汽车品牌百强榜》。长城汽车再次入围榜单，品牌价值上升 15%，位居第 33 位，品牌等级从 A+上升到 AA，我一看在我们后边很多都是宾利之类的大品牌。评比机构怎么来的这个数字？为什么要把长城弄得那么靠前？后来我们才知道，如果一个品牌承载的产品创造不了利润，品牌就没有价值，它只能说是高端品牌，但高端品牌并不代表价值，而大众产品并不代表没价值。

所以这次哈弗 H6 组合拳我们打出去，也是有预测、预算的，我们这种直接降价活动可能会带来什么样的损失，会带来什么样的市场占有率，从我们的战略上来进行评估，应该说我们要是认为能挣到钱的话，要有很好的赢利的话，它的价值是不会变的。我们也看到我们的手机行业，小米卖得很便宜，实际上它的赢利也不错。

就如手机、PC 还有家电一样，汽车未来的竞争，就没有内资和外资之分。我看有很多报道对内资产生压力，实际上我的看法，同样会给外资带来巨大的压力。所以现在我们有跟外资竞争的资本了，我们经过多年的积累、聚焦培育我们企业的成熟度。也可以这样讲，我们从 2003 年开始，用 13 年的时间打造市场，即以前我们叫的产业链，当然时髦的话也叫生态链。我认为，我们完全有能力与外资展开竞争。我们的降价这种组合拳的出击，也证明了我们自主品牌的能力。

二、关于中国品牌走出去：自己家门口都打不赢的战役，在别人家门口早就叫外资打垮了

魏建军：中国品牌走出去还需要时间，但是我想告诉大家，就是因为我们家门口

有这么多的外资，你要不让外资感觉到非常难受，早就叫外资打垮了，你也走不出去。

我认为全球化是一个比较大的难题，光喊口号不行，最重要的要有实际行动。实际上长城在海外市场随着哈弗品牌在国内地位的巩固和它不断地在消费者当中得到认可而不断扩大。目前海外运营我们更多的是夯实基础，打造品牌价值，并结合当前国际形势，顺势而为。有些报道说长城退出俄罗斯，实际上是以哈弗品牌进行替换，未来哈弗在俄罗斯地区将更有战略性，俄罗斯工厂仍在建设中。

在代理商方面，哈弗注重顾客感受，打造哈弗品牌价值，对经销商选择、门店建设方面都有严格的管理体制。在俄罗斯、澳洲、南非、海湾等国家和地区，我们有自己的哈弗子公司，并在当地打造标杆店、旗舰店，我们自己去运营；在南美，我们要求代理商必须是大经销商，有自己的门店，以此来保证顾客的消费体验。

再一个就是布局我们的研发，海外技术中心。两个目的，一个目的就是有些前沿的技术，一些概念性的工作，在海外能完成一些部分；再一个就是更加了解海外市场。包括欧洲，外国布的点目的都是不一样。美国我们主要是吸纳人才和技术，欧洲、日本也是。

三、关于哈弗H6：我们要打造一个Coupe版的H6明星，哈弗H6多代并存，保证绝对市场地位

魏建军：哈弗H6有四五年的上市时间，总是站在销量第一这个位置上。我们要推出一个新一代产品，打造一个Coupe版的H6明星。昨天上午刚公布了哈弗H6 Coupe（1.5T），定价是122 800~142 800元。我们用一个性价比更高的外观，具有轿跑车风格的外形，更符合年轻人新生代的这种造型，开创一个新的细分市场。虽然是SUV但也不是完全相同。哈弗H6 Coupe比H6在底盘上做了一些升级，比如轴距加长、电动转向等，让这款车更加智能，功能方面也提升很多。我们是想打造另一个像哈弗H6的明星车型，它在技术含量、做工、配置、用材，包括性能方面，像NVH、像驾驶的性能，高速的指向的精准性都有了质的变化。这个车的性价比都不错，我们对它有很大期待。

哈弗H6 Coupe的上市，是在我们的产品规划当中的，这款车还有柴油机版本，共有2.0L汽油、2.0L柴油的手动挡、自动挡，1.5T的手动挡、自动挡，这样一个规划。这个车从质量、性能这方面，远远超过外资的水平，它才卖16万多，就是2.0T，最高是17万多，主卖的是16万多。这个价位，而且是紧凑级的车，高于消费者对哈弗认可的价格。所以在推出高动力版本后，我们过年之后开发完成了1.5T低动力版本。

我们的H6还是要保证绝对市场地位，升级版是3月份价格下调，运动版也跟着下来，这样的话就是我们的哈弗H6 Coupe占据了运动版的价位。H6运动版和升级版价格下探之后，我们会把市场面扩大。

四、关于长城汽车服务：中国当下就缺的是信誉，就是诚信，长城的服务理念就是诚信

魏建军：长城汽车每天都要汇报关于产品售后服务、销售环节、售后环境三个环

节的内容，而所谓的 CRM 系统，也是我们自己在做。现在很多机构的评价，多少会被经销商买通，给自己投票，这非常难控制，所以我们自己去做这个工作。在长城，有专门的负责人，我们认为这些人的工作质量比外面很多机构的都要高，而且我们的调查样本比这些机构多，整个管理都是我们自己在做。2015 年的奖项，我们获得了一个哈弗 H6 保值能力第一，一个售后满意度第一，一个经销商满意度第一。

王凤英：实际上我们这几年在为客户提供服务上做了很多工作，现在我们主要的想法就是推出哈弗的精细服务工程，这个工程以日式服务为蓝本来进行哈弗的服务标准的创新，也推动了几届决胜终端来推行这一工作。目前，我们看到最主要的成果，就是哈弗在诚信方面的表现是明显高于其他品牌的。我们对经销商管控建立了非常规范的诚信经营体系，从表现来看，经销商在诚信经营、诚信服务上的表现可以说得到了很高的顾客满意度，这是我们认为非常显著的成果。

另外，在经销商为顾客提供更专业、更高质量、更高水平的服务上，我们认为也已经有了很显著的成果，这在客户满意度测量和调查当中，经销商对客户提供专业服务且服务水平的指标的持续提升是非常明显的，三年之内基本上上升了大约 20% 的专业水平满意度指标的维度指数。哈弗接下来将推出更加有品位的服务，让顾客更加惊喜，服务上会做比较多的工作，我们感觉经销商现在心态都很积极，响应度也非常高。我们认为在经销商的服务理念上最大的收获是做到了非常大的改变，或者说我们认为哈弗这个品牌的服务理念实现了我们最初设想的理念创新，我觉得在这点上理念、服务水平和诚心经营的规范性上是显著的，这是高于其他品牌的。

魏建军：实际上汽车服务承载的核心价值就是信誉，就是诚信。去日本购物的消费者，都是初次去的，经常去日本的都是愿意在那个环境里边体验，因为你到那就没有说不放心的时候。中国当下就缺的是信誉，就是诚信，长城的服务理念就是诚信，所以核心价值就是对客户负责，一定要给他惊喜满意。

五、关于聚焦哈弗：孤注一掷，把所有精力集中在一个方向，一定会占绝对优势

魏建军：在五六年前，长城汽车率先进入 SUV 这个品类市场，大家都在质疑，长城放弃轿车，聚焦到 SUV 上，是不是有很大风险？刚才大家说到 SUV 市场从蓝海变成红海，假如我们有更多的品类，比如轿车、SUV、MPV、商务车，那我们在红海这一轮竞争当中会什么都留不下。我们把全身心的精力、资源孤注一掷，用专注、专业、专家的态度，用聚焦战略和聚焦理论，来指导我们的发展。

我认为在未来的竞争当中，我们一定会占有绝对性的优势。目前一些报道哈弗 H6 升级版的动作，说价格战的行为，实际上这不需要惊讶，肯定要经过这样一个过程。

现在，我们经过聚焦、大力的投入、全方位关注 SUV 这一品类，我们产品的性能、外观设计、舒适性、安全性、可靠性，包括节能环保，都不输给外资。可以说外资里面大部分 SUV 也是良莠不齐。我们也拿到了不少数据，除了外观、舒适、NVH、燃油经济性，这些消费者能直接感受到的，其他最重要的数据就是耐久可靠性。就长城汽车现在的可靠性 PPM 值，我们与外资而且是著名外资车企都是持平的，而一般的外资比我们要差很多。

　　长城做事肯定是比较稳健的，不是那种恶性竞争，一定是在保证持续增长，而且是获得比较好收益的情况下做出的决策。可能大家认为红海来得早一点，我认为长城汽车目前这种质量，代表自主品牌与外资竞争，已经具备了这个能力，如果市场进一步下探，长城汽车还将继续挑战，我们有这方面的能力。

　　大家看到这两年上市了很多 SUV，但不是推出一款车就代表完成了 SUV 的战略，SUV 需要一个高质量的生态链支撑。曾经有媒体人表扬长城在营销网络方面的执行力，这是经销商对长城的满意度评价，属于长城对经销商管控能力方面。实际上，我们在自主配套方面，也比外资或一些内资有着显著的优势，应该说，长城汽车在整个生态质量方面都要好很多，我认为市场对于这方面会重视。做家电的时候有很多家电，做电脑的时候有很多电脑，做手机的时候也有很多，这都是很正常的事。手机过几年是不是 iphone 还在？这个我认为中国人不见得在这方面输给谁，这是很难预料的。

　　资料来源：http://info.xcar.com.cn/201604/news_1926095_1.html？zoneclick=101229.

思考题

1. 论述长城汽车坚持 SUV 战略决策的利与弊。
2. 讨论长城品牌如何实施品牌战略？

11　计划案例

案例1　一汽丰田 2016 年目标及中长期规划

携 2015 年销售 61.78 万台的喜人成绩，1 月 28 日，一汽丰田以"强基固本、笃定前行"为主题，在福州盛大召开"2016 年度全国经销商大会"。本次大会以"心近致远"为主旨，充分体现了一汽丰田要与经销商凝心聚力、共谋发展的决心。一汽丰田相关领导、各事业体负责人及全国 500 多家经销商投资人、总经理等千余人出席了此次盛会。大会对一汽丰田 2015 年取得的进展与成绩进行了总结，对 2016 年度销售目标、市场策略等进行了部署，同时也对一汽丰田的中长期发展目标进行了规划。

一、策略得当，2015 "恢复体力" 硕果累累

2015 年注定是一个值得记忆的年份，汽车市场出现了很多未曾预料的新情况，曾经意气风发的很多汽车品牌都出现了增长放缓甚至负增长。但一汽丰田却以 61.78 万台的销量再创年销历史新高，同比增幅 5%，跨过了 60 万辆大关，超额完成年初 61 万台的目标，市场占有率从 2014 年的 4.4% 上升到了 4.7%。

在 2015 年 "恢复体力" 的这一年，一汽丰田稳扎稳打，在方方面面都取得了不错的发展和成效。

第一，多个车型表现上佳。尽管有深圳限牌、"8.12 天津爆炸" 影响产能近两个月等多方面的影响，一汽丰田仍超额完成了年初计划目标。其中，新卡罗拉月均销量达 2.15 万台，且在 2015 年 A 级轿车全球销量排行榜中，以 113 万台的销量夺冠；RAV4 销售 11.8 万台，巩固了市场主力地位；全新皇冠 12 月单月销售超过 5 000 台，后劲十足；主打新能源的卡罗拉双擎，更是短时间内斩获超万台的订单，开辟了丰田在华混合动力汽车发展史的新纪录。

第二，在缓解库存压力、改善渠道收益方面，成果显著。经销店 2015 年的月均库存从 2014 年的 1.1 个月下降至 0.9 个月，平均为每家经销店节省财务成本近 70 万元。针对不同大区的具体情况与特点、针对不同车型，因地制宜地制订了尊享加倍计划、超长 0 息计划、置换补贴、定保贷等多个金融政策，进一步对提高经销商收益提供支援。

第三，深化推进 "华北战略"，加快对空白市场的网点布局。威驰在华北地区的市场占有率从 2014 年的 2.6% 提升到 2015 年的 3.7%；渠道进一步下沉，导入 MINI 店标准和 1S 分店形态，面向 5~6 级城市进行网点布局。

第四，营销创新，与经销商一起积极拥抱互联网+。DCC开展店达到520家，成交贡献度由2014年的12%上升到21%。除开展"约惠春天网络购车节""66购车节""双11购车节"等营销活动之外，一汽丰田的创新营销还涵盖了金融、体育、文化、艺术、商业等多个领域，例如全系车型入驻滴滴试驾；试水金融业，与微众银行微粒贷合作；冠名赞助2015年田径世锦赛、全程参加2015年CTCC中国房车锦标赛等；拍摄微电影、赞助188艺术作品邀请展、冠名浙商大会暨互联网峰会，等等。可以说，做到了营销形式个性化，营销活动多样化。此外，与苏宁易购进行异业合作、设立越野基地等，也都成功助力销量提升。

二、面向成长、巩固基盘，2016年迈入"进攻准备期"

2016年，中国车市必然还是深化调整的一年，"微增长"也已成为常态且市场环境更加严峻。去年是一汽丰田定位"体力恢复"，今年则是继续"巩固基盘"，并为将来的进攻飞跃奠基。2016年，一汽丰田制订了既稳健又富有挑战的销量目标，并以踏实稳健的战略部署，力求从长远角度谋求上升、稳固整个体系发展的根基。

第一是战略层面。一汽丰田将延续2015年的良好势头，继续深入推进小型车战略、年轻化战略、华北战略这三大战略。其中，作为"金字塔"的根基，继续做好小型车，以扩大"丰田品牌"的客户基盘，拉动今后的增、换购需求。华北战略在未来的推广，则将根据区域的实际情况，制定差异化的区域策略；在渠道下沉、区域广告宣传方面更加贴合小型车的需求。

第二是产品层面。针对中国市场消费者日趋年轻化、对车型的喜好呈多样化的趋势，2016年将对多款车型进行商品强化，强化市场竞争力。新能源方面将继续致力于双擎技术的推广和应用，并与全国经销商一起，尽全力扩大销售、普及双擎车型。

第三是经销商层面。2016年将继续在店别年计制定和配车方式上做改善，制定更加贴近市场的年度计划。继续致力于提升经销商基础能力，在全国范围内培养强化经销商网络营销业务。根据市场需求和投资情况，更为灵活地发展网络，积极引入体系外拥有丰富市场经验且业绩优秀的新资本加入网络，进一步实现渠道下沉。继续推进MINI店和1S分店的建立，拓展开发更小规模的迷你服务卫星店铺，逐步构建实现2020年100万台销售目标的网点规模。同时，对新开店进行收益支持和培训强化，做到销售和服务一同下沉到位。

第四是价值链层面。2016年将开展保有客户营销活动，对保有客户基盘进行维系，注重对保有客户资源的运用。汲取丰田在全球市场的成功经验，继续强化长期维系客户的服务体制，通过人才培养体制、推进现场改善及提升生产效率来强化服务基盘，提升客户满意度。继续强化二手车相关业务，2016年度认定二手车销售目标计划比上一年增加10%。

第五是数字营销层面。作为一汽丰田未来长远战略的重要组成部分，2016年，将以数字营销为牵引，从"如何使流量变现""如何增加客户黏性"为切入点，着手建立厂家和经销商共同经营的数字营销平台，调整传统销售业务模式，全面提升网络销售能力，逐步构筑成熟的销售引流聚合体系。并基于客户需求和行为习惯，探索以客户全生命周期为触点的营销管理模式。

　　未来五年，面对"新常态"下挑战与机遇并存的市场环境，一汽丰田将之定位为"进攻期""飞跃期"，持续进行"大胆的变革"，在经过 2015 年恢复体力和 2016 年巩固基盘之后，2017 年将重建"具有行业领军能力"的销售体制，向"进攻型销售"转变。2018 年，TNGA 丰田全球商品架构将在中国全面导入，通过全新的平台发动机，确立新的商品体系，并全面进入"进攻型销售"。到 2020 年，计划导入 15 款以上的新车型，力争实现年销售 100 万台的跨越。

　　"2016 年度全国经销商大会"不仅凝聚了经销商与厂家的共识，增进了一汽丰田整个营销体系的目标认同，更为一汽丰田在未来五年的飞跃发展奠定了基调、夯实了基础！下一个辉煌的铸就，一汽丰田已经在路上！

　　资料来源：http：//info. xcar. com. cn/201602/news_ 1909567_ 1. html.

思考题

　　1. 一汽丰田制定 2016 年目标及中长期规划的依据是什么？

　　2. 结合案例，谈谈计划的作用有哪些？

案例 2　恒大多元化发展战略规划

一、恒大首提多元化发展战略

　　"恒大集团今明两年确保进入世界 500 强。"在近日恒大集团 2014 年上半年工作会议上，恒大集团董事局主席许家印称。同时，许家印还首次提出恒大将多元化发展的战略。

　　据悉，世界 500 强由权威的美国《财富》杂志评选，刚刚公布的 2014 年榜单中，最低门槛为营业收入 237 亿美元，预计 2015 年最低门槛约为 1 500 亿元人民币。据了解，目前世界 500 强榜单中尚无中国房地产企业。

　　许家印表示，恒大先后经历了"规模取胜"战略阶段、"规模+品牌"战略过渡阶段、"规模+品牌"标准化运营战略阶段，而恒大自此将进入第四大阶段："多元+规模+品牌"战略阶段。同时，自 2015 年到 2017 年的恒大第七个"三年计划"主题也确定为"夯实基础、多元发展"。

　　目前，恒大集团总资产超过 4 000 亿元，员工 7.4 万人。恒大的产业已经进入全国 150 多个城市，项目总数超 300 个，去年销售额超过千亿元，今年上半年已达 693 亿元，半年纳税 102 亿元。许家印表示，到 2017 年，恒大会再进入 200 个城市，覆盖全国城市总数可达 350 个，并加速国际化进程，力争进入 10 至 20 个国家。

　　近年来，恒大矿泉水、恒大足球、恒大文化等产业发展迅速，这些成功的多元化探索已引起业界强烈关注。了解到，企业多元化战略是世界大型企业特别是跨国公司普遍采用的发展战略，据资料统计，在美国最大的 5 000 家工业企业中，有 94% 的企业从事企业多元化战略，而通用、三星等世界 500 强企业几乎都实施了多元化战略。

二、恒大多元化发展战略的真实意图

（一）多元化之路"醉翁之意不在酒"

恒大高调宣布进军农业领域，并推出了首批产品——恒大绿色大米、绿色菜籽油、绿色大豆油、有机杂粮等产品，并传后继还将有恒大婴幼儿奶粉等产品面市。据广州日报的报道，另一家大型房企万达集团则早就将触角伸入了文化产业，早在 2012 年，万达集团和美国 AMC 影院公司在北京签署并购协议，并高调进入旅游行业。而 IT 企业同样跨界经营成风，最喜欢"扎堆"的，也是农业领域。

（二）"跨界"真实意图

1. "抢眼球" +获取政策红包

多位业内人士均表示，卖米卖油可谓"高难度"动作，恒大的选择或许还是想结合其矿泉水、畜牧业，实施其多元化版图策略，这与国家支持农业发展的方向是一致的，未来或将收到政策红包。

一位行业观察人士表示，先不论挣钱与否，不少大企业转型进入农业似乎是趋同选择，恒大在长白山、内蒙古的"圈地跑马"之下，畜牧业、乳业占据产业链上游就可以拥有较大市场主动权，也符合国家政策导向；水资源也选择了企业扎堆的最好水源地，只是后期经营发展有待观察。

行内人士说，互联网大佬们所谓进军农业，作秀成分居多，真正掏真金白银的少，希望抢得二、三线用户市场的眼球，毕竟农村市场商机的诱惑让人无法拒绝。据阿里巴巴研究中心测算，2013 年阿里各平台农产品销售额达到 500 亿元，2014 年有望达到 1 000 亿元。

2. 单一领域风险太大

恒大、万达、联想、阿里巴巴这些房地产或 IT 业内的"大佬"转型多元化的原因，很大程度上是对于主业发展风险的控制。盛富资本和协纵国际总裁黄立冲认为，不少房企已嗅到房地产主业未来可能遭遇到的压力和单一业态发展的瓶颈。

对于房企涉足影视产业，暨南大学管理学教授胡刚表示，"影视产业最后可能变成文化地产或旅游地产，比如万达现在将影视元素、旅游元素加入自己的地产项目中间。"

而在 IT 行业，对于为何多元化发展，柳传志此前接受本报记者专访时表示，电脑行业风险很大，因为新材料、新技术，新的业务模式的突破，都会带来无法预期的风险。高科技企业要想活得长，还是要多元化。多元化以后在原来的那个领域就敢于冒险和突破了，因为有活路了。而多元化做好了，像联想控股现在的金融、房地产做得都不错的话，股东不再那么恐惧，就会放手支持高科技领域去进行拼搏。

（三）多元化问题

1. 食品安全

然而，对于食品行业，业界经常戏言"挣的是卖面粉的钱，操的是卖白粉的心"。

面对我国日益严峻的食品安全形势，党的十八届三中全会提出"完善统一权威的食品药品安全监管机构，建立最严格的覆盖全过程的监管制度，建立食品原产地可追溯制度和质量标识制度，保障食品药品安全"的战略决策。

尽管如此，近期百胜餐饮集团、麦当劳等洋快餐巨头再次遭遇"问题肉"危机，暴露出很多企业的食品安全保障工作还是存在很多问题，也折射出我国在食品安全监管中还是存在问题。

针对食品安全方面的问题，恒大集团也声称自己"最重视质量管控"。比如仅粮油集团就招聘质量监察控制中心总经理40人，乳业集团招聘质量监察控制中心总经理50人，畜牧集团招聘质量监察控制中心总经理70人，质量相关人才超1 000人，占总招聘人数6成以上。

在食品行业，还有一句常说的话——"说得好不如做得好"。恒大集团进军的粮油、乳业、畜牧业同矿泉水行业相比，对于食品安全的要求都将更高，也是我国食品安全容易出现事故的重要领域。这些新进入的领域，对于恒大来说，既是机遇也是挑战，食品行业和房地产行业是完全不同的两个领域，也需要更高的智慧和责任才行。

2. 如何挨过投资期

虽然投资回报率高，但农业的风险也显而易见：

一方面，由于生产周期长，投资者必须挨过漫长的培育期。联想佳沃总裁陈绍鹏在被问及佳沃何时能够盈利时便直言：农业的经营周期大概为10~15年，真正要形成可持续发展的盈利，需要10年左右。显然，这相比于赚快钱的房地产来说，有些只出不进。

另一方面，农业产业链条较长，其中不可控因素较多，"靠天吃饭"带来的风险即便是在规模化养殖条件下也不能完全避免。

3. 危险的高负债率

据21世纪网报道，如果说"现金为王，销售为先"是恒大全国布局的产物，其付出的代价就是不断飙升的杠杆水平，甚至不惜以大量的类信托表外永续债来对赌中国楼市见底。

截至6月底止，恒大上半年共录得收入633.4亿元，同比增加51%。股东应占溢利70.9亿元，增加13.6%。首6个月合约销售金额为693.2亿元，已经完成全年销售目标1 100亿元的63%。

不过，需要指出的是，在净利润94.9亿元，上半年录得693.2亿元的合约销售金额、640亿元的现金流傲视全国房企——光芒四射的业绩背后，恒大地产超高杠杆的财务风险却始终无法被忽视，算上总额445亿元的永续债，恒大的实际净负债率已高达约116%。

财报显示，恒大地产今年上半年发行单个项目永续债新增融资超过175.8亿元，使得永久资本工具的余额环比飙升77.7%至444.82亿元。而永续债的持有人上半年共计瓜分了恒大地产18.84亿元的净利润，占比高达20%，而去年底这一比例为0，反映永续债的抵押项目已陆续开始入账。

"为了补充一、二线城市的土地储备，短期负债率是高了些，但我可以保证恒大不欠政府一分钱地价和土地增值税。全国项目布局的目标已经完成，未来用于买地的预算会大幅减少。"许家印表示。

三、多元发展战略下恒大"铁军"蓄势再出发

（一）以人为本，恒大多元格局再启新篇

恒大20周年庆典当天举行的"恒大20周年辉煌成就展"，显示出恒大目前已形成了以地产为主业，金融、互联网等多元产业协同发展的新格局。展览以声光电的丰富形式，生动展示了各个产业现阶段的成绩、优势，以及未来的广阔前景，吸引了众多嘉宾驻足。

值得一提的是，今年6月，恒大地产集团有限公司更名中国恒大集团。由此，一个不具备地产符号的名字，将更精准地囊括恒大的多产业格局，成为恒大发展历程中浓墨重彩的一笔。

据了解，恒大2015年解决就业130多万人，平均每天向国家纳税一个多亿；20年捐款超过28亿，无偿投入30亿结对帮扶毕节大方县。许家印表示，未来在抓好企业发展的同时，将继续以感恩之心积极承担社会责任。

20年风雨历练，恒大从深耕一城到布局全国，成为中国精品地产领导者；20年砥砺前行，恒大从单一地产到多元产业全面开花，并以"中国恒大集团"华丽转身，"恒大速度"有目共睹，恒大传奇仍在续写……

6月26日至28日，恒大集团举行了系列活动庆祝成立20周年。28日晚，作为本次庆典活动的压轴大戏——大型员工文艺汇演在广州天河体育馆精彩上演。恒大集团总部、各地区公司、产业集团及下属公司等单位共表演节目20多个，涵盖歌舞、音乐剧、小品、武术及创意类节目等，呈现一场丰富多彩的文化盛宴的同时，向外界展示了"恒大铁军"工作之外多才多艺的另一面。

（二）白手起家，20年成就恒大传奇

为庆祝20年华诞，恒大举办了包括发展成就展、庆典典礼、文艺晚会、万人运动会、员工文艺汇演等系列活动。300多份贺电贺信纷至沓来，1 800多位国内外重量级嘉宾出席，恒大26日举行的20周年庆典可谓高朋云集，星光熠熠。恒大董事局主席许家印满怀深情的现场致辞，让到场嘉宾为之动容。

1996年6月26日，在广州一间不足100平方米的民房里，恒大艰难起步。当时的恒大规模尚小，成立初期，许家印就先见性地为公司制定了发展战略、企业精神和目标，为恒大规划了发展蓝图。面对严峻的内外部环境，白手起家，瞄准房地产，抓住当时即将取消福利分房、实现住房商品化的机遇，实施"规模取胜"的发展战略及"艰苦创业 高速发展"的第一个"三年计划"。通过首个项目"金碧花园"赢得了第一桶金，实现了从广州到全国的布局。

恒大胜在谋略，这是业内最为普遍的评价。分析人士指出，恒大20年跨越发展，不仅得益于掌门人许家印个人的眼光与胆识，更与贯穿恒大20年的企业精神、工作作风和企业宗旨分不开。自成立以来，恒大实行紧密型集团化管理模式、标准化运营模

式以及民生地产的产品定位，确保了恒大规模与品牌的快速发展。而一直以来恒大强劲的业绩表现，也恰恰印证了"许氏管理"法则的独到之处。

资料来源：

http：//www. ocn. com. cn/info/201408/heidai061033. shtml.

http：//sz. winshang. com/news-282471. html.

http：//news. ifeng. com/a/20160701/49275563_ 0. shtml.

思考题

1. 恒大是如何实施多元化战略计划的？

2. 恒大的多元化战略计划能成功吗？

案例3　吉祥无线电股份有限公司的资产剥离计划

一、引言

夜已经深了，吉祥无线电股份有限公司的王董事长仍然无法入睡。这些天来，关于剥离硅晶分厂和锗晶分厂的计划，他听取了各方面的意见，然而，听取的意见越多似乎越难以做出决策。

二、企业背景

吉祥无线电股份有限公司是我国一家上市公司，总股本33 000万股，其中国有独资企业Y集团有限责任公司和德国的BTL公司分别持有该公司62%和37%的股份，其他股份为B股流通股。该公司主营业务为无线电设备制造和供应，被普遍认为处于国内领导地位，其主要经营指标在中国无线电行业中已连续多年名列前茅；公司的AAB品牌是国家工商总局认定的全国驰名商标和全国名牌产品；公司拥有自主知识产权的产品品种和销售额都在国内同行业中名列第一；公司的检测实验中心是无线电行业的国家级实验室；公司产品85%在国内销售；2002年公司几大主营业务在国内均占有相当大的市场份额。

该公司虽然在中国无线电行业中的领先优势一直比较稳固，但也明显感到来自市场和经营的压力正逐年增大。首先，随着中国加入WTO，无线电设备进口关税逐步降低，进口产品的价格也在不断调低，吉祥无线电股份有限公司的产品在传统无线电市场中相对进口产品的价格优势正在逐渐丧失，公司的一些老客户开始转为使用进口产品；此外，一直被国外先进公司把持的精密无线电设备市场，虽然利润更为丰厚，但限于自身的研发水平，吉祥无线电股份有限公司似乎只能望洋兴叹。更让吉祥无线电股份有限公司感到不安的是，公司的重要原材料硅晶、锗晶等晶石的市场价格近年持续上涨，而且近期并无明显回落的迹象，给公司生产经营带来的压力越来越大。在这样的背景下，公司开始考虑放弃部分业务。

三、董事会上的讨论

由于会前，所有董事都已经收到了公司提供的关于剥离两个分厂的相关资料。因此王董事长简单介绍了一下情况之后，便提出想听听大家的看法。

短暂的沉寂之后，公司董事兼总会计师陈建华首先发言。"我个人认为，从改善公司业绩的角度来讲，两个厂还是应该剥离的。进口产品在抢占我们的市场，原材料价格也在上涨，公司的主营业务利润已连续两年大幅下滑。要想改善公司的业绩，就必须对企业价值链重新进行整合，抛弃不必要的业务。大家可以看一下手头资料的第三页，这是我和财务部的同事们对两个分厂损益情况的测算。可以看出，两个分厂的盈利状况是非常糟糕的，已严重影响了整个公司的经营业绩。"

陈总会计师稍做停顿之后，继续说："目前，Y集团已表示，同意以如下条件接收两个分厂：第一，我公司向Y集团转让硅晶分厂和锗晶分厂的全部资产，转让资产的总价款以评估值为准确定；第二，Y集团以承接我公司与转让资产等额的债务的方式向我公司支付转让对价；第三，资产转让后，两个分厂的职工（共968名）由我公司予以安置或解聘。如果按Y集团提出的条件实施剥离，将使我们公司在诸多方面受益。首先，带走两个分厂每年的亏损额度，增加公司的盈利水平，自然不必多说；此外，按三个月结算周期计算，可减少资金占用1 150万元。另外，还可使公司生产周期从原来的40天缩短到35天，提高公司的市场适应能力。"

"我同意陈总会计师的意见，"公司战略部的崔部长开始发言，"剥离两个分厂是符合公司发展战略的。近年来，进口产品给公司的生产经营造成了前所未有的压力，公司应当集中精力增强核心业务的竞争力，才能在激烈的市场竞争中站稳脚跟。像硅晶制造和锗晶制造这样的非核心业务，我们根本不具备比较优势，完全没有必要经营。战略部曾作过专门分析，如果将这两种原材料改为外购的话，每年可以为公司节省成本250万元左右。"

"我也认为这两个分厂应当予以剥离。"销售部王部长也开始发言："剥离两个分厂有利于公司产品结构的升级，提升公司业绩。从公司销售部做的市场调查来看，精密无线电设备市场未来几年将快速增长，利润也非常大，但目前国内产品受质量水平的限制，还很难进入这个市场。我们公司作为国内无线电行业的排头兵，完全应该，而且能够通过加大研发投入和技术改造力度，提高产品档次，进入这一市场，进一步提高公司业绩。而不是把精力和财力都耗费到我们的非核心业务上。"

"是啊，两个分厂已经到了非剥离不可的地步。"公司总工程师张力强说，"两个分厂的设备严重老化，并直接导致生产效率低下。我和技术部的同事曾估算过，如果对两个分厂的设备进行技术改造，全套下来，大约需要3 650万元。3 650万，可不是一个小数目，我认为如果用这笔资金进行研发或技术改造，收益会更大，而且也更符合国家的政策导向，会比较容易地获得国家的优惠政策扶持，甚至直接的财政资助。陈总会计师比较了解情况，公司去年不是用研发费用抵免了近1 500万的所得税吗？此外，我们和北方大学合作开发的一个无线电项目，今年也获得了国家600万元的资助。"

　　"我有个疑问，想请教一下，"公司的一位独立董事开始发言，"刚才陈总会计师提到，如果实施剥离，两个分厂的 968 名职工将由我公司予以安置或解聘。请问公司打算如何进行安置或解聘？"

　　"是这样的，"公司董事兼工会主席同时也是职工代表李肖平回答道，"剥离后，公司将解聘两个分厂的所有员工，并一次性支付剥离员工经济补偿金 1 900 万元。同时 Y 集团拟通过重新招聘的方式，与原来两个分厂的部分员工签订新的用工合同。"说到这，李肖平叹了口气，"究竟与谁签，签多少，将成为 Y 集团的内部事务，我们将无能为力。但据我们猜测，将有大约 50%的员工不会被 Y 集团继续聘用了。"李肖平停顿了一下，"各位董事，大家能不能考虑再给两个分厂一些时间，毕竟这 900 多名员工这么多年来一直与我们同舟共济，风风雨雨走过来不容易。一下子推出门去，很多人心里一时是无法接受的。"

　　会场上顿时一片寂静，分管生产的经理陈健看了看左右，说："我觉得李主席说的有道理。对于本项剥离计划，我们十分有必要对来自员工方面的不稳定因素予以充分的考虑。毕竟要同时解聘 900 多名员工，这就关系到 900 多个家庭啊。虽说根据国家相关法规，公司完全有权利解聘这些员工，但毕竟我们国家实施市场经济的历史还比较短，群众的思想意识水平有限。一旦决定剥离，会不会导致极端事件的发生？"

　　"另外，我主要想从生产的角度谈谈对这项计划的看法，"陈健继续说道，"硅晶和锗晶的制造虽说不是公司的核心业务，但对核心业务的稳定发展却也关系重大。两项业务剥离之后，的确会在短期内会增加公司的赢利水平，但同时也会增大我们的生产风险。举个简单的例子来说，前年 7 月份公司的大客户华东公司突然提出修改制造标准。新制造标准对晶体原料提出了更为苛刻的要求，弄得我们措手不及。幸亏硅晶分厂的同事们连夜制定新的生产计划，加班加点干了两个月，才保证了及时供货。试想，在剥离之后，由新的供应商而不是原来我们自己分厂的同事给我们提供硅晶和锗晶原料，遇到这种情况，他们能保证按新标准及时供货吗？让我看，很难！即使他们能做到，肯定也会要求我们提供大笔的违约金。"

　　"陈经理的话不无道理。"公司的独立董事同时也是某著名高校的经济学专家董教授开始发言，"剥离两个分厂，的确会增大公司的生产风险；但另一方面呢，却可以降低原材料价格变动带来的风险。众所周知，近年晶石市场的价格变化很快，对包括硅晶和锗晶制造在内的众多直接相关产业的影响非常大。因此，我认为，如果公司此时放弃这两种原材料的制造业务，而专心经营更为下游的设备制造业务，从降低企业原材料供应风险的角度来讲，是完全正确的。"

　　"董事长，各位领导，能不能再考虑考虑，除了剥离，还有没有其他办法？"董事会里另一位年轻的职工代表小邓小心地提问到，"比如，吸引战略投资者进入，将两个分厂组建为新的合资公司，或者暂时不对两个分厂进行剥离，而是进行内部整顿。这几天，不少分厂的职工纷纷来找我，让我转告各位领导，他们有信心通过内部整顿使两个分厂的经营状况走出低谷。"

　　王董事长仔细地听着所有人的陈述，不知不觉已经过了下班时间。王董事长看了看表后，想了想说："剥离两个厂的确事关重大，不宜仓促做出决定。但是呢，Y 集团的耐心似乎也很有限，希望我们尽快给他们答复。我看这样吧，今天的会就先开到这，咱们大家回去都再考虑考虑。明天上午，咱们重新开会，无论如何要把这个事情定下来。"

"到底该不该剥离两个分厂呢？明天的董事会该做出什么决定呢？"王董事长仍然在沉思着？

资料来源：李延喜. 吉祥无线电股份有限公司的资产剥离计划［J］. 管理案例研究与评论，2008，1（1）：53-61.

思考题

1. 结合本案例说明实行资产剥离计划的原因是什么？
2. 资产剥离计划的实质是什么？
3. 如果你是王董事长，你会做出怎样的计划？

12　组织案例

案例 1　海尔组织之道：组织转型的狂想与实践

如果说苹果是直线职能的典范，华为是矩阵管理的样板，那么海尔在组织变革中的探索绝对可以成为管理学从理论到实践的试验田了。张瑞敏不仅是企业家，他在管理上的思考和实践更像个富有理想主义色彩的管理学家，虽然在互联网的潮流中，张瑞敏所在的产业肯定属于"传统生产企业"的范畴了，但我想其在企业界管理学上的造诣和探索，应是无人能出其右的，海尔的组织管理变革也是我们研究组织管理最好的样本，说其是管理教科书也毫不为过。很难找到一个企业像海尔一样不断颠覆自己，把变革作为常态。也很难找到一个企业像海尔一样遭受到诸多争议。狂想人人都会，但践行却殊为不易……

那么，是什么让海尔将狂想落地的呢？

一、是折腾还是变革——海尔组织转型进行曲

关于组织变革，在华为也有个"耗散"理论，就是通过变革把一些能量"折腾"掉，使组织聚焦在以客户为重心的核心点上而无暇他顾。海尔也是一家"爱折腾"的公司，海尔的组织发展史，就是不停折腾、不停自我否定的过程，就如海尔当年为树质量怒砸冰箱，每次的变革都来得那么疾风骤雨、毅然决然。

（一）从直线职能制到事业部制

20 世纪 80 年代，海尔同其他企业一样，实行的是"工厂制"，典型的直线制的模式，没有职能机构，从最高管理层到最基层实行直线垂直领导，权力集中于高层。海尔 7 年时间聚焦冰箱产品，打造一个名牌。随着冰箱的成功，海尔用"激活休克鱼"的方式进行并购，产品线更加多元化，同时向收购对象输入海尔的文化和管理，这时候必须加强组织职能管理，直线制就演进到了直线职能制。直线职能在企业小的时候，"一竿子抓到底"，反应非常快。但企业大了这样就不行了。最大的弱点就是对市场反应太慢。为了克服这一问题，海尔改用矩阵结构。横坐标是职能部门，包括计划、财务、供应、采购；纵坐标就是不同的项目。对职能部门来讲，横纵坐标相互的接点就是要抓的工作。这种组织形式的企业在发展多元化的阶段可以比较迅速地动员所有的力量来推进新项目。

1996 年，意识到原有"工厂制"组织模式存在"大一统而不够灵活"的张瑞敏，

又启动了事业部制改革，1996年集团成立后开始实行"事业部制"，由总部、事业本部、事业部、分厂四层次组成，分别承担战略决策和投资中心、专业化经营发展中心、利润中心、成本中心职能，将原有的一艘大船变成了一支舰队。海尔的各事业部按其职能处室为"汇报线"，既接受事业本部的行政管理，又接受集团总部职能中心的行政管理。这是在组织领导方式上由集权向分权转化的一种改革，但虽然事业部获得了一定程度上的授权，其若干行动还都需要受到总部的制约，事实上依然是一个强垂直矩阵的组织。这种组织架构支撑了海尔的多元化战略的发展，但事业部制看似一个有序的分权体系，却存在"一放就乱，一收就死"的固有问题，张瑞敏认识到，这种科层改造已经走到了极限。

（二）从事业部到市场链的结构

海尔的组织结构经历了从直线职能式结构到矩阵结构再到市场链结构的三次大变迁，在事业部碰到国际化，在本土品牌想努力超越成为全球品牌的过程中，张瑞敏又再次打破平衡，要把市场这个看不见的手引入到企业中。

这是不是要搞企业内部市场化？内部市场化搞过的人不少，但如张瑞敏般坚决的却不多。大家都清楚啊，科斯的理论就说企业的存在就是为了降低交易成本而开始的，在企业内部的合作对于合作双方来说都是独特的、专用的，难以在外部获得替代的，要不为什么要放到一个企业中呢，采用外部市场交易机制不就很好？也就是说，用平等主体间讨价还价的方式，让市场产生价格就不合理。与其如此，不如回到那种上级领导定价的科层机制。如何破局？张瑞敏从理论上找到的支点，受到迈克尔·波特"价值链"的启发（虽然波特先生自己的公司在2015年也令人遗憾地走到了破产的边缘），价值链是指产业中的上下游企业之间的价值创造和流转关系，而市场链则是把市场机制引入了层级组织，力图把每个战略经营单元，甚至每个人，用市场关系进行串联。

按照张瑞敏的流程再造，第一步，把事业部的财务、采购、销售业务分离出来，在全集团范围内实行统一营销、统一采购、统一结算。第二步，把集团原有的职能管理资源进行整合，如人力资源开发、技术质量管理、信息管理、设备管理等职能管理部门，全部从各个事业部分离出来，成立独立经营的服务公司，其主营业务收入来源于为业务部门所提供的"服务报酬"。第三步，把这些专业化的流程体系，通过"市场链"连接起来，服务公司必须得到采购者的认可才能索赔，否则要被索偿，集团明文规定：如果对于服务公司不满意，可以向外采购。

2000年，海尔正式推出内部市场制。采用市场机制，必须要把物流、商流、订单流、资金流搞定，每个交付件都有物码，每个交易员工都有人码，此两码必须与"订单码"一致。2002年，海尔搞定了信息化这件事，市场链的组织结构调整也随之开始。海尔的目标是使人人都成为经营者，人人都成为具有创新精神的战略经营单元。但这一阶段中，海尔的具体做法并不是让人人之间形成一种市场交易关系，而是在绩效管理上采取了一种"拟市场化"的模式，让员工进入经营者的角色，不仅关注绩效的纸面结果，更关注其为企业带来的价值。这种经营者角色的下沉，的确是"有点像一个人就是一个公司了"。但再好的公司，内部如何定价依然没有解决，或者换个角度来说，如何确定每个员工应该达到的目标？上级来定？岂不是又回到了层级组织的老路？5 年时间，42 次的调整，海尔又一如既往地走到了下一轮组织调整的窗口。

（三）海尔的互联网思维：从"倒三角"到"三无"时代

2012 年 12 月，海尔发布网络化战略，正式宣布进入互联网时代，全面对接互联网。张瑞敏提出海尔要达到"企业无边界，管理无领导，供应链无尺度"的"三无"境界。当组织内的资源呈现网络化结构的时候，极致扁平化得以实现，组织真正就变成了一个"平台"。

海尔究竟想变成什么样的组织呢？用张瑞敏的话来说，就是"企业平台化，员工创客化，用户个性化"。他大胆提出，未来海尔将只有三类人：平台主、小微主和小微成员。此时，小微已经替代了利益共同体和自主经营体的概念，前者是实实在在的企业，而后两者则更像是一个模拟公司。原来的三级经营体们，则变成了大大小小的平台主，为小微主们提供资金、资源、机制和文化等支持。创业小微从无到有，海尔基本放开任其发展。

作为一个平台，如何让更多的小微主冒出来，活得好，是平台主们应该考虑的。如果结算成本过高，小微主们被养乖了，自然不会具备在市场竞争中生存的能力；如果一味对接市场，小微主们冒着巨大的风险，也不敢轻易投入创业。这条改造之路也的确艰辛，截至 2014 年年底，海尔集团只有 20% 左右实现了小微化，共成立了 212 个小微公司。这些刚刚成立一年甚至更短时间的小微们，只有少数几个从无到有的"创业小微"拿到了风投，其他"转型小微"大都还处于艰难摸索阶段。但无论如何，海尔内部的创业热情已经大大提升了，张瑞敏期待的一群"小海尔"去捕捉、满足用户需求的局面正在出现。

二、互联网+的海尔还是那个海尔吗？

海尔到底还能不能一边折腾一边成功，是不是个案，是不是搞"事件营销"这些都不重要，重要的是这种探索和尝试给我们的启示，这本身也是价值。对海尔的组织转型我们可以做如下总结：

（一）由传统的生产制造型企业向全新的互联网企业转型，从模式上进行颠覆、激进的变革

一直以来，海尔都是战略引导管理（组织模式），但进入互联网时代，应该是"去管理化"，重在搭建共赢生态（Eco-System）。海尔所有在组织模式上的打造，实际上都是在打造一种调动每个员工感知用户、对接用户、满足用户的平台，去管理化去科层化。在当今的时代，市场的不确定性让"制定战略"大大让位于"打造模式"，企业不可能再用精英主义的顶层指挥模式来应对市场上无限多元、个性极致、快速迭代的市场需求，实际上是一种"去战略"。

（二）以用户为中心、市场机制倒逼的组织机制设计

从物流配送到 Call Centre，用"创客小微"的机制，最大限度地发挥员工个体与用

户的组合价值，公司职能 FU 作为团队运行的平台，进行战略方向的把控和资源的协同，海尔所有的组织变革都是围绕发挥人的最大积极性，张瑞敏曾说："每个雇员都是自己的 CEO，每个人都有自由去做他选择的事情，也就是为客户服务，每个人都有自己的利润和目标。"

（三）充分利用信息技术辅助企业转型

海尔在企业管理的很多基本点都做得很扎实，并采用新的技术，比如说互联网数字化技术等改造它的业务模式，许多上下游的信息对接都靠系统来完成，这是虽然历经变革，但整个管理和业务没有出现大的动荡的基础。

作为组织模式的先锋探索者，海尔必须思考以下几个问题：

（1）从管理角度来说，灵活性与可控度是相悖的，特别是当成熟的小微脱离海尔发展成平台之后，海尔会不会陷入"失控"状态？小微公司如同蜂群，创客如同蜜蜂。这是一种看起来很彻底的分布式管理模式，利用"失控"获得没有限制的成长。但分布式管理最后，仍然需要超强计算总结能力。无论战略方向如何精准、管理机制如何高效，最终都要落实到具体的业务流程中，海尔的管理机制就走上越来越精细的道路，难免有人说海尔的自我颠覆之路会砸在"复杂"二字上，就如为避免利益输送的结算系数确定上，这个问题在内部市场机制上就很难根本性解决或机制会变得越来越复杂。如何把握好灵活度和可控度的均衡，动态调整，是海尔组织变革模式长期所要面对的命题。

（2）互联网思维和传统经济增长要求的冲突。海尔脱胎于传统制造业，讲究的是精准控制，没有达成目标出了什么问题，都要回溯，称之为"还原文化"，但互联网面对快速变化的外部环境，更讲究快，侧重如何应对未来而非如何检讨过去。此外，海尔为小微主设置了业绩目标（多数是经营类指标和用户类指标），没有达到拐点就只能拿到基本工资（生活费），在这样的导向下，小微主很难有意愿对长期竞争力进行投入，一个没有长远战略眼光的业务是无法长成一棵参天大树的。一旦你追求对数的考核，自然会形成对创新的禁锢。

（3）管理机制可以日臻完美，但文化的改变则非一日之功，这和我在《绩效管理从入门到精通》书中谈到的南橘北枳是一个道理，在海尔传统的文化和组织氛围中，能否长出互联网基因的果，这是一个值得思考的命题。"人人创客""人人 CEO"，发挥积极性的出发点毋庸置疑，可现实并非人人都适合创客、人人都适合 CEO，大众创业和人人创业是两个概念。为了实现转型，海尔引入了不少外部人才，但鲜有成功案例，加上去中层隔热墙的扁平化措施，利益冲突在所难免。如何解决既得利益者对变革的阻力，建立支持创新和包容的文化，恐怕是海尔必须要面对的一个坎。

资料来源：http://www.hrloo.com/rz/13682402.html.

思考题

1. 海尔为什么要不断地进行组织变革？企业要怎么样才能保证组织变革顺利完成？
2. 海尔应该如何应对互联网思维与传统经济增长要求的冲突问题？

案例 2 嘉宝公司高管团队成员集体离职

一、嘉宝公司简介

嘉宝公司是德国嘉宝集团在中国设立的一家汽车零部件生产公司。嘉宝集团是世界领先的汽车技术、工业技术及服务供应商，在全球有近 30 万名员工，秉承科技创新精神、卓越的产品质量、以人为本的服务理念和精益求精的研发原则，赢得了广泛的社会声誉。

嘉宝集团开拓中国市场已有 100 多年的历史，目前其所有业务部门均已落户中国，拥有 50 家公司，分布于上海、杭州、苏州、无锡、大连等城市。2007 年嘉宝集团并购了一家上市公司澳洲汽车技术有限公司，先后收购了该公司 90% 的股份，投入 1.2 亿欧元，成立了嘉宝公司，落户于大连，占地约 15 万平方米，有员工 1 200 余名。嘉宝公司主要为汽车动力系统提供创新解决方案，拥有比较完备的工艺及生产流程。

嘉宝集团在并购时原则上保留了被并购公司的高管团队。总经理由澳大利亚人皮特（Peter）担任。皮特（Peter）是被并购公司的总经理，在澳洲汽车技术有限公司任职 10 年，是一个职业经理人，为人谦和，倡导开明式管理，将澳大利亚文化与中国本土文化相融合，组建了一个具有领导力和执行力的高管团队。

财务部经理由李晓茹担任，人事部经理由周洪刚担任，制造部经理由赵亮担任，运营部经理由周辉担任，物流部经理由孙鹏担任，铸造厂厂长由张品担任，加工厂厂长由吴迪担任，仪器厂厂长由方一卓担任。高管团队中财务部经理李晓茹、人事部经理周洪刚、运营部经理周辉、制造部经理赵亮、物流部经理孙鹏、铸造厂厂长张品均为被并购公司高管，加工厂厂长吴迪、仪器厂厂长方一卓是并购公司从嘉宝集团总部和其他分公司派来的。

二、Fred 到任与推行 5S 管理

公司并购不久，嘉宝集团总部派来了一位中国区制造工程总监弗雷德（Fred），主要职责是负责监督产品质量，推行嘉宝集团倡导的 5S 管理。这样，制造部经理赵亮实际上成了弗雷德（Fred）的助手，必须向弗雷德（Fred）汇报工作。

5S 即整理（Seiri）、整顿（Seiton）、清洁（Seiso）、清洁（Seiketsu）、素养（Shitsuke）。所谓整理，就是要将工作场所的东西分为"要的"和"不要的"，把二者明确、严格地区分开来。整理的目的是改善和增加作业面积，现场无杂物，行道通畅，提高工作效率，消除管理上的混放、混料等差错事故，有利于减少库存、节约资金。所谓整顿就是要把留下来的必要的东西依规定的位置，分门别类排列好，明确数量，进行有效的标志。整顿的关键是要做到定位、定品、定量，合理定置，摆放整齐。所谓清扫就是要彻底将工作环境打扫干净，保持工作场所干净、亮丽。目的在于培养全员讲卫生的习惯，创造一个干净、清爽的工作环境。所谓清洁，就是指对整理、整顿、清

扫之后的工作成果要认真维护，使现场保持完美和最佳状态。所谓素养，是指要努力提高人员的素质，养成严格遵守规章制度的习惯和作风。

5S 管理由弗雷德负责宣传、推广。弗雷德来自嘉宝集团，35 岁，在嘉宝集团工作了 9 年，在欧洲工厂担任过车间主任，在中国苏州工厂担任过部长助理，在嘉宝集团总部担任过区域主管。弗雷德个性张扬、性格直率，具有德国人的自信、严谨、勤奋、认真等特征，但比较孤傲、自大、武断。弗雷德对 5S 管理情有独钟，当他发现被并购企业没有实行 5S 管理后，便在全公司办公室、车间等实行 5S 管理，并制定了惩罚措施。被并购企业原来属于澳资企业，是一家上市公司，实行的是将澳洲文化与中国本土化相结合的管理模式，构建了事业部制组织结构，有比较完备的管理制度和流程，各部门分工明确、责任清晰，能够确保产品生产任务按期保质保量完成。因此，在实行 5S 管理时，许多管理人员和员工都未达到 5S 管理要求，或因违反 5S 管理规则被警告或罚款。5S 管理在被并购企业员工看来，中看不中用，过分强调工作环境清洁、物品摆放整齐和外表形象，把大量时间用于 5S 管理，却忽视产品质量和生产进度，致使企业无法按期交货，产品质量无法满足客户要求。

而弗雷德却对被并购公司过去的管理方法大加鞭挞，指责被并购企业的高管团队成员不配合 5S 管理的推行，并向嘉宝集团告状。弗雷德的行为引起了被并购企业高管团队成员的不满，也纷纷向嘉宝集团提出改革的意见和建议，主张逐步推进 5S 管理，而不是像现在这样强行推进，造成员工不适应，引起部分技术娴熟的老员工离职，直接影响到企业的生产进度和产品质量。由于无法按期交货，物流部经理孙鹏在多次建议无果的情况下提出辞职，并很快得到批准。财务部经理李晓茹对基于 5S 管理的财务制度改革提出异议，因为并购前澳洲汽车技术有限公司是一家上市公司，已经建立起非常规范的财务制度，而并购后嘉宝公司非上市公司，并购后主动退市，其财务管理与上市公司的制度有很大不同，这样，推行 5S 管理，在短时间内财务部的工作十分被动。结果，李晓茹的财务部屡次被点名批评：工作报表不合格、工作效率低下、领导不力等。无奈之下，李晓茹主动提出辞职。嘉宝集团很快派来了一位财务部经理。

三、团队内部的冲突

弗雷德推行 5S 管理，制造部经理赵亮一直密切配合。按照 5S 管理要求，必须对设备进行清洗，于是，弗雷德找了一位从德国某大学来的实习生，简单介绍了清洗设备的方法后，就让这位实习生编制了一份设备清洗流程。然后在公司高管扩大会上讨论这份设备清洗流程。在讨论过程中，大家发现这份设备清洗流程有许多地方不符合实际，并提出了一些意见，结果引起了弗雷德的不满，要求大家按照制定的流程执行。赵亮反驳弗雷德说："我们是多年从事制造工程工作的，对设备的维护了如指掌，如果要求我们完全按照实习生制定的流程去做，那还要我们讨论什么？"这次冲突导致了弗雷德和赵亮的关系紧张，甚至二者都不愿意见面。其后不久，赵亮便递交了辞呈。

总经理皮特对孙鹏、李晓茹、赵亮的辞职一直感到歉疚，并且，其权威性也受到了弗雷德的多次挑战，在赵亮离职三个月后，皮特也提出辞职，回到了澳大利亚。皮特离职后，嘉宝集团从欧洲派来了新的总经理约翰森（Johnson），并将弗雷德提升为二把手，相应地，将被并购公司的高管团队成员的权力逐渐削弱。皮特的离职，犹如流行性感冒一样传染了余下的被并购企业几位高管团队成员，一种无形的压力袭来。随着弗雷德地位的提升和权力的扩大，几位高管团队成员与弗雷德的冲突和矛盾时有发生。就这样，在皮特离职一个月后，运营部经理周辉也递交了辞呈。

运营部经理周辉，42岁，获得国内某重点大学工商管理硕士学位，曾任职于通用汽车、固特异等外资企业，担任过制造厂厂长、中方经理等。2005年受聘于澳洲汽车技术有限公司，担任生产经理，后荣升为中方经理。周辉为人豪爽，性格耿直，严于律己，敢作敢为，讲究诚信，信守合同，重视生产安全和产品质量，关心员工生活及福利，作为澳洲汽车技术有限公司的创始人之一，他将自己多年积累的管理知识和实践经验应用于企业建设和发展之中，在澳洲汽车技术有限公司享有很高的威望。嘉宝集团并购澳洲汽车技术有限公司后，周辉在嘉宝公司担任运营部经理，负责铸造厂、加工厂、仪器厂的生产与质量管理等。

周辉在工作中极力支持5S管理的推广，积极配合弗雷德的工作。在一次高管例会上，周辉就5S管理推行过程中存在越权行事、不顾产品质量、忽视员工情感等问题提出了自己的意见和建议，却受到弗雷德的指责，批评周辉不配合5S管理的推行。周辉认为自己反映的是客观存在的事实，便与弗雷德据理力争。不久，周辉的某些工作被要求由其他经理负责，并且由新来的总经理具体负责运营部工作。周辉感到职业发展前途渺茫，便递交了辞职信。很快，几家猎头公司便找上门来。目前，周辉已在国内另一家汽车配件生产公司担任中方经理。

此外，人事部经理周洪刚也与弗雷德发生了冲突。弗雷德在高管碰头会上说，他感觉操作人员过剩，要求裁员。而周洪刚认为由于公司操作人员，尤其是熟练工人频繁流失，加上公司已经制订了增加产量的计划，目前不应裁员。弗雷德便拿出了一份自己计算的岗位及人员分布情况，认为完全可以裁员，而且这样做也会得到中国区总经理的信任。周洪刚针对弗雷德计算的岗位及人员分布情况，一一指出其漏洞，并认为必须有足够的人员才能确保产品质量。弗雷德说："我们嘉宝集团拥有100多年的管理经验，你执行就行了，不允许讨价还价。"据说，人事部经理周洪刚也萌生去意，私下里正在与猎头公司沟通。

就这样，在不到两年的时间里，五位被并购企业的高管团队成员离开了嘉宝公司。此外，被并购企业65%的中层管理人员、80%的技术娴熟的老员工也先后离开了嘉宝公司。

资料来源：郭文臣，肖洪钧. 被并购企业高管团队成员集体离职的影响因素探究——基于嘉宝公司的案例分析 [J]. 管理案例研究与评论，2011，4（5）：353-360.

思考题

1. 结合案例，请分析影响高管团队集体离职的因素是什么？
2. 为了有效防范核心人才的流失，并购企业应注意的问题是什么？

案例3　中粮集团"忠良文化"

一、案例背景

中粮集团有限公司（COFCO）是世界500强企业，是中国领先的农产品、食品领域多元化产品和服务供应商，致力于打造从田间到餐桌的全产业链粮油食品企业，建设全服务链的城市综合体。利用不断再生的自然资源为人类提供营养健康的食品、高品质的生活空间及生活服务，贡献于民众生活的富足和社会的繁荣稳定。中粮下属品牌涉及农产品、食品及地产酒店等领域。大悦城是中粮集团商业地产板块战略部署精心打造的"国际化青年城市综合体"。

中粮集团从2004年开始有计划、有步骤、系统地开展企业文化建设工作。首先明确了企业文化建设目标，确定了企业文化建设的方向，在此基础上，提炼总结出企业文化的核心和内涵，并借助有效的传播载体让员工体验、感悟中粮文化，实现文化的植入，使员工自觉地将这种文化融入到自身的思想、行为中，从而达到文化对人引导的目的，而中粮员工自身行为表现反过来又强化了中粮的文化，实现了中粮企业文化的升华固化。

二、制定企业文化目标，明确文化建设重点

中粮集团在企业文化建设之初，就把企业文化当作中粮核心竞争力的重要组成部分，明确其功能定位为服务企业战略转型。

中粮战略转型不仅对经理人的专业能力提出了新的要求，其思维方式也需要随之做出转变，与此同时，战略转型过程中的重组并购企业对团队融合和文化整合也提出了新的要求，而企业内部中青年群体比重加大也亟须找到新的沟通语言和方式。针对这些新形势、新挑战，中粮把文化建设的目标定为"忠良"，即"高境界做人、专业化做事"，培育又忠又良的中粮职业经理人。

文化建设的主要方向确定为"职业化"和"人性化"。中粮集团认为，"职业化"就是要在中粮内部弘扬建立在市场化基础之上的"职业经理人"精神，摒弃计划经济体制下的"官本位"意识，将国有企业的"领导干部"转化为更为市场化的"职业经理人"，打造国企的"忠、良"兼备的"职业经理人"队伍；"人性化"是指在文化建设中，要将"人"放在最重要的位置，中粮强调战略的起点是"客户"而非"财物"，管理的起点是"员工"而非"制度""流程"，投资的起点是"股东"而非"项目"，一切工作围绕"以人为本"的理念，从而"忠良文化"的整体建设思路都体现出浓厚的人性关怀。

中粮集团推进"忠"文化建设，主要是在集团内部普及忠于职守、忠于股东的"放牛娃文化"，鼓励坦率真诚、自然本色、处以公心的"阳光文化"，倡导相互协同、相互分享、相互欣赏和相互包容的"团队文化"，树立"高境界"，不碰"高压线"的

"两高文化"等，从而提高员工的职业道德和精神修养；中粮集团推进"良"文化建设，主要是向经理人强调要把股东托付的财产管好、经营好，为股东创造更大的财富。

三、构建文化核心架构，充实企业文化内涵

在找准了文化建设的目标和方向后，中粮集团认为文化建设首先要构建一个核心架构，这个架构应包括物质、行为、精神三个层面。物质层面建设，中粮主要抓价值观外化的各种具体形式，包括统一中粮视觉形象识别系统、办公环境与宣传物品、群体性活动、仪式和内部流行语等；行为层面建设，中粮主要抓中粮价值观在经理人和员工思维方式、行为模式上的表现，主要通过"行动学习法""团队工作法""五步组合论"（选好经理人、组建团队、制定发展战略、执行战略并形成核心竞争力、考核评价经理人）等工作方法创新以及新的制度、流程制定，使员工形成统一的组织行为；精神层面建设，中粮主要抓集团使命、愿景、战略、企业精神、品牌信仰等意识方面的认同与内化。

中粮提出"自然之源，重塑你我"的品牌理念，"诚信、团队、专业、创新"的企业精神以及"奉献营养健康的食品和高品质的生活服务，建立行业领导地位，使客户、股东、员工价值最大化"的企业使命，获得社会、客户、员工对"忠良文化"的认同和共鸣，这才是"忠良文化"真正的企业文化内涵。

四、灌输企业文化理念，引导员工思想行为

中粮集团灌输"忠良文化"有别于通常的宣传教育，而主要采用"强制规范"和"体验营销"方式。一方面，中粮集团制定了完善的规章制度，塑造员工的行为。如中粮集团出台了《中粮经理人职业操守十四条》，规范经理人行为，让经理人坚守做人的基本原则；制定了具有强制性的《行为准则》，要求每一位员工，无论何种职级、何种岗位，均要理解《行为准则》内容，并将《行为准则》所体现的精神作为面对挑战、处理问题的准绳。另一方面，中粮集团采取"润物细无声"的方式，感性地传播新文化。如建设"忠良书院"，传承发扬优秀的中粮历史文化；开办《企业忠良》内刊，让中粮员工将个人的文化体验用文字梳理表达出来，传教理想，启人心智；对集团的办公环境和日常活动重新进行设计和创新，把新的文化理念和文化元素巧妙融入其中，让经理人、员工在日常工作中不知不觉地感受新文化，自然而然地认同和接受新文化。

通过企业文化的灌输，中粮员工认识到中粮文化代表的是人性里的东西，是人和人之间、人和自然之间相互尊重的关系，是自然散发的自觉的行为规范和行为方法，并形成了"外化一形""固化一致""内化一心"的行为模式，从而不自觉地将中粮的文化通过自己的语言、行为等方式展现了出来，这就实现了中粮文化的固化。

五、升华员工心中感悟，弘扬企业文化精神

中粮集团主要对三类活动进行提升和创新，弘扬中粮文化：一是创新会议模式，向经理人弘扬中粮文化。中粮集团将会议与研讨、培训等功能整合在一起，形成"结构化会议"。这种新会议模式将"学习文化""业绩文化""团队文化""阳光文化"等

贯穿其中，不仅大大提高了会议效率，更重要的是，把传统的"会议"提升为团队学习、团队决策、团队融合的有效手段。二是创新党建活动，向广大党员弘扬中粮文化。中粮集团积极开展"优秀党日竞赛活动"，鼓励基层党组织创新党日活动的内容与形式，将党日活动与业务专题学习、技术难题攻关、提升业务能力等相结合，与捐助希望小学、扶贫、支教等公益活动相结合等。中粮集团还成立了"红色忠良预备队"，把党性教育与后备人才培养、"忠良文化"宣传有机结合起来，系统传播企业文化。三是创新文化活动，向社会群众弘扬中粮文化。中粮集团将"职工运动会"改造为"中粮嘉年华"，增强活动的参与性，将"春节联欢会"改造为"新春 FENG 会"，演身边的人、说公司的事、讲心里的话，引发观众共鸣，将"职工书画摄影比赛"改造为"中粮妙烩"，展示员工及员工家属才华。这三大品牌活动都有各自的定位和标识，系统全面地弘扬了中粮文化。

资料来源：张伟. 中粮集团"忠良文化"［J］. 企业管理，2013（9）：101-102.

思考题

1. 中粮集团的组织文化建设目标是什么？文化建设的主要方向是什么？
2. 中粮集团推进的"忠"文化建设是什么？"良"文化建设又表现在哪里？
3. 企业文化的结构包括哪些方面？中粮集团企业文化建设是如何体现的？

13 领导、激励与沟通案例

案例1 刘强东革新： 从独裁者到引路人

京东上市之后，刘强东似乎低调了不少，他的微博一如既往地不做更新，在大佬齐聚的行业会议中很少能见到他的身影，即便是京东自己的商业活动刘强东也鲜有出席，而在位于北辰世纪中心的京东总部，员工们见到这位"霸道总裁"的次数也比过去明显减少。

京东目前市值 473 亿美元，刘强东持股约 20%，照此计算其身家接近 600 亿元人民币。因为京东采用 AB 股不同投票权设置，刘强东拥有的投票权超过 80%，这意味着刘强东的一举一动都会深远影响这家公司的未来。

不久前，刘强东在澳大利亚接受网易科技的采访时表示，自己在京东内部的角色仍然是"负责公司的战略和团队"，但对于自己比较重视的业务，偶尔也会亲力亲为，比如今年上半年他曾亲自带领 O2O 项目"京东到家"。

更多时候，刘强东还是站在幕后，他深知，作为一个拥有 7 万多名员工的企业的领路人，他必须从烦琐的业务中抽出身来，把精力放在战略思考、队伍管理和文化建设上。京东已经度过了自己的草莽阶段，正在变成一个国际化的规范企业，刘强东也要适应自己的新角色。

不变的是，刘强东对于做企业仍然有自己的一套看法，他认为企业家不应该短视，而要目光长远。当记者问到京东是否有回归 A 股的计划时，刘强东当即表示不会："对于不同资本市场带来的溢价的不同，我一点都不感兴趣，我只关心这家公司五年、十年之后怎样发展，我们希望能够持续长久的为股东创造价值。"

在刘强东看来，未来的零售业将呈现大融合趋势，不再区分线上线下，也不关心跨境不跨境，"大的零售商会不断进行整合，整合到最后，你会发现这些产品没有区别，也没有边界。"而置身零售业变革大潮中的京东，决心继续围绕零售业耕耘，"我们做了金融业务，但也是为电商服务的……金融和商品的界限很难进行区隔，最后这些产品也会高度融合。"

当然，在未来到来之前，刘强东和京东的创业故事，才刚刚展开。

一、"独裁者"

曾将乔布斯赶出苹果公司的约翰·斯卡利说过一个观点："成功的科技企业里没有民主。""硅谷不是靠民主领导成立的。"

这个观点同样适用于中国互联网企业，马云、周鸿祎都是有名的"独裁者"，刘强东也不例外。"独裁"对于一个处于打江山阶段的企业来说，在某种意义上是件好事，它意味着这家企业有着非常明确的目标、迅速而有力的决策以及自上而下的执行动力。

京东早年的历史，就是一部刘强东个人的奋斗史和独裁史。

刘强东出身农民家庭，对于农民的辛苦和生活不易深有体会，这让他成了一个有温度的人。1998 年，刘强东拿着在日企工作攒下来的 12 000 元去中关村站柜台，这是京东事业的起点。彼时的中关村是一个鱼龙混杂的电子产品集散地，但刘强东从一开始就和别的商家不一样，他要坚持卖正品。

2003 年非典爆发，线下店的生意没法做，刘强东才开始尝试在网上卖货。对于关闭所有门店转型线上，几乎所有的员工都表示反对，但刘强东干了。

有投资人评价早年的京东商城是一头狮子带领一群绵羊打仗，对手是成立较早、资本雄厚的当当网、亚马逊和淘宝网等。刘强东就是这头狮子，所有的大事小事他都过问，甚至公司最初的很多系统都是由他一行一行代码敲出来的。

2007 年拿到今日资本的投资以后，刘强东又非常独断地决定要自建物流，这种模式在当时的企业家看来简直是天方夜谭，但京东最后真的把物流做成了自己的护城河。

其实放到今天来看，刘强东在京东发展的关键节点上做出的决策本身并不神奇，可贵之处在于他把自己定下的目标都踏踏实实落了地。执行力来自领导力，凝聚队伍，刘强东有自己的独特方法。

早年京东盛行"酒文化"，因为经常加班，下班后往往已经是晚上 9 点或者 10 点，刘强东就会招呼大家一块吃饭喝酒，顺便听听员工的想法。酒桌成为老板刘强东"笼络人心"的好地方，也成为提出问题、解决问题的好渠道。喝到兴头上，员工一拍胸脯，立下业务目标，刘强东再承诺点奖励，喝完酒第二天大家就会信心满满、干劲十足。

直到今天，刘强东在内部演讲和发内部信时都会开口闭口"兄弟们"，他深知自己带领的大部分员工处在基层，京东给予他们高于大多数同行的待遇和可以晋升的通道，给他们尊重，以及分享集体果实的机会，而他们给予刘强东的是绝对的服从和超强的执行力。

这种刘强东一个人负责战略并包揽大事小事的局面一直持续到 2008 年。2008 年以后，随着京东开始向全品类扩张、物流队伍日益庞大，刘强东逐渐发现自己再继续完完全全、事无巨细地管理这样一家急速成长的公司已不太可能。

二、引路人

2007 年，第一波职业经理人加入京东；2008 年，京东员工超过千人，刘强东开始有危机感。

借助资本的力量，京东进入了发展的快车道，但烦恼也随之而来。首先，员工数量暴增，刘强东个人可以管理和影响的范围十分有限；其次，随着京东从 3C 向图书、家电、日用百货等品类扩张，刘强东本人对于这些新业务的具体细节也不可能做到事事精通。延续过去的管理模式已不太现实，在投资人的介绍下，第一波职业经理人接踵而来。

从 2007 年到 2008 年，陈生强、严晓青、李大学、徐雷的一众干将加入京东，成了刘强东开拓疆土的左臂右膀。这批职业经理人的到来填补了京东因发展速度太快但内部培养人才较慢造成的缺口，也帮刘强东分担了大量的日常管理工作。

刘强东在京东的角色开始转变，从彻彻底底的"独裁者"变为只负责战略的引路人。

现任京东集团副总裁兼通讯采销部总经理的王笑松讲过一个小故事来证明刘强东对下属的放权：有一次，一个小家电厂要和京东合作，要求京东预付款 500 万元。王笑松觉得事情有点大，就去请示刘强东，但刘强东反问他："我有告诉过你，你的签字权限是多少吗？"王笑松回答："没有。"刘强东说："那就行了，你可以走了。"

"我不是神仙，我不可能百分百正确，所以还是要服从集体的智慧。"这是企业变大后，刘强东的感悟。

为了打造一支具有战斗力的团队，京东在内部实行了管培生计划，成立了京东大学，但如何协调几万人的团队协同作战，这是个问题。京东在内部实行 ABC 管理原则，目的就是对下属充分放权但又进行牵制。比如在人权 ABC 方面，按照级别 C 向 B 汇报，B 向 A 汇报。C 的加薪、辞退、奖金和股权等等都由 A 和 B 一起来决定，避免一个人说了算。

当刘强东手下拥有十几名副总裁，各管一块具体的业务，并且利用管理制度和企业文化可以保证大家方向统一、路线一致时，刘强东就被解放出来了，他有了更多时间去思考公司战略。

2013 年，刘强东甚至跑到哥伦比亚大学读了半年书，结果发现高管各司其职，公司运转正常，这让他高兴坏了。那一年一回到国内，刘强东就在媒体沟通会上表达了自己对公司管理进步的喜悦。

刘强东心底明白，京东已经准备好了，作为引路人，他可以带着公司去美国上市，然后走向更广阔的天地。

三、"我只关心未来"

尽管脱离了刘强东京东也能照常运转，但所有的人都明白，刘强东仍然是这家公司的唯一掌舵者，他的格局决定着京东究竟能走多远。

对于未来，刘强东认为自己或许不是最敏感的，但用户优先的原则会让京东保持不败之地："我们 2004 年开始做电商的时候，市场上已经有卓越、当当、淘宝，它们已经做得很成功了，而我们可以说什么都没有。我觉得最后电商的竞争一定是用户体验的竞争，只要我能够给消费者带来更好的用户体验，我们相信最后还是能够赢得消费者的。"

在自营 B2C 和开放平台业务已经形成规模之后，刘强东把京东的新增长点放在农村电商、跨境电商、O2O、金融服务等方面。以跨境电商为例，他希望把国外的商品引进中国，再把中国的商品输出海外。"我觉得过去 20 年中国经济是伴随着中国制造，而未来 20 年，中国经济一定是伴随着中国品牌。中国经济要向全球扩充，一定伴随着一个又一个中国品牌走向全球。"

刘强东把京东称为"孤独者"，他说，京东没有学习亚马逊，没有学习 eBay，也没有学习天猫和淘宝，而是一直按照自己对国家经济发展和零售行业发展的理解去专心做事。"零售行业其实就三件事情：用户体验、成本、效率。"

在刘强东看来，未来五到十年，零售行业的地域界限会越来越模糊，商品在全球范围内自由流通。而在这个趋势下，像京东一样的大零售商会通过降低成本获得优势，使消费者最终获益。

而在未来五到十年，京东仍会以零售业为核心，虽然也会涉足金融等业务，但目的仍是为零售业服务。

为了不使自己成为公司发展的天花板，十几年来，刘强东从一个"独裁者"转变为引路人，他在不断革新。

资料来源：http：//tech. 163. com/15/0728/08/AVJK4SNG000915BF. html.

思考题

1. 分析刘强东的领导风格？
2. 刘强东作为领导者对京东发展的意义有哪些？

案例 2　哪种领导更有效

C 公司的前身 K 公司曾经是一家品牌享誉全球的知名大企业，和可口可乐一样，它们的产品也几乎遍布全世界。后来，K 增加了许多相关产品的业务，而那个时候，C 只是它的一个小小的事业部——医疗成像设备事业部。但是这家大公司没有跟上数字化时代的发展，在几年间就因为主营产品没有跟上新兴科技的发展，所以出现了冰山沉船一样的严重后果，公司上层只能陆续地关掉或卖出自己的各个事业部。2007 年的时候，作为当时盈利最好的事业部之一，医疗成像设备事业部被公司以并不算最高的价格卖给了一家世界 500 强的集团公司，这个决定其实也是 K 公司看出了医疗设备的未来是不可限量的，所以并没有完全考虑最高的价格，而是希望为这个还大有前途的事业部寻找一个好的归宿。而事实证明，2007 年脱离 K 以后成立的 C 公司业务确实蒸蒸日上，各方面发展都越来越好，而且产品线也从单一的 X 光打印机发展出了包括数字输出解决方案设备（简称 DO），数字获取解决方案设备（简称 DC），医疗信息系统（简称 HCIS），牙科系统（简称 DENTAL），分子成像（简称 CMI）等多样的医疗设备生产，为全球提供专业的医疗服务。其中 DO 的生产占了公司最大的比例，也是公司目前最主要的传统产品线。而 DC 的价格和性能都比较高端，这几条产品线是公司希望可以在近几年内得到快速发展的部分，而 DENTAL 是公司发展得比较晚但是发展得最快的一条产品线，由于设备小但是利润高，这个产品线的产量在近几年内是增长最快的一个，剩下的如 HCIS 和 CMI 等量比较小，科技含量较高的产品线都是公司为了跟上时代发展和科技发展而开发的非主要产品。

作为一家跨国公司，C 公司在全球使用统一的标准化流程来管理自己的制造和生产运营。项目经理需要负责整体的协调、预算的控制、资源的配置，还有追踪进展等，必须确保新产品能够按计划上市，而且在功能、质量、可靠性、成本等各方面也要一一满足市场需求。在最主要的日常生产管理上，公司通过标准化、专业化和准时化来实现对整个制造过程的控制。利用全球制造控制流程 EQDS/MQDS 来管理生产过程，从而实现了人、机、料、法、环等各个方面的统一化和精准化。

目前 C 公司的人员构成其实并不复杂，总经理直接管理向他汇报的部门经理，部门经理向上对总经理负责，向下管理有直接汇报关系的主管，不同部门之间没有管理关系。这样的组织结构的优势是，可以保持清晰的工作关系，团队内部信息交流快，可以提高反应速度。公司一共有 8 个部门，分别是 4 个产品项目部门，质量部门，采购及计划部门，物流部门和精益生产部门，财务、人力资源和行政等后勤部门设置在集团公司总部统一管理。

而相对于质量经理、法律法规经理、采购及计划部门、物流部门和精益生产部门这些支持部门，C 公司的直接生产力无疑来自于 4 个项目部门，4 个项目经理每天汇报的内容也通常是总经理最在意的部分。四位项目经理简介如下：

Y 是 4 个人当中年纪最长的一个，他在项目管理和生产管理方面都有很强的专业背景，还是中国最早去美国学习生产管理的一批工程师，目前他负责公司最大也是最重要的 DO 设备的项目管理和生产管理。DO 项目部门的资源也是各个项目中最充沛的，无论是人力还是物力，或者美国高层对它的重视度，都应该说有明显的优势。所以最年长最有资历的 Y 负责了公司最重要的项目部门，那么具有如此得天独厚优势条件的 Y 是不是也可以把自己的领导才能发挥到极致呢？事实上，最重要的往往未必是最好的。Y 的最大优势是对任务的执行，Y 负责的项目通常都进展最顺利，DO 产品线也一直都是质量指标最好的，可是 Y 部门里的工程师却一直被认为是最听话却最缺乏全方位能力和培养潜质的一群老黄牛。而曾经有好几个从 Y 的部门转岗到其他项目部门的工程师却在一两年内都得到了升迁或突然被总经理赏识起来。这也许就是 Y 作为一个领导没有给下属提供很好的发展空间和不知道如何去引导下属在职业发展上取得更多机遇的原因。

G 负责的是 DR 的部分产品的项目管理和生产管理，还有 HCIS 等一些产量较小的产品。G 的年纪和 Y 相当，专业的资历和背景也很好，更重要的是，G 在 C 公司的工作年限是最长的。事实上，G 在很多年前在 C 公司就已经是一个部门经理，做过许多不同的项目，能力也是得到认可的，只是虽然他一直可以有不同的项目做，职位却在升到部门经理以后再也没有机会升迁了，这不得不说是由于他本人的领导能力把他局限在了现在的职位上。

G 是一个类似老好人先生的领导，他对部门里所有的员工都和颜悦色，并且一直都认为他部门里的员工都是工作勤恳而出色的。另外一个和其他几个部门不同的情况是，G 负责的生产线和公司其他生产线不在同一幢厂房，所以 G 和他的部门平日里受到总经理直接管束的机会也相对少。G 的这种老好人性格，导致 G 部门的工程师们虽然工作不能说不认真，但是组织性和纪律性相对差一些，G 几乎从来不对下属提任何苛刻的要求。工程师的态度又影响到生产线员工的态度，生产线员工在这种相对宽松的环境里也有了更多散漫随意的机会，这些肯定就造成了 G 的产品线上的工艺质量要比其他线都差一些。去年的时候，总经理提拔了一些资深工程师作为项目管理的主管，除了 G 的部门，其他几个项目部门都有一到两个工程师获得了晋升，为此，G 也有些困惑和冤枉，觉得因为自己这里新项目最多，难度也最大，手下的工程师付出的辛劳一点也不比其他项目部门的工程师少，可是总经理怎么就偏偏不提拔他们。

E 是 4 个项目经理里年纪最轻的一个，但是他在 C 公司的资历除了 G 没有人比他更久，而且相对于 G，他在 C 很多不同的部门都任职过，对 C 公司和整个集团公司的业务都非常了解。另外他还做过 G 的部下，并且在总经理还是部门经理的时候就已经是他的部下。事实上，总经理确实对于 E 也是最倚重和最信赖的，这不仅仅是个人感情的问题，在工作能力上也是如此。

E 负责的 DENTAL 生产线是公司这两年发展得最好的新业务，虽然还没有成为公司的明星产品，但是市场占有量每年都在扩大，每年也都有新产品推出，E 对于这条生产线的管理几乎不需要总经理有任何操心的地方。而另外一条 CMI 的生产线，是一条问题比较大的产品线，产量和质量一直都不太稳定，虽然这些都不是生产制造环节产生的问题，但是 E 总是可以最大限度地解决和处理，为总经理省去了很大的麻烦。尽管 E 的工作能力很受总经理青睐，但是是不是真的可以把他作为自己的继任者的最好的人选，也让总经理有一些犹豫的地方，主要就是因为 E 在领导能力上还存在一些问题。E 是一个比较豪爽而直接的人，对事不对人的态度虽然可以让下属觉得他是一个公平公正的上司，但是实际上，你要让每一位下属都能发挥他的特长，你就必须了解他们每一个人的特点。E 在管理下属的时候没有因人而异，从而没有最好的让他们扬长避短，经常会看到他手下的工程师会一而再，再而三的犯同样的错误。E 自己也为此很困惑，觉得每一次我都很清楚地告诉你这件事情需要怎么去做，怎么到最后你还是会错？更重要的是，这些错误还经常引来其他部门的投诉，这就让总经理非常地头痛。

D 是去年刚刚进入 C 公司的新人。D 负责 DR 产品线中另一半产品，相对于 G 负责的这些产品，D 的产品制作工艺和流程都要简单一些，产品种类也少很多，但是在今年开始的一个对于老产品的更新换代的项目上由于设计和原材料的一些问题，让 D 进公司没多久就遇到了很大的挑战，一个预想中应该很容易和很快完成的项目，却一直从去年拖到了今年上半年才总算是完成了。

由于 D 是新人，而且一来就遇到了项目上这么多的问题，他的注意力几乎都集中到了对产品的研究上，并没有花很多时间去了解公司各个部门的情况和自己部门的情况。而 D 本身也是一个比较随和的人，对于别人的意见和建议都会很认真地看待，但是有时候如果你不把收到的所有信息进行一定的筛选，那么你就会耗费太多精力在一些其实根本不重要或者毫无意义的事情上。D 现在这种千头万绪要很久才理得出头绪的状态，也许是因为他没有充分利用好自己可以利用的资源来帮自己分担和应对，事事都太亲力亲为的结果。D 现在需要改善的是多授权，然后多通过管理手段来解决各种麻烦和问题，而不是自己也像个工程师一样总在生产线上对着机器研究。

资料来源：李蔚雯. C医疗器材有限公司项目经理领导风格与效能研究［D］. 上海：华东理工大学，2013.

思考题

1. 试分析四位项目经理的领导风格。
2. 针对提高C公司项目经理领导有效性问题提出相应对策。

案例3 揭秘马云秘制的激励制度

公司如何建立自己的长效激励制度一直是不少创业者思考的问题，阿里巴巴集团很早就发展了自己的股权激励制度，经过马云等阿里高层的发展和研究完善，阿里集团搞出了一个"受限制股份单位计划"，这个制度很像创投模式中的Vesting条款，员工逐年取得期权，这样有利于保持团队的稳定性、员工的积极性，也能为阿里的收购大局提供筹码。

"在行权之日，第一件事先交税！"阿里巴巴的员工都知道，当你要借一大笔钱交税的时候，多半是你股权激励变现的钱。而阿里的中高层，每到奖励日，便是向属下大派红包日。

"在阿里内部（可以说）有一个共识——（现金）奖金是对过去表现的认可，受限制股份单位计划则是对未来的预期，是公司认为你将来能做出更大贡献才授予你的。"谈及阿里巴巴集团的股份相关的激励措施，一位近期从阿里巴巴离职的人士对记者表示。

在阿里巴巴集团的股权结构中，管理层、雇员及其他投资者持股合计占比超过40%。根据阿里巴巴网络的招股资料，授予员工及管理层的股权报酬包括了受限制股份单位计划、购股权计划和股份奖励计划三种，但对外界来说，如何获得、规模如何则扑朔迷离。

"员工一般都有（受限制股份单位，简称：RSU），每年随着奖金发放，年终奖或者半年奖都有可能。"上述人士表示，阿里巴巴的员工每年都可以得到至少一份受限制股份单位奖励，每一份奖励的具体数量则可能因职位、贡献的不同而存在差异。

阿里巴巴集团成立以来，曾采用四项股权奖励计划授出股权报酬，包括阿里巴巴集团1999年购股权计划、2004年购股权计划、2005年购股权计划及2007年股份奖励计划。

有关人士指出，实际上，2007年，阿里巴巴集团旗下B2B业务阿里巴巴网络在香港上市后，购股权奖励就越来越少，受限制股份单位计划逐渐成为一个主要的股权激励措施。

一、受限制股份单位计划：4年分期授予

无论是在曾经上市的阿里巴巴网络，还是在未上市的阿里巴巴集团，受限制股份

单位计划都是其留住人才的一个重要手段。

"本质上就是（股票）期权。"该人士指出，员工获得受限制股份单位后，入职满一年方可行权。而每一份受限制股份单位的发放则是分4年逐步到位，每年授予25%。而由于每年都会伴随奖金发放新的受限制股份单位奖励，员工手中所持受限制股份单位的数量会滚动增加。

这种滚动增加的方式，使得阿里巴巴集团的员工手上总会有一部分尚未行权的期权，进而帮助公司留住员工。

阿里巴巴网络2011年财报显示，截至当年年末，尚未行使的受限制股份单位数量总计约5 264万份，全部为雇员持有。2012年，阿里巴巴网络进行私有化时，阿里巴巴集团对员工持有的受限制股份单位同样按照13.5港元/股的价格进行回购。

上述人士介绍，对于已经授予员工但尚未发放到位的受限制股份单位，则是在这部分到期发放时再以13.5港元/股的价格行权。

在整个集团中，除了曾上市的阿里巴巴网络较为特殊外，其他业务部门员工获得的受限制股份单位一般是针对集团股的认购权，而在阿里巴巴网络退市后，新授予的受限制股份单位也都改为集团股的认购权。

"受限制股份单位奖励和现金奖金奖励不同。"前述人士解释，前者反映了公司认为你是否未来还有价值，当年的业绩不好可能现金奖励不多，但如果认为未来价值很大，可能会有较多的受限制股份单位奖励。他指出，在一些特别的人才保留计划下，也可能会提前授予，一般来说，每个员工每年都可以得到至少1份受限制股份单位奖励，有些也可能是2份。

从本质上来看，受限制股份单位和购股权激励下，员工获得的都是股票期权，二者的不同之处在于，受限制股份单位的行权价格更低，仅为0.01港元。以退市前的阿里巴巴网络为例，持有其购股权的员工可能会因市价低于行权价而亏损，而对于持有受限制股份单位的员工而言，除非股价跌至0.01港元之下才会"亏损"。

由于未上市，阿里巴巴集团授出的集团股的受限制股份单位并没有可参考的市场价。前述人士透露，今年的公允价格为15.5美元/股，恰好契合了阿里巴巴集团去年回购雅虎股份时，股权融资部分普通股15.5美元/股的发行价。而近期在IPO消息的影响下，内部交易价格已经涨至每股30美元。

"只有在行权的时候才会知道（公允价格），所有人都适用同一个价格。"该人士介绍，阿里巴巴集团内部有一个专门负责受限制股份单位授予、行权、转让等交易的部门——Option（期权）小组，受限制股份单位可以在内部转让，也可以转让给外部第三方，均须向Option小组申请，一般而言，Option小组对向外部转让的申请审核时间更长一些，需要耗时3~6个月。

对于员工而言，持股本身并不会带来分红收入，而是在行权时带来一次性收益。假设一名员工2009年加入阿里巴巴集团，获得2万股认购权，每股认购价格为3美元，到2012年行权时公允价格为13美元/股，那么行权将带来20万美元收入。

二、股权套住并购企业

除了留住员工，受限制股份单位还有另一个重要用途——并购支付手段。

上述人士介绍，阿里巴巴集团的并购交易中，一般现金支付部分不会超过 50%，剩余部分则以阿里巴巴集团的受限制股份单位作为支付手段。

"这部分支付的受限制股份单位是从期权池中拿出来，稀释一般是一轮（新）投资时。"该人士解释，每次稀释后，从中划出部分作为期权池，用于未来的员工激励、并购等。

"离职的时候，尚未发放到位的股票期权也会重新回到期权池中。"该人士介绍，由于员工获得的受限制股份单位会滚动增加，直至离职的时候总会有部分已授予但未发放到位的期权。

一位曾参与阿里巴巴并购项目的人士说，通常，如果阿里并购一家公司协议价是 2 000 万人民币，那阿里只会拿出现金 600 万元，而剩下的 1 400 万元则以阿里 4 年受限制股份单位的股权来授予。而这一部分股权激励，主要是给并购公司的创始人或是原始股东的。据说，这也是马云并购公司的先决条件之一。

所谓"金手铐"，正是阿里巴巴飞速发展的机制保障之一。当然，据阿里内部人士说，阿里目前有 25 000 名员工，其中中高层有 1 000~2 000 名，如果以陆续行权的价格来计算的话，那阿里自成立以来给员工及高管开出的红利，将是一个天文数字。

资料来源：http://news.mbalib.com/story/72307.

思考题

1. 阿里巴巴集团采用了哪些方法激励员工？
2. 你认为阿里巴巴这种激励系统有何利弊？

案例 4 格兰仕的激励体系：适合的就是最好的

作为微波炉界的"大白鲨"，格兰仕仅用两年时间便创造了全球第一的神话。我们不禁要问，是什么驱动着格兰仕这只"大白鲨"，斗志不已、不停游弋呢？答案是格兰仕的激励体系。

家电行业格兰仕是微波炉界的"大白鲨"，它凭借持续不断的价格战，大幅吃掉竞争对手的利润空间，提前结束了微波炉行业的战国时代。它在拼搏了 3 年夺下了中国第一的宝座之后，仅用 2 年的时间又拿下了全球第一的桂冠。如今的格兰仕用实力和业绩成了世界家电行业 500 强中国入选企业第一名，中国家电出口的两强企业之一。为什么格兰仕能有这么大的发展呢？答案是格兰仕的激励体系焕发了广大员工的热情和积极性，从而为自身的发展提供了澎湃的动力和竞争的活力。

格兰仕首先看重员工对企业的感情投入，认为只有员工发自内心的认同企业的理念、对企业有感情，才能自觉地迸发出热情、为企业着想。在 1 万多人的企业里，要让员工都具备主人翁的心态，站在企业利益的角度来做好各环节的工作，在保证质量的同时严格控制住成本，这无疑是很难的。因而他们加强对全体员工的文化培训，用通俗的语言和群众的故事，将公司的理念和观点传达给每位员工。为自己的长远的、共同的利益而工作，成了格兰仕人的共识。

在注重感情投入、文化趋同的基础上，格兰仕对待不同的员工，采取不同的激励方法和策略。对待基层工作人员，他们更多地采用刚性的物质激励；而对待中高层管理人员，则更注重采用物质和精神相结合的长期激励。

基层工人的收入与自己的劳动成果、所在班组的考核结果挂钩，既激励个人努力又激励他们形成团队力量。基层人员考核的规则、过程和结果都是公开的，在每个车间都有大型的公告牌，清楚地记录着各生产班组和每位工人的工作完成情况和考核结果。对生产班组要考核整个团队的产品质量、产量、成本降低、纪律遵守、安全生产等多项指标的完成情况，同时记录着每个工人的完成工件数、加班时间、奖罚项目等。根据这些考核结果，每个人都能清楚地算出自己该拿多少，别人强在什么地方、以后需要在什么地方改进。也许这些考核设计并不高深，但要持之以恒的坚持、保持公正透明的运行，却不是每个企业能做到的。依靠这个严格、公平的考核管理体系，格兰仕将数十个车间和数以万计的工人的业绩有效地管理了起来。

中高管理层是企业的核心队伍，关系到企业战略执行的效率和效果，他们往往也是企业在激励中予以重视的对象。格兰仕同样对这支骨干队伍高度重视，但并没有一味地采用高薪的方式，因为他们认为金钱的激励作用是递减的，管理者需要对企业有感情投入和职业道德，不能有短期套利和从个人私利出发的心态。他们在干部中常常用"职业军人"做比喻来说明这个道理，说抗美援朝战争中，美军的失败是"职业军人"的心态，他们打仗拿着工资、奖金，所以从心理上不敢打、不愿打，能打赢就打，打不赢就跑，遇到危险就举手投降。而中国的志愿军心中有着爱国热情、民族尊严，不因危险、困难而退缩，士气如虹、坚忍不拔，所以才最终赢得了"小米加步枪对抗飞机加大炮"的战争。

所以格兰仕对中高层管理者更强调用工作本身的意义和挑战、未来发展空间、良好信任的工作氛围来激励他们。格兰仕的岗位设置相当精简，每个工作岗位的职责范围很宽，这既给员工提供了一个大的舞台，可以尽情发挥自己的才干，同时也给了他们压力与责任。在格兰仕没有人要求你加班，但是加班是很经常的、也是自觉的，因为公司要的不是工作时间和形式，而是工作的实效。同时这也是公平的赛马机制，众多的管理者在各自的岗位上，谁能更出色地完成工作，谁就能脱颖而出。格兰仕为员工描绘了美好的发展远景，这也意味着给有才能的人提供了足够的发展空间，这大大地激励着富有事业心、长远抱负的管理者们。

在平时，格兰仕对管理者们工作的业绩和表现进行考核，只发几千元的月度工资，而把激励的重点放在财务年度上。他们将格兰仕的整体业绩表现、盈利状况和管理者的薪酬结合起来，共同参与剩余价值分配，从而形成长期的利益共同体。他们采取年终奖、配送干股、参与资本股的方式，递进式地激励优秀的管理者。如所有考核合格的管理者，都会有数量不等的年终奖；另外公开评选优秀的管理者，参与公司预留的奖励基金分配，这个奖励基金是按公司的盈利状况提取的；其中最优秀的几名管理者则配送次年的干股，不需要支付现金购买公司股份，能够参与公司次年一定比例的分红；通过经过几个年度考核，能提升到公司核心层的高层管理者，则可以购买公司股权，成为公司正式的股东。目前已有 50 多名中高层管理者拥有格兰仕的股份（资本股），有 70 多名管理者拥有干股，这构成了格兰仕各条战线上与公司利益高度一致的中坚力量。这样通过层层的激励方式，不断培养、同化、遴选了格兰仕忠诚度高、战斗力强的核心队伍，构成了格兰仕长远发展的原动力。

"适合就是最好的"，每个企业都有自身的特点，都有千差万别的历史背景、人际关系和经营理念，但最关键的是要设计和运行适合自身特点的激励体系，才能更好地解决好发展的动力问题。格兰仕的激励体系无疑能给我们一些有益的启示。

格兰仕的激励体系相当明了。首先，考虑到员工对企业的感情是良好激励的前提，格兰仕尤其注重企业文化的培养。他们让员工更多地了解企业，融入企业，从而建立"主人翁"心态，与公司"同舟共济"。这就将所有的员工置于企业的共同目标下，为更佳地实行激励策略做了前期准备。但调查显示，多数企业都会忽略企业文化在激励中的作用，难以赢得员工的支持和理解。因此，做好前期的"感情建设"，是尤其值得企业注意的。

之后，格兰仕在注重文化感情的基础之上，对不同员工采取了不同的激励策略。对待基层工作人员，他们更多地采用刚性的物质激励，而对待中高层管理人员，则更注重采用物质和精神相结合的长期激励，这些都与员工的特点和成长需求息息相关。

根据马斯洛的层次需求理论，人的需求是分层次的，基层员工更多关注的是实实在在的收入，这就使得物质激励很容易发挥作用。但是，对中高层管理人员来说，薪金奖励只是一种临时方式，因为随着时间的推进，他们的个人物质水平提高了，薪金的激励作用就慢慢地降低，此时更高层次上的需求如尊重需求、自我实现需求等的满足就占主导地位，因此，只有物质和精神相结合的长期激励，才能促使中高层管理人员保持不息的斗志。

资料来源：http：//news．imosi．com/news/20130129/48623．shtml.

思考题

1. 格兰仕公司采用的激励方法有哪些？
2. 为什么格兰仕公司的激励方法能够有效地激励员工工作？

案例5　天融投资管理有限公司的沟通问题

一、天融公司的基本情况

天融投资管理有限公司成立于 1998 年，总部设在北京，主要从事管理咨询、财务顾问、投资银行等业务。随着公司业务的不断发展，北京总部希望能够加强对南方地区的市场开拓，于是在 2002 年 9 月成立了深圳分公司，主要负责珠三角地区的业务。深圳分公司设立管理咨询部和投资银行部两个部门，共有员工 11 名。公司的组织结构如图 1 所示。

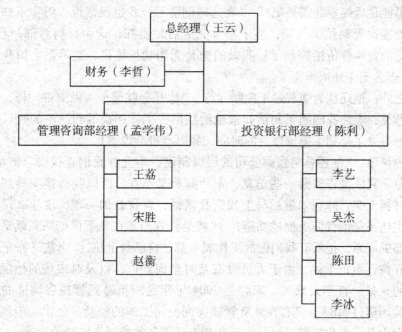

图 1 天融投资管理有限公司的组织结构图

二、天融公司的沟通问题

由于深圳分公司成立初期业务量不大，所以总经理和管理咨询部经理职位长期空缺，一直由投资银行部经理陈利负责整个分公司具体运作并保持与总部的联系。2004 年，深圳分公司的业务有了很大滑坡，员工不满情绪很多，公司气氛比较紧张。为了改善这种状况，2005 年春节过后，北京总部将原总公司副总王云派驻深圳，担任深圳分公司的总经理，希望能对分公司的业务和管理有所提升。

王云上任以后，很想促进员工之间的和谐气氛，提高大家的工作积极性，便设立了每周五下午 5：00 至 5：30 的开放式办公时间，希望能够在宽松的环境中尽快了解公司的状况，以便对症下药解决问题。经过一段时间的运作，他的确看到了一些问题。

记得在 5 月中旬的一个开放式办公时间，投资银行部的李艺和吴杰一起找到王云向他诉苦道："王总，幸亏你来了，否则我们在这里都快待不下去了！"王云说："没这么严重吧，公司怎么会令你们这么失望呢？"开始他们还不肯细说，只是叹了叹气，王云开口道："抱着情绪，怎么可能把工作做好呢？只有解开了疙瘩才能轻装上阵吧！"

经过这段时间的了解，大家也看出王云是个真正做事情的领导，所以也增加了对王云的信任，于是李艺说道："平时为了赶项目加班加点都没问题，我们不计较。可是，也不能只把我们当苦力用而不给我们思考的时间呀！""哦？这么严重，说来听听看！"王云鼓励他继续说。

"上次刚完工一个项目，新项目还没下来，所以就有一段时间相对空闲，我本想利用这段时间对刚完成的两个上市公司并购项目进行一下总结，可是陈利却一定要求我限期做一份截止到 2005 年 6 月 30 日的国有产权转让统计报表。"王云说："那也无可厚非呀，可能是后续业务需要吧？""真这样倒罢了，我也没话说。可你不知道，我辛辛苦苦到处搜索资料忙了一周，终于基本完成后却得知，这份材料总部早已经做过，而且把完整的资料都传给陈利了！我做的全是无用功！你说，这不是生怕我闲着给我找事嘛。"李艺至今还愤愤不平。

除此之外，他还认为陈利过于独断专行，"他开会就像个人做演讲一样，从来听不得我们的意见，上回我刚插了句话就被他给挡回去了，还说等到讨论的时候再给我时间，可等他讲完了早到了下班散会的时间，我哪有机会说呀！"

吴杰也说道："他还总是强调公司的层级制度，不允许我们直接向总部汇报工作。上次由于急于完成报告需要一些信息，不巧陈利又不在，所以我直接向总部联系之后就直接将材料上交，陈利知道后马上找到我谈话，将我教训一通，说什么没有规矩了云云，其实还不是怕我向上面邀功嘛！""就是，我们都在私下议论陈利就是想要切断我们和总部的联系，把所有我们做的工作成果都往自己身上拉。"李艺又补充说。

问题好像还不止于此，由于人员没有及时全面到位，以及对市场的把握不够，管理咨询部的业务一直不太景气。宋胜是 2004 年年底刚招募到管理咨询部的一位新员工，他在英国读过 MBA，又有在外资管理咨询公司工作的经验，公司希望他能够在市场开拓方面为公司做出贡献。可是王云在新上任不久就接到了宋胜的辞呈。

王云认为他是个人才，很想继续留用。在和宋胜的谈话中，问起他想要离职的最大原因是什么时，宋胜想了想说："我觉得公司的员工团队精神缺乏，大家都只忙自己的，没有整体的意识。""举个具体例子来看呢？"王云想问题一定体现在事务性方面。

"我刚到就接手了一家上市公司管理咨询业务，通过几次接触，了解到客户可能需要并购方面的财务顾问业务，我了解到我们公司总部这项业务是早就开展了的，所以分公司投资银行部也应该有这方面的能力和资源，况且如果得到客户认可，还有可能拿到该公司即将整体海外上市的大单呢！"宋胜还是比较有远见的。"这很好嘛，后来呢？"王云追问道。"那天我正好碰到李冰，希望他能够提供部分并购方面的资料。可他说他们自己的业务都忙不过来，再多出头绪来肯定吃不消。他还补充道，'再说了，这也不是我分内的事情，就算要做我也需要得到经理的指令才行吧！'"

后来，宋胜本想直接去找陈利沟通想法。但由于刚到公司不久人头不太熟悉，加之李冰那里碰到的钉子，宋胜就发了封电子邮件给陈利陈述自己的想法。陈利也觉得这个主意不错，如果顺利的话以后还可尝试把财务顾问业务逐渐开展起来。可是如果具体去执行还是要得到上级的支持才可以，于是回复宋胜他需要先和总部商议此事，让他等消息。不巧的是，那段时间总部正在进行人事调动安排，一时也没有时间来讨论这个议案。结果，宋胜耐心等了半个月没有任何音讯。宋胜觉得特别沮丧，想着自己干嘛要提出建议再费力各级沟通呢？

"其实这也不关我的事呀！"宋胜自我嘲讽地说了一句，"在这样的环境下，积极性怎么激发呢？所以我想换个地方了。"管理咨询部王荔向王云提到在咨询项目的进行过程也总是有小的问题出现，"上回我们项目组在做方案时向客户要某方面的资料，但客户反问我们说资料已经发出给过你们公司了，怎么还要呢？"经查才知道原来资料是已经发出，不过是交给了项目小组中来自公司总部的那位成员，因为该项目是和总部合作进行的，所以总部派来一名成员参与项目组，正是他收到材料后没有及时与项目小组通气才造成重复向客户要同一资料。由于内部沟通不畅，无论是对项目团队还是客户方造成的影响都不好。

"这是我们公司在工作流程管理中存在的问题，倒不是说某人做得不好。"王荔认为应该对事不对人，况且类似情况发生过不止一次，应该引起重视才对。

另外，王云也了解到投资银行部在业务繁忙的时期，常常需要同时处理两三个项目，对于仅有的4名员工来说负担实在很重。加上公司激励措施也不到位，无论业务量多少都不和员工收入挂钩，将员工超负荷工作视为做贡献，同时有过多的事务需要处理，在这种情况下也只能是无限期地拖延工作，结果本该有能力完成的工作也置之不顾了。"反正事情那么多，能拖就拖呗，省得又给我们加任务！"这似乎已经成了员工们私下里流行的潜规则。人员内部沟通上也存在问题。一家客户公司的资金管理咨询项目是2005年3月启动的，该项目组由陈利负责、陈田和李冰参与。可6月下旬由于李冰被临时派往北京另有安排，项目也已经接近尾声，便从管理咨询部抽调了新员工赵衡加入项目组。陈利将后续任务吩咐给了陈田和赵衡，但是没有明确各自任务界限！陈田认为应该让新人多做些工作，多锻炼才能快成长，便想当然把总结的任务留给了赵衡来做，自己只把以前做的工作整理清楚。而赵衡却认为自己只是临时帮忙，毕竟陈田前期一直在参与，对项目了解更深刻，理应承担更多，所以只是零星搜集了一些资料。结果到了期限两个人都原以为对方会更好地完成总报告，最终却谁都没有完成，导致了该项目的延误。

2005年7月王云招聘了一位管理咨询部经理孟学伟，希望能对管理咨询部的管理和业务协调有所帮助。另外，他还感到公司存在的问题已经对整个公司的运作产生了很大影响，如何进一步采取措施改善现状已经到了亟待解决的时刻了。

资料来源：徐波. 管理学：案例、题库、课件［M］. 2版. 上海：上海人民出版社，2008.

思考题

1. 天融公司的沟通中存在哪些信息流向？
2. 你认为天融公司在沟通方面存在哪些障碍和断裂，应该如何改进？

14 控制案例

案例 1 丰田生产方式

自 20 世纪以来，丰田生产方式（Toyota Production System，即 TPS）取得了极大成功。但随着时代发展特别是应用环境的改变，许多人对于这种诞生于日本特定文化背景下的生产方式产生疑问。

"不带任何成见地到现场实地观察生产情况"，是"丰田模式"强调的准则之一。

丰田生产方式诞生于 20 世纪 50 年代，这种生产系统的灵感来源于创始人大野耐一的超市购物经历：每条生产线根据下一条生产线的选择来安排生产，正像超市货架上的商品一样，每一条线成为前一条线的顾客，每一条线又成为后一条线的超市，这种由后一条线需求驱动的"牵引系统"与传统的由前一条线的产出来驱动的"推进系统"形成鲜明对比。

简而言之，就是仅仅在需要的时候，才按所需的数量，生产所需的产品。这也就是"准时生产"（Just in time）。

"准时生产"避免了浪费，消除了库存，有效降低了财务费用和仓储费用。但他强调，减少浪费不是目标而是结果。标准作业，质量统一，品质优良才是结果。

在生产皇冠轿车的第二工厂，德田指着生产线上方的信息板表示，由于现在员工数量不足，生产线只能实行单班生产。皇冠现在单班日产 155 台，远未达到工厂的生产能力。德田解释，随着熟练工人的增多，到 9 月，第二工厂将有条件安排双班生产。届时，市场上大面积的皇冠缺货现象也将有所改观。

虽然员工数量依旧不足，但与成立之初相比，随着公司规模的膨胀和产品线的不断丰富，员工数量已大为增加。2003 年年底，第一工厂拥有员工 2 311 人，截至今年 6 月，天津一汽丰田两个工厂员工数量已达到 4 711 人。不到两年时间，员工数量增加了一倍多。

不可否认，根植于资源匮乏的日本的丰田生产方式，在消除浪费、提高生产效率上已被丰田"拧干了毛巾上的最后一滴水"。当丰田在世界范围内扩展生产基地时，TPS 这样一个诞生于特殊年代具有浓郁日本特色的生产方式，能否放之四海而皆准？

当丰田与通用合资成立"新联合汽车公司"（New United Motor Manufacturing Inc.）时，美国人表达了同样的顾虑。"无论是工会化的工人还是零部件厂家及其供货系统与日本都不相同，在这种环境下，果真能顺利引入丰田生产方式吗？"新联合汽车公司副总经理加里·康维斯表示疑惑。

在天津，丰田生产方式的推广也遇到了这样那样的意想不到的问题。

"员工对丰田生产方式的适应性与中日两国地域差别带给物流配送的不同，是丰田生产方式在天津一汽丰田遇到的主要问题。"德田纯一坦言。

对于习惯在传统生产模式下工作的人们来说，丰田生产方式赋予雇员的重大责任和权力令人惊讶。传统的系统强调严格的工作指派，丰田生产方式却培养雇员成为技术多面手。更重要的是，丰田系统授权雇员在发现问题时随时中断生产线。

根据丰田生产方式中"自动化"的要求，工人在发现任何可疑情况时应停止生产。在生产线的传输带上，只要工人发现有一个零件没有正确安装或有异常，他就可以拉动"安东"——生产线停止拉绳，中止生产。

但是由于原有分工观念不同，同时由于在拉下生产线停止拉绳后害怕成为人们侧目的焦点，工人难以下决心拉动"安东"停止生产，以至于自动化在最初执行时遭遇到一定困难。

"这里有一个认识误区。"德田解释，在拉下"安东"后，生产并不会被立即中止，它会继续移动，直到生产线上的每一工段都完成一个工作循环。这给操作者在生产线停止前解决问题留下时间。如果拉绳马上停止生产线，操作者便不愿去拉线，他们会下意识地容忍一些微不足道的缺陷通过，而不愿去承担停止生产线的责任。但当他们知道拉线不会即刻停止生产线时，工人会乐于去注意那些可能的问题，从而能更严格地控制质量。"当然，现在已经扭转了这种误解。"德田表示。

在第二工厂，总装生产线一个工位旁的警灯突然开始闪烁，德田解释，这正是工人拉下了"安东"暂停了这个区段的生产。员工们现在已经可以自如地运用"安东"控制生产进程了。员工对丰田生产方式的理解过程颇费周折，但对天津工厂而言，更大的挑战与调整来自物流。

在日本，丰田的配套供应商分部在丰田工厂20千米范围内，当零部件工厂被安排在总装厂旁边或者是总装厂沿途时，运输所花的时间和成本并不是什么大问题，德田介绍。但中国地域的辽阔以及物流配送的复杂，远远超出了丰田在日本遇到的难度。

在中国，天津一汽丰田的供应商遍布全国，从长春的发动机制造厂到上海的零部件供应商，纵横数千千米。由于国土辽阔，道路情况也不是很好，丰田不得不打破"准时生产"准则，按照"送牛奶方式"在配件集散地取得零件，集中采购、集中运输所需的原材料并向经销商发货。发展物流技术，改善长距离物流，成为丰田在天津遇到的新课题。

另外，近期市场皇冠轿车销售反馈显示，天津一汽丰田还必须学习在严格执行丰田生产方式与供货紧张间找到一种平衡。

在第二工厂的会议室，摆放着一具镶刻着"与时俱进"字样的地球仪，这似乎表明了天津一汽丰田对于丰田生产方式的另一种态度。

"丰田生产方式的系统是灵活的。"德田表示。

近年来，随着丰田海外生产基地的快速扩张，丰田生产系统的设备和技术也在不断变化，从技术进步中产生了处理信息的新途径。但即使是这样，丰田生产方式仍在固执地传承着一些准则。

在全球钢铁、石油等原材料不断上涨的环境下，恰到好处，特别是没有价格预警机制的"准时生产"生产方式是否依旧适用？

在 20 世纪 50 年代，战后日本汽车小规模的产量使得厂商无力配备针对某种车型的专用设备，也就不允许他们保有大量零部件库存。但现在已是今非昔比，丰田已成为世界第二大汽车制造商。天津一汽丰田会否建立仓库库存，规避不稳定价格因素的风险呢？

德田对此答案很明确：不会。他解释，在丰田生产方式看来，库存即意味着浪费，而丰田生长方式的特点之一就是消除企业在人力、设备和材料使用中的浪费。建立仓库不仅需要场地、人员支出，更重要的一点，原料品质在存储期间会发生变化，难以保证优秀的产品品质。虽然在公司内部大家对此也有争论，但"消除库存"这一做法丰田坚持了下来。

但这并不意味着丰田生产方式是一成不变的。

在工场参观过程中，德田指着生产线旁的一排搁物架告诉记者，在原来的丰田生产方式条件下并没有这个工具。这种根据物件重量不同搁物架强度也随之不同的物件是天津工厂工人自己发明的器具。德田笑着说，虽然有些架子看上去并不怎么结实，但工人在生产中这种发明确实起到了减小劳动强度，提高生产率的作用。德田表示，在某些情况下，海外生产基地的改进措施对于日本本土丰田来说也具有借鉴意义。

"两国具体情况不同，在实施丰田生产方式初期双方都有不习惯的地方，也有过很多的摩擦。但正是因为有了这些，使得我们可以根据中国的具体情况对丰田生产方式进行调整，反过来对丰田生产方式也是一种丰富和完善。"德田表示。

改善无处不在，大至原材料采购，小至一个电瓶车的摆放位置，丰田生产方式对于成本细致入微的掌控，有时候令人咋舌。

在第二工厂的一个洗手间，洗手池上方的纸巾盒旁贴有一张纸，纸上详细地写明，按照每张纸巾 0.03 元钱计算，如果不使用纸巾，一年将节省多少钱，从而每年又将节省多少木材。

这样看来，丰田生产方式远不如想象中的神秘高深，说大一点，它不是一种"生产方式"，而是一种经营理念或是管理方法；更具体地说，它是体现在生产、经营、生活等方方面面的一种思维体系。

人们会好奇曾经是丰田"看家宝"的丰田生产方式已被众多企业复制，为什么丰田能取得更为明显的成绩？

德田表示，区别在于执行。深刻理解 TPS 的执行体现在两方面。首先，最高管理层的积极支持与所有员工的全面参与；其次，"现地现物"，操作者不仅需要去现场看到、听到、理解到事务的动态，更要在事后再去现场检验实行后的效果。

资料来源：http://edu.yjbys.com/kuaiji/cbgl/44c1a4f5c9deae2d.html.

思考题

1. 丰田公司是如何进行成本控制的？
2. 你认为丰田生产方式的优点有哪些？

案例 2   为什么格力的品质和技术世界第一： 严谨的质量控制

2014 年 4 月 22 日，2014 年度全国质量技术奖励大会暨第十二届全国六西格玛大会在杭州举行，格力电器凭借"T9 全面质量控制模式的构建与实施"项目获得中国质量协会质量技术奖一等奖，这是格力电器获得质量技术奖的第 7 个项目。格力电器也由此成为自 2005 年成立该奖项以来第一个荣获一等奖的家电企业。

据介绍，格力电器 T9 全面质量控制模式是一种以用户需求为导向，以"检验触发"为核心，以追求零缺陷完美质量为目标，结合 TSQ 工具的系统性运用，构建并实施的创新质量控制模式。该模式实施以来，格力电器获得质量技术类技术专利（检验检测、防错防呆）数量出现大幅度增长，仅 2013 年就获得 545 项，其中发明专利 241 项，实用新型 304 项。通过检验技术创新、质控体系建设完善，格力电器售后故障率下降趋势明显，2013 年售后故障率下降了 25.2%，2014 年截至 9 月份售后故障率下降了 27.8%。

质量是企业的生命。格力电器董事长董明珠多次强调："对质量管理仁慈就是对消费者残忍。如果没有质量做支撑，营销就是行骗。"从设计产品的源头到采购、生产、包装、运输以及安装、服务等全过程实行了严格的质量控制。秉持打造精品战略的思想，格力电器先后斥巨资建成了热平衡、噪声、可靠性、电磁兼容（EMC）、全天候环境模拟等 400 多个专业实验室，确保格力空调出厂前都经过千锤百炼。同时，为了控制零部件的产品质量，格力电器还建立了行业独一无二的筛选分厂，这曾被外界评论为"最笨的方法"。但是，"最笨的方法"往往是质量控制最有用的方法。一台空调是由成百上千个零部件组成，每个零部件合格与否都直接决定着整机的性能。格力电器这个筛选分厂不直接创造效益，但进厂的每一个零配件，都要经过筛选分厂各种检测，合格后方能上生产线，连最小的电容都必须经受严格的测试。筛选分厂建立后，格力空调的可靠性、稳定性大大提高，维修率大大减少。

"技术和质量是一个品牌的'桶底'，没有高品质产品就没有一流的品牌。"格力电器董事长董明珠强调，格力电器坚持以消费者和市场需求为导向的企业标准。

举例来说，低温制热对于恶劣环境下的空调使用来说是一项关键技术，在低温制热上，国际标准是-7℃，但格力标准是-15℃，中央空调甚至要求-25℃下也能制热，大大超过了国际标准要求。现在运用格力电器自主研发的双级变频压缩技术的空调，在-30℃低温下也能强劲制热。

早在 1995 年，格力电器就成立了行业独一无二的筛选分厂，对所有外协外购零部件提前进行筛选检测，依靠这种"笨办法"打造出"格力质量"的金字招牌。为了追求更极致的产品质量，实现"八年不跟消费者见面"的目标，格力电器根据用户对产品可靠性、安全性的需求，制定了远远高于国家标准和行业标准的"格力标准"。有供应商对格力采购人员诉苦："在其他地方，我的货是特等，在格力，我的货怎么连一等都排不上？"

多年来，格力电器在质量管理上的严苛要求逐渐演变成一套科学严谨的全面质量控制体系，8万格力人人人都是质检员。产品在设计开发过程中，要经过"五方提出、三层论证、四道评审"；每一个新产品都要经过上百种验证，在各种模拟真实恶劣环境中进行长期试验；对生产工序和工艺操作进行合理配置和规范要求，严格执行产品工艺质量；利用科学的信息化系统，掌控最新的产品质量动态；出台"总裁禁令"、制定"八严"方针、推行"零缺陷工程"……从产品设计到零部件采购，从生产线到包装箱，从物流运输到安装维护，全过程地实行了严格的质量控制，格力电器像修炼生命一样修炼质量。

基于对自身产品质量的超强自信，格力电器多次在业内掀起服务升级革命：2005年，率先倡导"空调整机六年免费包修"；2011年，承诺"变频空调一年免费包换"；2012年，推出变频空调实施"2年免费包换"；2014年，提出"家用中央空调6年免费包修"。

高标准、严要求，格力电器将产品做到极致，打造出全球最好的空调。格力也因此先后获得"全国质量管理先进企业""全国质量奖""全国质量工作先进集体""出口免检"等多项质量领域的顶级荣誉。

资料来源：http：//guba. eastmoney. com/news，000651，160979136. html

http：//enterprise. dbw. cn/system/2014/01/13/055410401. shtml.

思考题

1. 格力是如何进行质量控制的？
2. 结合案例，谈谈控制标准对整个控制过程的影响。

案例3　德邦物流的时效管理

一、案例背景

德邦物流是国家"AAAAA"级综合服务型物流企业，主营国内公路零担运输和航空货运代理。德邦物流时效管理在市场竞争压力和公司创新动力推动下，不断优化进步，引领物流行业发展。

二、德邦物流时效管理动力机制

德邦物流时效管理的发展，既有市场需求的拉动，又有公司网络化经营的驱动，管理制度的激励，还有管理和技术的创新等。

（一）市场拉动机制

随着社会的发展进步，客户不仅追求货物运输的安全，而且对于物流时效性的要求越来越高。客户的时效选择导致物流行业的优胜劣汰。德邦物流在行业内率先实施时效管理，客户时效满意度很高。但到2010年左右，物流行业大部分公司陆陆续续都建立了时效管理体系，时效管理趋于同质化，时效服务差异化越来越小。为了满足市场的时效需求，德邦物流不断改进公司战略，实施"以客为尊，助力成功，追求卓越，勇于争先"的经营理念，优化时效管理体系，强化执行。面对激烈的市场竞争，德邦物流追求安全第一、服务至上的差异化时效管理战略，努力以更快更好的时效服务赢得客户的满意和信任。

（二）网络化经营的驱动机制

物流企业的客户位于不同城市的各个区域，而且每天的客户还不一样。不管是货物的接收还是到达，保证时效承诺的始终如一是非常重要的。公司时效管理的操作平台正是公司网络化的经营网点。德邦物流网络的触角遍布全国，在繁华街道、工业园、批发市场和专业市场都有公司的直营网点。直营网点分为出发型和到达型两种。出发型直营网点从客户处提取货物或客户自己送货上门，将货物发往全国各地。到达型直营网点接收全国各地发过来的货物，送货上门或客户自提货物。连接出发型网络和到达型网络的是公司的转运网络。转运网络建在全国 20 多个经济中心城市，负责货物的中转。不同城市出发型网络和到达型网络之间货物的对流都是通过转运网络实现的。公司基于网络化的网点构建了时效链。时效链对公司整个运行网络进行时效控制，包括对货物的收运、中转、到达以及客户签收等一系列网络节点的控制。公司网络随着市场需求和经营战略，不断调整和优化。公司网络的动态调整驱动时效管理的持续改进。

（三）运作激励机制

德邦物流一直追求卓越运作，实行运作的制度化。德邦物流 2002 年 7 月率先在行业内通过 ISO9001：2000 质量管理体系认证，全面规范公司的品质管理制度。推行标准化运作，积极制定和完善时效标准。公司通过 SOP 标准作业程序对车队、外场、营业部等部门进行定期和不定期检查，保证为客户提供优质服务。公司的运作以数据说话，推行 KPI 绩效考核。时效 KPI 指标包括：车辆运行时效、卸货时效、城际兑现率、卡货兑现率等。货物的安全问题也会延误时效。安全 KPI 包括：操作差错率、破损率、丢货率等。时效管理实行每周、每月和每年考核。时效考核合格和优秀，公司给予奖励；时效考核不合格，公司给予罚款。时效考核长期不合格，部门经理需要脱岗学习、降级甚至开除。

（四）公司创新机制

德邦物流一直坚持创新发展，培育创新文化和创新机制。德邦物流 1998 年承包了中国南方航空公司老干航空客货运处，通过上门取货、货款不用现付等更好的服务，赢得了广东中山空运业务一半的市场份额。但德邦物流服务做得再好，也不过是给航空公司做货运代理，受制于航空公司。有时候飞机因为天气等诸多原因造成晚点甚至停航，积压在仓库里的货四五天发不出去，时效常常保证不了。2001 年，德邦物流开始发展公路运输业务，开通了广州到北京的专线。2004 年，德邦物流推出卡车航班业务，利用高速公路网和快速的卡车运输保证货物的时效。2008 年，公司推出城际快车，满足区域客户对"准点"的需求。随着物流行业竞争的加剧，德邦物流率先在行业内实行精准运作，推出了精准卡航、精准城运、精准汽运和精准空运服务，做到限时未达，运费全免。目前，德邦物流开启了"千里眼"，进行全国联网连锁监控，实现对全国转运中心、营业部24小时实时监控，实现货物的全程实时跟踪、智能侦测和联动报警。公司设立创新平台，鼓励员工提出创新建议。创新建议一旦采纳，公司给予奖励。当建议实施后，为公司产生大的经济效益时，公司有创新奖金。公司定期召开创新比武大会，进行创新方案评比。

（五）核心竞争力培育机制

德邦物流在零担物流行业中一直是比较另类的企业，推行慢管理模式。在车辆的购置、网点的建设、信息化发展等方面，公司没有采用外包模式，而是投入大量的时间、精力和资金，自己建设。在德邦物流董事长崔维星看来，这些恰恰是公司的核心竞争力所在。目前，公司自有营运车辆7 200多台，直营网点4 300多家，拥有完全自主知识产权的第四代信息化运营系统（简称FOSS）。从2005年开始，除了司机和搬运工，德邦物流不招聘有工作经验的人，不招同行的人，专门招应届毕业生。从大学里选择素质高的人，公司从头培养。在德邦物流，表现优秀的毕业生在短短的一两年里就能提升到区域经理甚至总监。

三、德邦物流时效管理优化路径

未来的物流服务是随时随地便捷下单，无论是利用网络还是手机，货物的流通顺畅，送达准时，服务优质。物流服务的内涵体现为敏捷、可控、可视、安全、便捷、时效。

（一）构建一体化物流体系

一体化物流体系包括两层含义，一是企业内部的集成化、协同化和一体化的物流体系；二是供应链上企业与企业之间的一体化物流体系。德邦物流目前还处于构建公司内部一体化物流体系阶段。公司需要减少管理层级，将直线型组织结构向扁平化转变。在解决客户的时效问题时，成立跨职能部门团队，探寻问题根源，找到好的解决方案，完善管理制度。跨职能部门团队在合作过程中寻求公司业务流程再造，利用信息化技术重新整合部门，最终实现一体化目标。在供应链构建过程中，需要进行组织结构调整，适应横向一体化要求。德邦物流信息系统的建设需要考虑到供应链上不同企业之间的兼容性，实现信息的畅通传递和实时共享，同时利用网络加强与供应链上企业的协同合作。

（二）优化公司经营网络

面对日益网络化的顾客，企业需要构建网络化的营销体系。随着电子商务和移动互联网的普及，企业的网上营业厅会发展壮大，为企业带来大量网络客户和利润。微博、微信、QQ、论坛等都已经成为网络营销的阵地，竞争日趋白热化。网络时代信息的传递是实时的，企业能准确把握市场的动态，移动网点会是另一种网点的形态。

德邦物流实体网点已经遍布全国，但主要集中在大中城市，且网点经营模式单一。随着中国城镇化的进程，中小城市的物流市场将会越来越重要。德邦物流未来要再把网点数量翻番，需要采用更加灵活的网点经营模式，例如借助连锁企业的网点，增加投递点，开设社区便利店，打造客户中心等。公司可以将汽车改造为移动营业网点，将网点建在任何有市场需求的地方。未来公司需要增加更多的转运中心。转运中心的经营模式可以实现多元化，既有区域枢纽中心，又有全国枢纽中心，甚至国际枢纽中心。转运中心需要进一步优化集中接送货管理模式，集中调度车辆，实现运作和营销工作的分离，提升专业化服务水平。

（三）整合多种运输方式

物流企业要提高时效，需要整合公路运输、铁路运输和航空运输。目前德邦物流主要涉及公路运输和航空货运代理业务。未来德邦物流需要打造立体物流体系。在中远途物流和快递业务方面考虑空运方式，以自购飞机来运输。同时，公司可以利用高铁网络整合铁路沿线的物流网络，提高时效。

（四）完善时效链

时效链指从收运到客户签收等一系列运作节点的时效所连接而成的链条。时效链由收运、运行（多次）、转运（多次）、配送、签收五大节点组成，涉及营业部门、车队、转运中心、航空公司、外发供应商及客户六大主体。时效链需要按线路制定个性化时效标准，并制定和完善各部门的时效补救激励方案。

德邦物流时效链基于收发营业部、转运中心和到达营业部的货物运输配送路径建立。公司的时效管理包括上门接货时效、短途车辆预约管理、物流班车及加班车使用管理、中转时效管理、派送时效管理和自提货物快速通知。德邦物流时效管理存在的问题有：城际货物或卡航货物时效延误、丢货导致时效延误、信息系统更新换代导致货物交接不清影响时效、通知时效慢等。德邦物流时效链需要随着公司管理模式和网络结构的优化而适时调整。公司应研究国际快递巨头时效运作，考虑制定空运时效链。

（五）加强信息化建设

进入移动互联网时代，公司在开通网上营业厅之后，需要深化和电子商务公司的数据对接，打造顺畅的电子商务物流平台。公司应开通手机版网页，支持客户手机下单。公司也需要支持灵活的移动办公。德邦物流应该加强物流公共信息平台的建设，与行业企业紧密联系。在供应链一体化方面，延伸 EDI（电子数据交换）系统的应用范围，实现和合作企业之间信息的实时共享。德邦物流应开发智能车辆调度系统，实现车辆的高效调度；开发智能配载系统，提高车辆的配载效率。公司应大力推广 PDA 移动扫描设备，实现数据的实时扫描和传递共享。同时，进行 BI（商业智能）研究，让信息支持决策。

（六）构筑战略联盟

企业面对激烈的市场竞争，保持绝对竞争优势已不太现实，需要和竞争对手保持一种竞合的关系，构筑战略联盟。德邦物流可以利用中国邮政等竞争对手的物流网络。

面对物流业普遍存在的"最后一公里"问题，公司可以和其他物流公司合作构建共同的城市配送体系，实现共同配送；可以共同完善物流公共信息平台，实现物流资源共享；可以与国际物流企业合作，拓展发展空间，积极融入国际物流体系。

（七）推行标杆管理

德邦物流的发展，从来都不是闭门造车，而是以一种开放的心态办企业，加强和同行的交流合作，持续改进，不断进步和赶超。德邦物流一直关注 UPS、DHL、联邦快递、TNT 和顺丰速运的发展，积极学习和借鉴一流物流企业的成功经验，打造公司的核心竞争力。德邦物流学习联邦快递，重视员工、服务和利润。公司相信员工，关心体贴员工，发挥员工的积极主动性和创新性，更好地服务于公司的客户，帮助公司获得更多利润。公司将利润分配给员工，保证员工的收入始终处于行业领先，激励员工，提升服务水平。

资料来源：梁锷. 德邦物流的时效管理［J］. 企业管理，2014（4）：49-51.

思考题

1. 德邦为什么要进行时效管理，其驱动机制有哪些？
2. 德邦物流的核心竞争力在哪里？
3. 德邦物流的时效管理对物流企业有哪些启示。

15 创新案例

案例 1 小米的崛起

2007 年，苹果发布第一款 iPhone，IOS 的到来改变了当时智能手机仅有 WM 和塞班的格局，其 UI 设计和 App Store（2008 年苹果对外发布应用开发包）的模式改变了塞班和 WM 作为智能手机的呆板和操作烦琐的现状，优异的用户体验使得 iPhone 迅速崛起；与此同时，谷歌以免费开源的姿态与几十家手机厂商组成安卓联盟，并于 2008 年由 HTC 发布第一款搭载安卓系统的手机，此时智能手机市场开始形成以 WM、塞班、IOS、安卓为主的四股力量。在接下来的几年，苹果一直对其硬件、软件和服务等层面进行迭代优化升级，安卓也以开源的姿态联合了诸多手机厂商，但是定价都过高，大多用户望而却步，所以一直到 2010 年这几年来智能手机没有得到全面的发展。

一、铁人三项战略

在这个大背景之下，雷军看到了这个巨大的机会，并很快联合林斌、黎万强等一批有志之士创立了小米公司，并于 2010 年 8 月发布第一款基于安卓深度优化的 MIUI 操作系统产品，并通过快速迭代模式持续更新；同年 12 月份，小米发布第一款应用类产品米聊，定位为可以语音聊天的即时通信应用；次年 8 月份，小米打着普惠价格的旗号（顶配 1 999 元价格）发布搭载 MIUI 系统的小米手机，迎合社会大众用户的需求，之后小米手机品牌借助网络优势开始广泛传播，同时小米手机销量亦快速增长。

MIUI、米聊和手机三种产品发布之后，小米形成了知名的以"硬件+软件+服务"为主的铁人三项战略，其中米聊随后在与微信的竞争中败下阵来，2014 年 2 月，米聊与另一支团队合并组建"小米互娱"。

铁人三项战略的真正意义是小米想通过硬件、软件和服务三个层面整合服务，形成超越竞争对手的全新优势，这在当时普遍认为互联网服务与硬件系统是不同领域的环境下，是一个巨大的创新，并给小米带来了两大竞争优势，如下：

（一）产品之间建立深度连接

小米产品包含硬件、软件、服务三个层面，三个层面的布局带来以下几点优势：

（1）深度打通上下层级之间的连接，其中硬件是三个层级中的底层，软件是附着于硬件之上的层级，服务是建立在软件之上的最高层级。小米果断采用硬件、软件和服务纵向整合的策略，不仅深度打通彼此之间产品连接，而且能够按照最优产品的目标调整各个层级产品的演进路线。

（2）下部层级对上部层级具有巨大的驱动作用。比如：在一级关联领域，小米手机的崛起，带动了MIUI、小米官网、小米手机周边的崛起；在二级关联领域，小米通过MIUI驱动了通讯录、邮件终端、云存储、应用商店、桌面主题、内置内容APP等服务的增长；在三级关联领域，应用商店推动了视频、音乐、阅读、游戏等内容产业的发展，手机上统一账号体系又加大产品之间的连接与便捷度，智能家居统一连接标准使各种硬件彼此建立深度的连接，最终在产品之间建立深度连接，并由一个单一的产品，形成一簇产品，或者说是产品群，从而广泛而又深度的触达众多互联网用户，满足他们的各种需求，并形成以"中心"带"周边"，"周边"护"中心"的战略联动。

（二）成本定价法

相比于其他手机厂商而言，小米的产品并不仅仅是硬件，还包含庞大的软件和服务体系，后者可以带来可观的利润收入，因此小米可以进行相互补贴战略，并对手机硬件进行成本定价，相比之下，其他硬件厂商跟随则意味着可能亏损，因为它们没有其他业务来赚钱弥补补贴。

其实在互联网领域，补贴战略是常见的策略，百度、QQ/微信、淘宝等产品的核心产品均采用免费模式对用户进行补贴，转而依靠一些边际业务进行赚钱，在整个智能手机领域，小米可能是第一家采用类似补贴的手机厂商。

当小米手机采用成本定价法，相比于iPhone、Galaxy以及国产厂商的旗舰手机，同样是顶级配置旗舰手机，后者售价可能高达4 000元甚至更高，但小米手机售价只有1 999元，只有前者一半左右，如此大的差价，使用户明显感知到小米手机在价格与服务方面的优势，从而给用户带来较大触动感，并使小米手机在用户心中形成一定的认知优势，最终驱动小米手机销量的爆发式增长。

二、小米营销矩阵

但是在小米诞生初期，作为创业公司资金不足，不能够像其他智能手机厂商一样砸广告，小米只好顺着互联网产品以及2010年正在爆发的微博这两条路径进行探索，逐步进行营销模式创新。

小米营销创新主要体现在以下三个方面：

（1）优势驱动营销，是指以高性价比、成本定价进行营销驱动，使产品服务获得迅速传播的动能；

（2）构建社会化营销矩阵，用户在哪里，营销渠道就建立在哪里，从微博、微信、QQ、Qzone、微信，到贴吧、百科、知乎等，从而深度触达用户；

3. 小米不是把渠道当作营销工具，而是真实接触到用户，与用户进行沟通，倾听用户的真实声音，及时了解用户对产品的反馈并对自己的产品改进。

之后，小米又率先在Qzone上发布预约红米手机，深度触达Qzone的数亿活跃用户，接下来随着微信这一平台的崛起，小米采取在微信上预约小米手机的方式，发展微信上边的用户，这些行为都是在充分利用社会化媒体社区平台，来深度触达用户，传递小米的品牌、产品和服务理念。

除此之外，小米还先见之明地借鉴了双 11 的模式推出米粉节，根据小米发布的数据，其在 2016 年米粉节总销售额达到 18.7 亿元，参与人数超过 4 600 万，取得了巨大的成功。

一场又一场强大的营销活动，一年一度感恩回馈用户的米粉节，以及持续不断的社会化媒体营销，造就了小米题材内容的高流量属性，高流量的吸引力，又促使媒体也乐于报道宣传，最终支撑起小米强大的营销能力。

资料来源：http：//www. sohu. com/a/70654106_ 133845.

思考题

1. 小米公司的发展过程体现了创新的哪些内容？
2. 小米公司的创新具备了哪些基本要素？

案例2 五粮液：传承创新谋求转变，全球视野提升核心竞争力

五粮液作为中国名优产品和民族工业的杰出代表，中国高端名优产品名片，出自宜宾，享誉全国，跨步世界舞台。承载着千年的历史积淀，源于品质、文化的坚守与传承，管理、运营模式的创新与转变。

近期，唐桥先生作为五粮液掌舵人接受专访，对五粮液企业的经营理念、发展规划等问题进行了一定的阐述，内容整理如下：

一、产品品质的保障和文化的传承是支持企业发展的基础

白酒是传统的民族产业，作为中国白酒的典型代表，五粮液无论在原料配方、酿造工艺还是文化内涵上，无不体现着中华文化的精髓"中庸和谐"之道。

一方面，在坚守和弘扬传统酿酒技艺的同时，始终坚持"质量是企业的生命，为消费者而生而长"的质量观，提出了"预防、把关、报告"的"三并重"，以及由"42 道防线"衍化提升的 18 个关键过程和 76 个专检点的质量管理思想，确保了五粮液产品质量，在征服国内消费者的同时，也成为五粮液国际化道路上的通行证。

另一方面，公司在坚守与传承的同时，坚持创新发展，实现全价位全产品线覆盖，以更好地满足各类消费者的不同需求。多元化发展，是五粮液企业做强做大的需求，目前五粮液已在白酒生产、机械制造、高分子材料、光电玻璃及现代物流等诸多领域占领高端，形成了"一个核心，两个平台，四大支柱"的产业布局。如 2016 年，集团顺应市场需求，结合企业发展实际，明确提出"改革驱动，凸显酒业，做强多元"战略思想，一切以服务市场为中心，按照市场需要来配置资源，以市场导向来落实战略。在酒类主业充分发展的基础上，多元产业进一步做强做大，进一步提升自有品牌的核心竞争力，进一步增强产业的市场竞争能力和盈利能力，共同推进集团的可持续发展。比如近年来公司先后推出了五粮液低度系列、五粮特曲（头曲）等新品。

二、积极创新是企业发展的动力

第一，管理层面的创新。白酒行业进入调整期以来，我们深刻认识到，行业的发展方向，最终会回归理性，回归本质，回归品质，回归性价比，因此公司一直以积极的姿态，主动改革转型、创新求变，引领白酒行业集体转型升级，在产品布局、体制机制、营销观念等方面进行创新，并取得了很好的成效。目前公司已经完善了"1+5+N"全产品线布局，成立了五粮液品牌事务部，销售公共事务部，品牌保护与售后服务管理部，营销管理办公室及五粮醇、五粮特头曲、五粮液系列酒品牌营销有限公司，营销机构进一步优化，更贴近市场，更贴近终端。

第二，技术层面的创新。作为白酒行业龙头企业，我们深知科学技术是推动企业持续健康发展的动力和基石。近年来，五粮液在科研和技术创新方面不断投入大量的人力、物力，致力于打造全国酒类行业领先的科研基地。公司在发扬传统酿酒工艺的同时，依靠现代科技开展技术创新，建立了完善的科技创新体系，先后组建了以技术中心为核心的10多个科研技术开发机构，并制定了中、长期的技术、产品开发和科技攻关规划，设立的各类科技项目成果转化成效明显。诸如《塑料制品迁移物对酿酒生产影响的研究》《复糟机械化（自动化）生产线及配套工艺研究与应用》《酿酒用粮食蒸煮香气成分的研究》等科研项目取得显著成果，并荣获第二届中国白酒科学技术大会优秀科技成果奖和行业唯一全国食品工业科技进步优秀企业八连冠特别荣誉奖。

同时，公司积极实施人才战略，加快人才资源向人才资本的转变，为科技创新提供智力支持。为充分调动广大科研技术人员的积极性和创造性，公司给予他们更多的优先、优惠等支持政策，并积极与中科院四川分院、四川大学、电子科技大学等国际国内科研机构、大专院校合作，建立了长期的人才培养机制，为公司培养和储备了一批优秀的酿酒人才。

三、与时俱进让企业更好地把握发展的机遇

我们认为，国际市场是中国白酒未来的新增长点。尤其是当前国家大力推进的"一带一路"和"文化走出去"战略思想，为中国白酒国际化提供了绝佳契机。

近年来，公司一直秉承"全球寻找市场、全球配置资源"的理念，积极开拓国际市场，将五粮液系列白酒、青梅果酒等产品远销港澳、美、英、法、德、南非等国家和地区，2015年以来，五粮液加大了在英国、意大利、澳大利亚等西方国家的推广力度。未来，我们将继续抓紧研究、探索国际化道路，通过在海外举行品鉴会、建立专卖店等形式，积极开拓海外市场，同时，利用国外庞大的华人体系，也将是五粮液打通海外市场的一条捷径。

资料来源：http://news.3news.cn/html/news/cj/2016/0302/29682.html.

思考题

1. 五粮液企业的发展过程具备了哪些创新的要素？进行了哪些内容的创新？
2. 五粮液企业公司创新的方法是什么？

案例 3　3M 和"花王"——锐意创新，领先他人

美国的明尼苏达矿业制造公司（以下简称 3M 公司），几十年来锐意创新，总是以领先于他人的速度不断开拓新的技术领域，推出新产品。

新技术和新产品是人创造出来的，3M 公司的超人之处在于它拥有一套完善的用人机制。具体做法是：

（1）企业内各部门规模小、人员精。部门领导对下属员工的姓名、工作态度、专长特长、学识水平等都了如指掌，能各取所长，量才使用。

（2）给每一个员工施展才能、发明创造的机会，鼓励他们为研制新产品进行试验的冒险，允许失败而不挫伤其热情和干劲。

（3）要求研究人员、推销人员和管理人员经常接近客户，邀请他们帮助出主意。开发新产品。

（4）奖励改进创新者。公司里的每一个员工在提出一个开发新产品的方案后，便由他组成一个行动小组来进行开发，薪金与晋升和这种产品的进展挂钩。优胜者总有一天能独立领导他自己的产品开发小组或部门。

（5）对开发性研究持科学态度，慎重对待，不轻易否定和扼杀项目。如果一个方案在某个部门不被重视，难以实施，提案者可用他 15% 的时间证明这个方案的可行性。对于提出最佳方案、需要创始资本的发明者，公司每次授予的发明奖多达 5 万美元，每年多达 90 次。

3M 公司寻找发明家和创新家的简单准则是：不要妨碍他们的工作。

在日本，位居鳌头的"花王"化妆品公司提出了"依靠独创技术求生存"的经营战略，并把工资的改革与开发职工的创造性紧密结合，以在高度饱和的化妆品市场激烈的竞争中求得发展。

"花王"公司要求每个员工都要"发奇想""闯新路"，千方百计创新，任何人在晋升、提薪和奖励时都要看他们的创造性如何，这个创造性包括能力和成果两个方面。人事部门还建立了一套针对创造性的评分制度，由专家、领导和顾客对员工的思维、行动和成果进行综合评分。

在这种全公司重视创新的氛围中，该公司连续推出了"高效洗涤剂""生物技术洗衣粉"等前所未有的新产品，在竞争中占据了主动。

资料来源：张逸昕，赵丽. 管理学原理 [M]. 北京：清华大学出版社，2014.

思考题

1. 3M 公司和"花王"公司对员工创新提供了哪些条件，这些条件的提供使公司具备了创新的哪些因素？

2. 3M 公司和"花王"公司创新的方法是什么？

参考文献

［1］H. 法约尔. 工业管理与一般管理［M］. 中文版. 北京：中国社会科学社，1982.

［2］周三多. 管理学——原理与方法［M］. 上海：复旦大学出版社，1997.

［3］杨文士，张雁. 管理学原理［M］. 北京：中国人民大学出版社，1994.

［4］赵有生. 现代管理学基础［M］. 北京：经济科学出版社，2008.

［5］周鸿. 管理学——原理与方法［M］. 北京：机械工业出版社，2011.

［6］何海燕，李存金，陈振凤，等. 现代管理学：理论与方法［M］. 北京：北京理工大学出版社，2007.

［7］臧有良，暴丽艳. 管理学原理［M］. 北京：清华大学出版社，2007.

［8］余敬. 管理学案例［M］. 武汉：中国地质大学出版社，2000.

［9］张明玉. 管理学［M］. 北京：科学出版社，2005.

［10］郑立梅. 管理学基础［M］. 北京：清华大学出版社，2006.

［11］潘福林，张智利. 管理学原理［M］. 北京：中国铁道出版社，2010.

［12］张广敬，李超. 管理学基础［M］. 北京：北京理工大学出版社，2012.

［13］仲岩，卢海涛. 管理学基础［M］. 武汉：武汉理工大学出版社，2007.

［14］赵胜刚，王红. 管理学基础［M］. 西安：西安交通大学出版社，2013.

［15］张显锋，赵永楷，严石林. 管理学基础与实务［M］. 长春：东北师范大学出版社，2013.

［16］张永良，管理学基础［M］. 北京：北京理工大学出版社，2010.

［17］王西娅，唐学学. 管理学原理与应用［M］. 西安：西安电子科技大学出版社，2015.

［18］陈劲. 管理学［M］. 北京：中国人民大学出版社，2010.

［19］蒋永忠，张颖. 管理学基础［M］. 北京：清华大学出版社，2007.

［20］赵丽芬. 管理学全球化视角［M］. 北京：中国人民大学出版社，2013.

［21］张逸昕，赵丽. 管理学原理［M］. 北京：清华大学出版社，2014.

［22］陈晔，彭靖. 管理学基础［M］. 北京：科学出版社，2012.

［23］方振邦. 管理学基础［M］. 北京：中国人民大学出版社，2015.

［24］周三多，陈传明. 管理学［M］. 2版. 北京：高等教育出版社，2005.

［25］杨文士，张雁. 管理学原理［M］. 北京：中国人民大学出版社，2000.

［26］杨杜. 现代管理理论［M］. 北京：中国人民大学出版社，2001.

［27］王利平. 管理学原理［M］. 北京：中国人民大学出版社，2003.

[28] 周三多. 管理学——原理与方法 [M]. 上海：复旦大学出版社，2005.

[29] 张根东. 管理学原理 [M]. 兰州：甘肃人民出版社，2008.

[30] 陈子良. 管理通论 [M]. 上海：华东师范大学出版社，1989.

[31] 杨文士. 管理学原理 [M]. 北京：中国财政经济出版社，2004.

[32] 郑立梅，陈晓东. 管理学基础 [M]. 北京：清华大学出版社，2006.

[33] 张小红. 管理学基础 [M]. 北京：经济科学出版社，2009.

[34] 张永良. 管理学基础 [M]. 北京：北京理工大学出版社，2010.

[35] 周鸿. 管理学——原理与方法 [M]. 北京：机械工业出版社，2011.

[36] 丁波. 管理学 [M]. 北京：科学出版社，2013.

[37] 刘兰芬，周振林. 现代领导科学基础 [M]. 北京：中国经济出版社，2001

[38] 邱霈恩. 领导学 [M]. 北京：中国人民大学出版社，2011

[39] 林枚，曹晓丽. 领导科学基础 [M]. 北京：首都经济贸易大学出版社，2007

[40] 本书编委会编. 领导科学与领导艺术卷 [M]. 北京：中共中央党校出版社，2008

[41] 谭劲松，陈国治. 现代领导方法与领导艺术 [M]. 杭州：浙江大学出版社，2007

[42] 安世民，吕英. 管理学精品案例评析 [M]. 兰州：甘肃人民出版社，2014

[43] 徐波. 管理学：案例、题库、课件 [M]. 2版. 上海：上海人民出版社，2008.

[44] 曹小英. 企业战略管理基础与案例 [M]. 成都：西南财经大学出版社，2016.